U0457302

中国社会科学院创新工程成果
国家社科基金重大委托项目

鄂温克族精神文化

朝克 著

社会科学文献出版社
SOCIAL SCIENCES ACADEMIC PRESS (CHINA)

目　录

前　言

　　鄂温克语属于阿尔泰语系满通古斯语族通古斯语支。鄂温克族也是一个跨境民族，除了在我国内蒙古自治区呼伦贝尔市鄂温克族自治旗、鄂伦春自治旗、莫力达瓦达斡尔族自治旗、阿荣旗、陈巴尔虎旗、扎兰屯市、根河市、海拉尔区，以及黑龙江省讷河市、齐齐哈尔市、嫩江地区等地生活之外，在俄罗斯西伯利亚和远东地区也有相当人数的鄂温克族。据不完全统计，国内外鄂温克族人口约有 17 万人。我国的鄂温克族没有本民族文字，俄罗斯的鄂温克族有用斯拉夫字母创制的鄂温克文。俄罗斯的鄂温克文字在小学教学、中学和本民族大学生的母语课及特长课上作为教学内容。同时，鄂温克族专家学者记写本民族民间故事、神话传说、长篇史诗、民俗文化、历史资料及编写教科书时也使用鄂温克文。另外，还应该提到的是，俄罗斯的鄂温克族还有用鄂温克文编写发行的报刊、小儿书等。毫无疑问，这些对俄罗斯的鄂温克族保护和传承本民族语言文化发挥着相当重要的积极作用。

　　我国境内的鄂温克族由于没有本民族文字，在历史发展的不同阶段，通过不同民族文字来学习掌握文化知识。比如说，我国鄂温克族先民就学过契丹文、女真文、满文、蒙古文等民族文字，后来又学过俄文、汉文和日文。现在，鄂温克族适龄儿童基本上都要上用汉文或蒙古文授课的学校，通过汉文或蒙古文学习文化知识。鄂温克族是一个很爱学习，也是十分重视道德修养和精神文化生活的民族，从而在人类文明的发展史上留下了极其丰富的精神文化遗产，一定程度上繁荣和发展了我国北方少数民族的精神文化生活，特别是对东北寒温带及温寒带地区的少数民族精神文化生活丰富和传承做出了一定贡献。不过，伴随鄂温克族语言文化进入濒危状态，他们用共同的劳动、智慧、思想创造的，优秀的精神文化也不可避免地面临了消亡的威胁。这一现象，引起了我国政府和各有关单位的高度重视，国家社科基金委员很快将"鄂温克族濒危语言文化抢救性研究"列为重大委托项目，并委托中国社会科学院满通古斯语言文化专家朝克研究员主持，具体实施和按计划完成课题。毋庸置疑，这给鄂温克族濒危语言文化的搜集整理、抢救保护、永久保存、分析研究工作注入了活力，进一步推动了该领域的研究。

这本《鄂温克族精神文化》属于"鄂温克族濒危语言文化抢救性研究"重大委托项目的一项子课题，启动于2011年。经过课题组成员5年时间的田野调查、搜集整理、分析研究，终于在2016年年初完成。众所周知，在此之前没有人系统分析研究过鄂温克族的精神文化，在早期的相关资料里涉及该领域的内容即不扎实，也不系统。加上鄂温克族早期精神活动、精神生活、精神文化的形式与内容丢失得不少，有的已经变得残缺不全、支离破碎，甚至面目全非，在这种现实面前，这一极其困难的条件和情况下，要比较理想地完成该项子课题是一件很难的事情。所以，为了完成该项子课题，课题组多次到内蒙古自治区、黑龙江省等地鄂温克族生活的山区山林、草原牧区、农区农村，开展广泛意义的、深入细致的、全面系统的田野调研。同时，还到中国第一历史档案馆、国家图书馆、首都图书馆、内蒙古自治区和呼伦贝尔市、鄂温克族自治旗及黑龙江省等地的相关档案馆、图书馆、资料馆查阅相关历史文献资料等。尽管如此，一些资料还是未能得到。比如，一些历史资料里只是提到了鄂温克族早期弥足珍贵的思想文化、教育文化、长篇史诗等，但具体描述、记录、记载的内容根本找不到。有些是以零碎化的、不成系统、有头没尾的形式做了一些记录，根本没有办法作为一个完整、系统的资料来使用。因而该研究成果里，有些精神文化的分析内容没有涉及，有的精神文化内容只是涉及了一小部分或已知道的方面，根本没有进行全面系统的分析和讨论。这也是本课题的一种遗憾。这些情况的出现，同鄂温克族语言文化，尤其是他们传统精神文化已步入濒危的现实问题相关。就是在这种现实面前，课题组成员多次到鄂温克族生活的偏远边疆地区，在极其艰苦的环境和条件下开展田野调研，一点一点地进行搜集整理。在课题组成员的不断努力下撰写完成了约30万字的书稿。并根据审稿专家的意见，做了些补充调研和修改。

对课题组来讲，在鄂温克族传统精神文化已经如此濒危的前提下，能够写出这本《鄂温克族精神文化》却是一件很不容易的事情。

那么，课题组成员根据实际掌握的田野调研资料、历史文献资料、研究资料，紧密结合本课题研究对象、研究内容、研究情况按照研究计划、研究思路实施了该项子课题。总的说来，《鄂温克族精神文化》这一研究成果，对鄂温克族的精神文化世界进行了科学探索，并实事求是地做了分析研究。该成果包含前言、第一章鄂温克族思想文化、第二章鄂温克族文学文化、第三章鄂温克族民歌与舞蹈、第四章鄂温克族谚语文化、第五章鄂温克族节日文化、第六章鄂温克族信仰文化、第七章鄂温克族禁忌文化、第八章鄂温克语宝贵的精神财富、附录，最后附上本书的参考文献及后记。

第一章　鄂温克族思想文化

本章从思想学、思想理论的视角，紧密结合鄂温克族传统文化、传统文化与人的思想内涵、思想理念、思想道德、思想文化的内因，包括思想文化与人的关系、思想文化与艺术等方面展开学术讨论。事实上，思想文化是一个极其复杂的学术问题，它所涉及的内容十分广泛、深刻、厚重，并有很强的历时性、传承性、延续性、发展性、变化性、使命性和未来性。它在人的精神生活、精神活动、精神享受、精神世界里具有不可替代的重要作用，从某种意义上讲，它代表着人类社会文明进步的发展与走向。鄂温克族作为一个古老的北方民族，在其历史进程中，用劳动和智慧创造了灿烂的思想文化。以下，分思想文化的内因、思想文化与人、思想文化与艺术三个部分讨论鄂温克族的思想文化。

第一节　思想文化的内因

鄂温克族自古以来就认为，人类生活的世界由天、地、人构成，其中天的出现要早于人和地的出现，而地的出现又早于人的出现。它们的逻辑关系是先有了天，然后有了地，最后才有了人。那么，在人出现之前，天和地共同孕育了世间万物，包括自然界千变万化的自然现象和极其丰富的物质世界，还有除了人之外的一切生命。所有这些，自然而然地成为人类诞生的必然要素与前提条件。后来，天、地、人共同构成了人类生存的世界，人类自然也成为这个世界不可缺少的重要组成部分。正因为如此，鄂温克人首先崇敬天和上天孕育的一切生命，包括太阳、月亮、星星、天河、彩虹、白云，还包括风、雨、雷、雪等。其次，他们崇敬大地及其大地孕育的一切生命，包括山、石、土、水、海、湖、江、河、泉，还包括森林、树木花草及所有动物。在他们的认知世界里，世间万物的存在决定了人类的存在，同样决定了人类的思想意识。换言之，世间万物形成了适宜人类生存的自然条件。

鄂温克人在深层意识中坚定不移地认为，没有自然界的一切就不会诞生人类，是自然万物共同创造了人类，人类必须依靠自然界的一切生命才能够求得生存。与此同时，他们又无可怀疑地承认世间的一切，或者说自然界的万事万物，都是变化并发展着的产物，它们都有各自不同的变化规则和发展规律，这种变化规则和发展规律是极其复杂而深奥的。所以，人类自身很难完全认知或把握，只能够通过各种感觉器官及大脑感应、感知，去解释表象的变化规则和发展规律。比如说，地震发生的规律、北极光构成的原理、台风兴起的原因、暴风雨雪形成的条件，以及为什么飞禽会长出翅膀？走兽会长出四条腿？为什么驯鹿会长出七叉犄角？还有生命产生、变化、发展的基本原理，人类自身很难完全体悟。从这个意义上讲，鄂温克人在思想意识中自觉地承认，人对整个世界的认识、揭示自然界、自然规律以及自然界一切生命的能力是极其有限的。在千变万化的自然界面前，人的大脑对于客观存在的物质世界，包括物质世界一切生命的变化与发展规律的反映及其感觉，是不确定且不精确的感性认识的产物。在极其复杂而无穷无尽地变化着的客观存在的现实面前，人类必须理性地看待和认识自身具有的局限性，从而要充分依靠千变万化的物质世界，能动地、积极地顺应事物的发展规律，依靠自然界的力量和智慧安排自己的一切活动，包括人的生存观念、生活态度以及思想意识。也就是说，尽管人类所感应、感悟、感知和掌握的自然规律并不完全，但一定要理性地对待被感性认识的物质世界，并顺应物质世界的生存规律、变化规律、发展规律来安排人类自身的生命、生存、生活和生产。假如人类违背了这一生存法则，就会遭遇种种预想不到的困难，甚至会遇到灭顶之灾。这一思想意识，虽然有其特定历史条件下的局限性和特殊性，但它一定程度上反映出早期人类对于人自身能力的客观认识，以及与认识密切相关的思想观念的形成及人生态度。

鄂温克人对于其生存和生活的社会，有自己特殊的理解、阐释或说法，尤其是对于人类社会的产生，在他们看来有其特定的条件和必然要素，而这种条件和必然要素的创造者就是鄂温克族先民。作为鄂温克族社会的创造者，先民严格遵从和顺应自然界的变化与发展规律，在同自然界长期接触、交流，在生活实践及生产过程中，不断将自身具有的能量同客观存在的自然界与自然力量进行权衡，并在逻辑思维做出正确判断的基础上，用群体的劳动和智慧共同创造社会形态。换言之，鄂温克族先民同自然界不断深入接触并产生联系和矛盾时，充分而客观地感受到个人的力量甚至是家族、部族的力量都有一定局限性。想要改变自己的弱势地位，就得不断开发和拓展自我生存的空间、范围、内涵、条件，不断凝聚更加强大的力量与智慧，进而构建社会化的生活空间和较为安全的生存环境，这样他们才能够对抗来自自然界的各种挑战、各种危害、各种灾难。在鄂温克人的思想意识中，这就是人类社会产生的原初因素和前提条件。人类社会产生的初期阶段，社会的生产力水平很低，社会的组织形式、组织功能、组织力量也都处于十分脆弱和松散的阶段。尽管如此，由于那时还没有出现剥削和阶级，所以他们实行的是共同劳动，平均分配一切劳动成果的公有制社会制度。毫无疑问，在那个特定历史时期，社会生产所需的生产资料完全公有。然而，伴随生产资料积累程度的差异和不同，逐渐出现了贫富两极分化现象，进而就有了凭借私人拥有的生产资料及其所有权无偿占有别人劳动和劳动成果的剥削阶级，进而社会组织形式和组织功能，以及社会制度也都随即产生了不同程度的变化。

鄂温克人在他们的思想理念及思想意识深处，还坚定地认为人类社会产生以后，随着人们劳动经验的不断积累，以及人类智慧世界的不断开发，人们对于生存环境和条件，乃至对自然界千变万化的现象及其规律的认识也不断得到深化和拓展。其中，同样包括对于人类社会变化和发展的认识和解读。当然，鄂温克族先民的这些社会化思想意识，显然是取决于人类自身的发展与进步。从这一思想原理，进一步解读鄂温克人对于社会产生和发展的根本看法，人们在生产生活实践中获取的经验、积累的知识、开发的智慧，在社会建立初期几乎还是以个体化、各自独立的和非社会化的形式与性质存在。然而，走在整个社会人之先列，超越现实社会且符合社会发展客观规律，符合人类生存自然法则的正确思想意识，逐渐扩散并深入个体性质的不同阶层的社会内部，被社会人接受而成为社会化的概念时，就会给社会的发展、变化、进步带来正面影响。与此同时，鄂温克人还认为，被发展为社会化的思想意识与思想文化，反过来会自然而然地影响整个社会人的思想意识，进而一定程度上制约或左右人们的生存理念、生活态度，甚至对人们的生活内容、生活质量、生活水平的丰富和提高产生积极作用。那么，被社会认为是主流的思想意识，对社会发展与进步发挥作用的思想观念，在特定社会阶段对整个社会人的思想意识的变化与发展会产生极其重要的影响和作用，甚至这种影响和作用是属于革命性的和决定性的思想产物。在他们看来，社会化的生活空间和生活氛围的出现，不只是瓦解了早期人类个体化、家族化的生活格局，同时更为重要的是凝聚了人们的力量和智慧、规范了人们的行为方式和生活秩序、也调整和提升了人们的思想意识。当然，同时也带来了一系列的问题和矛盾，从而带来了许许多多新的思考，这些思考不断挑战着人们墨守成规的思维方式，以及与此相配套的思想意识、思想文化。决定人的存在与意识的则是客观存在的物质世界，也就是我们所说的人们赖以生存的自然环境、自然条件、自然界中的一切现象、一切物质、一切生命及其生存、变化、发展规律。鄂温克族这一思想意识和生存哲学，事实上同物质第一、精神第二的哲学思想是相吻合的。

鄂温克族先民的思想意识中，人类面对的物质世界不只是包括物质世界的动物和植物，甚至还包括自然物和自然现象。物质世界的一切生命都处于不停地运动当中，进而产生各自不同的变化和发展。而且，它们的运动、变化与发展均遵寻着各自严格而不可否定的内在规律。然而，自然形成的运动规律存在不同层面、不同角度、不同属性、不同特征的内在联系与复杂关系。故此，人类生存的物质世界的生存规律，同宇宙万物的生存规则及其运行规律间，同样存在极其复杂而深层次的必然联系，它们的联系应该是相辅相成、相互依赖，并且相互制约的。从这个意义上讲，宇宙间的万物也都是有生命的，它们也属于不断变化发展的产物。在鄂温克族先民看来，宇宙万物的发展变化，很大程度上影响并作用于人类生存的物质世界。特别是北极圈的奇特自然现象，包括北极光的出现、北极圈极昼和极夜现象等，均和宇宙万物的变化直接相关。在鄂温克人的思想深处，虽然认识到人类世界及其宇宙间存在的神秘莫测的可变性复杂规律，但这种认识并不完善。正因为如此，鄂温克族先民，对于自然界的这一切，包括自然界的一切物种、一切现象、一切生命，均抱有敬畏之心。以这一心理为基础，鄂温克人认为大自然是人类的母亲，人类是大自然孕育和养育的孩子，人类不能够违背大自然的意愿和意志办事，必须严格遵从大自然的生存、变化、发展规律来安排自身的生产生活。

鄂温克人不允许并反对人类同自然界的不和谐相处；鄂温克人不允许并反对人类超越自然界的养育能力无限度繁衍而给自然界带来危害；鄂温克人更加反对人类为了满足无法遏制而恶性膨胀的贪欲去无休止地开发自然资源、破坏自然资源、掠夺自然资源。在鄂温克人的思想意识里，人类毁灭了赖以生存的自然环境，终将会毁灭人类自己。在他们的生存哲学里，自然界的任何物种都是有限的，它们永远无法满足人类的贪欲，就是满足了也是暂时的、个别的和特殊的事例，是从占有或掠夺他人生存空间、生存环境、生存条件、生存权利为前提得到的物质财富。到头来不仅给自己的生存带来危机，同样给被掠夺生存权利的人带来灾难性的后果。所以，无论是谁，都要尊重和敬畏养育人类的大自然和自然界的一切，这样人类才能够保护自然环境，最终能够保全人类自己的生存。鄂温克族先民，还认为人类自身的力量无法改变或改造大自然及其大自然面对天灾形成的规律，同样也无法控制和征服大自然及其发展变化。比如说，洪涝灾害、干旱、台风、龙卷风、暴风雨、暴风雪、电闪雷鸣、地震、地裂、地陷、山体塌方、火山爆发、自然火灾，人类无法改变、控制和征服一年四季的变化，只能默默接受自然的惩罚。在这残酷无情的现实面前，人类的生存本能和技巧，人类积累的劳动经验、知识积累、思想意识告诉人类自身，一定要严格遵从自然规律办事，低处种田、高处养畜、水处捕鱼、山处狩猎。要严格按照人类生产生活的有限需求，从自然界中有节制、有限度、有计划和有理性地获取生产生活资料。

鄂温克族先民用共同的劳动和智慧创造的一切思想意识、生存哲学，以及生命观、人生观、世界观、宇宙观至今还影响着他们的生活态度、生命科学。同时，也反映出鄂温克人与大自然交流的基本法则，乃至他们与大自然间建立的和睦相处、和谐共存的思想内涵。所有这些，自然而然地成为鄂温克族思想文化、精神文化无法删除的思想观念。

第二节　思想文化与人

谈及鄂温克族的思想文化，还应该认真分析其思想文化中对于人及人之尊严的思想认识或解释。在前文我们已经交代过，鄂温克人在思想深处把自然界的一切看得比人重要，他们坚定不移地认为是大自然创造了人类，所以对于人尊严的认识也植根于这一观念。在他们看来人的尊严，应该和他尊重不尊重大自然有关，一个有人格尊严的人应该尊重大自然，应该顺应大自然的规律办事，应该遵从大自然的自然法则来安排生命、生存、生活。反过来讲，如果破坏自然环境、违背大自然的规律办事，不按自然法则安排人生，那么这个人就会过上没有尊严的生活，人们会瞧不起他、唾弃他、抛弃他，把它视作败类。从这个意义上来讲，鄂温克人传统思想文化里认知的人的尊严，几乎跟富贵贫贱、官位高低、社会地位没有太大关系，主要和人是否尊重大自然、是否呵护与珍爱生存环境等有关。在他们看来，这是做人，也是培育和树立人尊严的基本准则，是人处世的准绳或者说最起码的要求。因为在鄂温克人的思想文化里，大自然及其人类生存的自然环境高于一切，是最值得尊重和珍惜的生命依靠，如果没有了大自然和人类生存的自然环境，或者说大自然和人类生存的自然环境被破坏、毁灭，人类就会自然消亡。正因为如此，鄂温克人的思想文化和思想哲学中，把尊重自然，呵护和珍爱自然环境的人视作最有人格尊严的人。

在这一思想文化的基础上，鄂温克人还进一步认为，一个尊重大自然和珍爱自然环境的人，同样能够珍爱大自然及其自然界的一切生命，包括人的生命及其人类自身的生命。换言之，一个人连养育人类的大自然及其自然环境都不爱护，他怎么能去爱护大自然养育的人或人类本身呢?! 自古以来，鄂温克人用这样坚定的认同感、认知态度和思想文化对待人与人的尊严。与此同时，鄂温克人把那些为了保护大自然和人类生存的自然环境，不怕任何困难险阻而努力奋斗的人和精神看得很高。进而，他们将这样的人格尊严升华到整个民族共同的精神内涵，置于整个民族的一切利益之上。鄂温克人认为，一个人有了大自然和自然界的大爱，对于养育自己的美丽富饶的土地、江河、山林的大爱，才会有最伟大、最纯粹的、脱离低级趣味的人格尊严，才会为此付出一切，包括生命的一切和一切的生命。反之，他就是一个没有尊严的人，是一个没有灵魂和思想的人，也是一个低级趣味的人，他的生命如同行尸走肉，成为失去生命和生活意义的人。在他们看来，有的人有人格尊严，有的人根本就没有尊严，没有尊严的人为了个人利益，为了满足自己的贪欲和欲望，会贪婪无度地占有和掠夺自然资源，进而毁灭性地破坏人类生存的自然环境。甚至，在这一心理或思想的驱动下，那些人格尊严缺失的家伙，会为了掠夺财富而发动战争，侵略他国领土，毁灭他国自然环境，屠杀他国百姓。鄂温克人认为，这种人都是人类的败类，属于没有人格尊严且没有思想和灵魂的人。毫无疑问，他们承认人格尊严同人的道德教育、道德修养、道德风尚、道德观念有关系。鄂温克人的生存态度、生存理念、人生哲学，明确地告诉他们，一个从小就得到道德教育的熏陶，有完美的道德取向、道德修养、道德风尚、道德观念的人，会有高尚的人格尊严，他们会像爱惜自己的生命一样爱惜生存环境、生态环境、自然环境。比如说，鄂温克人会告诉孩子们，草原上、山林中、江河里不能扔垃圾。玷污了大自然、人类生存的自然环境，那么他就会被瞧人们不起。人们将那些弄脏、玷污、破坏生活环境、生态环境、自然环境的人看成坏人、恶棍、罪人，看成是没有人格尊严的低级趣味的人，看成是一个没有道德修养的人。鄂温克人认为，一个有修养、有人格魅力和尊严的人，不会随心所欲地践踏自然界和自然环境中的任何生命。因为，所有生命的尊严都是神圣不可侵害、侵犯、毁辱和践踏的。从这个角度来讲，人的尊严同人自幼接受的教育、养成的习惯、孕育的伦理道德、思想理念及道德包含的思想意识，以及同不断提炼升华的价值观念、价值取向和高贵品质有关。毋庸置疑，所有这些自然成为人行为准则的基础，也是所有行为产生的思想根源，是判断人的行为正确与否的重要条件。进而成为能否被社会、公众、他者所尊重、认可、接受，获得正常人的定位而过上体面生活的根本保障。由此，鄂温克人认为，人格尊严应该具有个体性和主体性的价值内涵，并同个体的和社会主体的命运紧密相连，是同一般意义上的尊严和至高无上的人格尊严相互作用的产物。他们还认为，人的尊严是人格尊严的精神实质及核心要素，正因为如此人的尊严跟人的理性思考、理性思想、理性认识、理性判断直接相关。

总而言之，鄂温克人把人的尊严和人格尊严，同人类赖以生存的自然界，以及人对自然的态度、人对自然的认识紧密相连。也就是说，他们坚定不移地认为，人的存在、习俗、行为、命运、思想、道德、伦理、真理、信仰等，都跟人与赖以生存的自然界间建立的关系，以及对于自然环境、生态环境、生活环境采取的态度有关。他们也是，通过这一切来观察、思考、判断人应有的修养及人格尊严。

对于人的生存价值，鄂温克人在他们的思想文化中有独到而特殊的认知。在他们看来，人生存价值的体现，和人格尊严有必然的内在联系，人的生存价值及其人的价值完全可以体现在人和自然界之间建立的关系，人对自然界的看法，人对自然界的态度上。也就是说，他们把人类赖以生存的自然界和自然环境，作为衡量人生存价值的重要指标，甚至视作人价值的重要表现形式和载体。鄂温克人认为，人的思想文化和思想意识往往表现在，人的行为准则和生活上、人与自然界及其自然环境间建立的各种复杂关系等方面。反过来讲，所有这些无可怀疑地证实人的存在及存在的价值，人的存在价值就是人的生存价值，人的生存价值就能够体现出人的价值，这种人的存在价值的认识和理解，不会更多地关注人在社会中的地位，可能更多地看人与自然界及自然环境间产生和建立的关系。

人作为价值主体从自然界及其自然环境中获取生活所需的一切，享用自然界及其自然环境的物质的或精神的财富，这种价值应该归功于人类赖以生存的自然界及其自然环境，是自然界及自然环境本身体现出的价值。然而，当人类作为价值客体去保护、修复、优化自然界及其自然环境的时候，就会对自然界及自然环境产生积极作用，这时所产生的价值属于人或人类自己。换言之，人类的奉献是自然界及其自然环境体现出的存在价值，自然界及其自然环境的奉献是人类的价值。在他们看来，无论是自然界及其自然环境对人的价值，还是人对于自然界及其自然环境的价值，都是作为客体的人与自然界及其自然环境的价值。那么，作为客体的人的存在价值，毫无疑问表现在对自然界及其自然环境的积极作用方面。从这意义上讲，人有什么样的生存价值，就会有什么样的生存自然环境。再进一步分析，人生存的自然环境自然而然地影响自然界的变化。反过来说，人类赖以生存的自然界及其自然环境，也会影响人类的生存价值，这与人们常说的"环境改变人""有什么样的生存环境就会有什么样的人生价值"等密切相关。比如说，鄂温克人生活在美丽富饶的呼伦贝尔大草原和大小兴安岭，他们就像爱惜自己的生命一样珍爱这里的一山一水、一草一木，从不随心所欲、贪得无厌、破坏性或掠夺性地索取自然界及其自然环境。摘食野果时从不折断树枝，而是一粒一粒小心翼翼地摘下来食用；当作燃料用的柴火也是山林中自然淘汰或死亡的树木，从不砍伐生长期长的笔直高大的树；生活垃圾或污水从不倒入河水或乱扔在原野上，而是埋入坑里，然后还要用草皮盖好。在鄂温克人看来，珍爱赖以生存的自然界或自然环境就是他们人生价值、生存价值的最好体现，也是他们最珍贵、最美好、最高尚、最自豪的人生价值和人的存在价值。

与此同时，鄂温克人还认为，人与社会、人与人之间产生的价值，同样无一例外地体现在人对社会的奉献，以及人对他人的奉献。人有多大的奉献，就会体现出多大的价值。人为了体现自己的价值去做对社会和他人有用的事情，奉献自己的爱心、劳动、智慧和能量，今而为人类的和谐、文明、进步积极发挥作用，这些也是人自我价值的重要组成部分，由此得到社会和他人的尊敬。这种人生价值所主张的精神，应该是自食其力、自力更生、自我发展、自我完善、自我奉献。那么，这种被他者、被公众、被社会认可的自我价值最后归属于社会价值，成为被公众和社会接受的社会价值的一个组成部分。随着人类社会的不断发展，鄂温克人传统意义上认定的人的价值、人存在的价值等也发生一定变化。其中，已有了同人的伦理道德、思想意识、受教育情况，以及经济收入、政治身份、社会地位等相关的一些内容。而且，现代社会带来的这些观念，人的价值定位中，似乎发挥着越来越重要的作用。特别是对鄂温克族中青年人来讲，传统的人的价值包括生存价值理念已经逐渐淡化。与此相反，那些现代社会的价值理念却越来越被置于重要位置。

对于鄂温克人来讲，人格尊严及人的价值体现，都和人的智慧有关。鄂温克族独特的思想文化的本质属性告诉他们，人类的智慧同样属于自然界，是自然环境的产物。也就是说，人类智慧的开发与发展，与人们观察自然界、自然物种、自然环境、自然规律，从中发现事物存在的基本原理与必然规律，进而进行科学解释和认识有关。他们的这一认识论中，包含有辩证唯物主义的思想观点。鄂温克人之所以有这些独具特色的思想文化，毫无疑问同他们赖以生存的自然环境有必然的内在联系，同时也和他们早期经营的狩猎生产活动有关。他们传统的思想文化认为，在人类早期生活中最为智慧的劳动就是狩猎生产。在狩猎生产活动中，人与有智慧的不同野生动物打交道，当人的智慧超越作为狩猎对象的野生动物时，人就会获得猎物，人的智慧战胜不了野生动物的智慧人就成为它们的猎物。从这个意义上讲，猎场就是人类与野生动物之间智慧较量的场所，这极其残酷又现实的猎场是对人类智慧的最大考验。在如此残酷的生死智慧较量中，狩猎生产工具、生产工具的使用、生产工具的功能和作用、狩猎方向和路线、猎场的选定、狩猎方式与方法、狩猎的策划和谋略等，均需要人具备超越狩猎对象的智慧。那么，这些智慧的获得，应该同鄂温克族先民在狩猎生产实践中积累的经验、知识、智慧有关。同时，当然也和后来人不断探索和创造性地发展狩猎智慧有关。从白令海到鄂霍次克海，再从东西伯利亚海到拉普帖夫海乃至到阿拉斯加湾，从贝加尔湖到大小兴安岭乃至到库页岛都曾是鄂温克族先民的猎场，他们创造了寒带寒温带和温寒带沿海地区、山林地带最为灿烂的狩猎文化。

除了以上讨论，鄂温克人还认为，人的智慧跟遗传基因、后天的教育、智慧的开发，以及有思想、有探索和创造精神的劳动实践有关。人的智慧同人的遗传基因有关，一个有智慧或者说充满智慧的人，一般都有健全的思维功能。另外，人的智慧也跟人出生后受到的教育，以及智慧的开发程度有关，同时承认人接受的开发智慧的教育及其形式和内容都有所不同，有人是从积累丰富劳动经验、劳动知识、劳动智慧的人那里接受教育，也有人寻求宗教修习，更多的人上学接受正规教育并开发智慧。毋庸置疑，教育资源最多、开发智慧最理想的自然是上学接受系统、全面的教育。在鄂温克人的思想文化中，人们开始接受正规教育以后，人的智慧有了飞速发展。

鄂温克人还认为，劳动是人与生俱来的生存本领。然而，有思想的和有创造性的劳动是人类劳动实践所积累的智慧之结晶。智慧的积累，同人类认知自然界及其规律有关，也和人类在受教育的基础上主观能动地深度开发和科学使用智慧有关。同时，他们也强调获得任何一个智慧，必须要经过很多磨难和不放弃的拼搏与追求，需要坚定的意志和信念，否则人很难能获得真正的智慧，也很难付出智慧的劳动。为此他们深信，一个真正有智慧的人是一个了不起的人、坚强而有自尊的人、胸怀大志的人、有思想和理想信念和有希望的人，也是一个幸福的人。他不是犹豫不决、意志脆弱、知难而退的人。鄂温克人传统的思想文化也同时也强调，人不管有多大的智慧，一定要淡化尘世的物欲与不切实际的幻梦，要学会来去随缘、遵从自然法则，要追求脚踏实地的求真务实，要学会知足者超脱和常乐，要明白只有宁静慎思才知天下真情实景，要学会用微笑和智慧战胜挑战与困难。他们的思想文化还承认，有智慧的人应该有一颗感恩和孝顺的心，应该有善良的人心与高贵的人性。在鄂温克人看来，智慧就像伴随人生的一阵清风，可以吹散生命旅途中的迷雾，让人心焕发出灿烂美丽的光芒。

第三节　思想文化与艺术

艺术是鄂温克人思想文化领域的重要内容。由于他们一直以来生活在美丽富饶的大小兴安岭和呼伦贝尔大草原，兴安岭的山林和呼伦贝尔草原不仅给予了他们极其丰厚的物质享受，也给予了太多的精神享受。所有这些，都融入于他们的眼睛、大脑、思想和灵魂之中，成为他们珍爱自然、珍爱生命、珍爱生活，以及追求美好未来的强大力量源泉，也孕育了鄂温克人极其丰富且绚丽多彩的艺术世界。其中，包括有鄂温克人赖以生存的自然界及自然环境，以及他们用真挚的情感与心灵触摸的，并成为他们的精神内涵、精神依靠红彤彤的太阳、迷人的月亮、烂漫闪烁而挂满夜空的星星、蓝天中随风漂泊的白白云朵，还有美丽如画如诗如歌的山河、森林、花草，以及山林和草原养育的一切生命，包括驯鹿、梅花鹿、马鹿、狍子、野猪、兔子、松鼠、熊、狼等。从这个意义上讲，鄂温克人的艺术灵感、艺术思想、艺术生活，源于自然界和自然环境，又无可怀疑地归于自然界和自然环境。另外，这也是他们在特定的生活环境和条件下，在漫长的生活实践与生活岁月里，用思想和心灵同自然界和自然环境深度接触、细心品味、深刻领悟的结果，从而表现出独特的审美感受、审美意识、审美思想、审美价值。

鄂温克族的艺术品，往往雕刻或刻画在石壁、石洞、岩石、树干、树皮、动物骨骼，以及石制、木制、桦树皮制或骨制的生活用品、艺术品等上面。在他们看来，纯粹的艺术，不仅包含源于自然归于自然的美好夙愿、意境、情感、感慨与感叹，同时也充分体现出人自我情操的陶冶、自我思想的美化、自我内心的升华。或许正因为他们的艺术无可怀疑地表达了人与自然界亲密无间而纯朴超然的深度接触与坦诚交流，在人思想意识的深处孕育着美好的形象思维、美好的意境及其挥之不去的精神享受。人们通过他们独具匠心的石制、木制、骨制、树皮制、花草制，以及用动物皮毛制的艺术品，完全能够走入他们思想文化与艺术世界的深处，享受无限美好的艺术思想。在他们看来，艺术不仅是陶冶情操、美化思想的产物，更重要的是提炼、升华人的人生理念，进而不断坚定人们追求美好生活的一种方式和手段。

一直以来，鄂温克人信守用大自然恩赐的艺术视角，在他们远古时期住过的山洞，见过的石山、石壁与大树上，在他们用石头、骨头、木头及其金属制成的生活用品上，在他们用皮毛和布料缝制的衣物及鞋帽上，均雕刻或画上太阳、月亮、星星、云彩、彩虹、雪花、山河、花草，以及各种动物的图案。甚至还雕刻或画上他们早期狩猎生产的场景、猎人、猎犬、狩猎工具，还有他们居住过的"仙人柱"及万物有灵信仰世界中的各种神偶等。很有意思的是，除了狩猎生产场景里出现狩猎对象，个别石制、骨制、木制艺术品或生活用品的艺术画中，出现一些狩猎对象之外，更多的艺术品属于同自然界和自然环境相关的内容。

相较而言，他们的艺术作品里，作为狩猎生产对象的野生动物出现得不是很多。这恐怕和他们早期艺术所承载的心灵感应、精神享受、修养内涵有直接的联系。鄂温克人渴望用艺术绘画形式和手段来表现最细腻的心理活动与思想感情，并留给他们珍爱或被珍爱的这个世界，让人们去感受艺术所产生的超越时空的美好享受和强有力的精神力量，以及与此相匹配的源于自然归于自然的纯朴、纯洁、纯粹的美感，这也是艺术无法割舍的永恒价值，也是艺术本身富有的品质和品位，进而具有了强烈的感染力和影响力，同时也具有了自然艺术的特殊性、独到性和别样的风格。鄂温克人把这些特征当作一种内在的精神享受，并用艺术的手段来表现。

不过，伴随人类文明的不断进步和发展，他们的艺术思想、艺术作品和艺术世界也有不同程度的演变。甚至鄂温克人一直以来用信念和信仰坚守并追求的属于自然的艺术中，已开始出现市场化和商业化的趋势，更加注重现代艺术的色彩。他们如今的艺术中出现了高楼大厦、现代式房屋结构、高速公路、电动雪橇、电器设备等。某些方面，由于过分倾向于市场化而丢失了原本的艺术表现形式、艺术面貌、艺术色彩、艺术风格、艺术思想及其艺术中淋漓尽致呈现的自然界与自然环境的深厚内涵。反过来讲，他们的艺术中，现代性越来越明显、越来越突出、越来越强烈。当然，这一切的产生和发展，毫无疑问同自然界及其自然环境的变化，以及同他们的生产生活方式、手段、条件和内容等的变化、变异、变迁有密不可分的必然联系。那么，作为思想文化的一种载体、一种表现形式的艺术，也许自然要涵括当下社会的艺术的品质，包括与此相关的思想意识。尽管如此，他们还是深刻地认识到，在艺术作品、艺术思想、艺术世界里，绝不能完全舍弃或丢失自古以来追求的艺术本质特点和面貌，以及其中用艺术手段体现出的源于大自然归于大自然的永恒、质朴、纯粹、卓越的艺术品位、艺术美感、艺术享受、艺术构思和创造。

心灵手巧的鄂温克族妇女将各种颜色的动物皮毛、桦树皮、颜色艳丽的布料和彩纸剪成各种各样的图案。比如，太阳、月亮、星星，以及各种形状的山、不同种类的树、颜色和结构各异的花朵、不同形体和不同角度展现的驯鹿、牛羊马骆驼与各种野生动物，还有他们的狩猎生活、狩猎生产场景、"仙人柱"等内容。后来，在她们的剪制艺术中还出现了来自外来民族或现代生活的窗花、墙花、灯花等内容。每逢新春佳节或喜庆的日子，鄂温克族妇女就会把传统与现代思想文化融会贯通的鲜艳美丽的剪制艺术品贴在门、窗户、墙壁、灯笼上，以此烘托节日欢快、幸福、吉祥、热闹的气氛。毫无疑问，鄂温克族的剪纸艺术也是该民族古老艺术形式和内容之一，充分展示妇女们的美好心愿和精美手艺，显示出她们的聪明才智，从而给人们留下剪纸艺术的美妙享受。

鄂温克族木制艺术和皮制艺术里还有烧烫手法绘制的作品，进而很大程度上拓展了木制艺术与皮制艺术。特别是在已经精心熟制成的洁白无瑕的皮张上，巧妙地利用烧烫手法加工出来的艺术品，艺术品位独特，给人精妙绝伦的艺术感染力和艺术魅力。总之，在鄂温克人的艺术世界里，剪制艺术同样占有重要地位，还有一定普遍性和代表性，深得鄂温克人的欣赏、喜爱与赞美。

鄂温克人理性地承认，他们的艺术属于思想文化的范畴，或者是说精神文化的一个重要组成部分，同时也是他们美学思想的重要表现形式。在他们看来，艺术之美应该源于人们的审美思想、审美意识、审美心理、审美态度。所有这些，对于艺术作品的产生发挥着不可忽视的重要作用。也就是说，人有什么样的审美就会有与此相配套的艺术作品。那么，通过欣赏鄂温克人的艺术作品，可以充分了解和认识他们的审美意识及审美观点。或许正因为如此，他们的艺术作品成为研究鄂温克人审美思想、审美心理主要对象之一。在他们看来，艺术作为美学的重要载体，体现出人们对于美好的自然现象与景观、美好的生活情景、美好的事物最直观、最纯粹、最深刻的心灵感觉与感触，以及在此基础上孕育的最美好的情感和思想。当然，这些和鄂温克人的审美观点和审美意识有关，属于审美意识的一种高度艺术化的概括手段，也是展示他们思想文化不可或缺的形式和内容。

艺术作为鄂温克人审美及其思想文化的重要组成，在他们日益积累和丰富的物质生活与精神生活的基础上不断获得发展。从这个意义上讲，美学是他们艺术作品作为"美"的永恒不变的内涵，是由原处的感性认识深化于理性认识的必然结果，进而无与伦比地体现出源于美的审美价值。甚至，其中包含有他们早期美学思想，以及与质朴、自然、纯情、超越时空的美学思想中涵盖的伦理道德。这就是说，艺术的价值、艺术的美、艺术的形式和内容，除了表现人与自然界建立的关系、情感、思想之外，不能忽略艺术所要表达的人与社会之间各种复杂的关系、复杂情感和思想意蕴。鄂温克人认为，人的美学思想、审美观念、艺术作品，都同人原处的思想意识有关，然而思想意识的产生和不断成熟的过程，就与人生存的自然环境、社会环境、社会制度、特定历史背景和历史条件有关。换言之，不同的自然环境和社会环境及其社会制度下出现的艺术作品，应该表现出

各自不同的特点、各自不同的思想内涵、各自不同的艺术风格，甚至表现
出的美学思想、审美观念也会有所不同。比如说，山林牧养驯鹿的鄂温克
人的艺术作品，更多地关注兴安岭、山林、山林树木花草、桦树皮、驯
鹿、牧养驯鹿的经济社会、"仙人柱"①、猎犬、山林野生动物等；一直以
来生活在呼伦贝尔大草原上，从事牧养牛马羊骆驼的牧区鄂温克族的艺术
作品，则着重突出草原、牧场、草原山河及牧草鲜花、草原牲畜、草原牧
人、牧羊犬、游牧包、游牧生活及其经济社会；生活在农区从事寒温带或
温寒带地区农业生产活动的鄂温克族艺术作品，侧重点则放在农民、农
村、农区、农业生产生活，以及农村自然环境、社会环境、社会制度等方
面；在现代化城市生活的鄂温克族的艺术作品，则反映出的是城市、城市
风貌、城市现代化生活、高科技现代化社会。那么，所有这些，包含有不
同艺术内涵、艺术风格、艺术品位、艺术意蕴的艺术作品，表现了不同的
美学思想及审美价值，同时也无可置疑地从各自不同的艺术视角、艺术思
想、艺术手法表达出与大自然和社会进步融会贯通的伦理道德精神，以及
这一精神赋予的美好的一切。他们用这些审美意识与艺术作品，给人们带
来无限美好的思想文化享受、精神享受，陶冶人们的情怀以及道德情操。

　　总而言之，鄂温克族的艺术作品，更多地体现出人与自然的和谐相
处、人对自然的赞美、仰慕、崇拜与信仰，以及人的道德修养和审美趣
味。另外，就如上文的阐述，作为社会的人，受不同生产方式、不同经济
社会、不同社会环境和条件、不同社会制度的影响，鄂温克人的艺术作品
也会不同程度地反映出各自不同的经济社会、社会制度等。在他们看来，
构成这一艺术世界、审美观点、美学思想，以及人生美好世界观的主要因
素，首先应该是他们赖以生存的自然界和自然环境，是美丽如画如歌、令
人迷恋和陶醉、让人心旷神怡的大自然及其自然环境恩赐的精神产物。或
许正因为如此，他们坚定不移地相信，如果没有美丽富饶的大自然和自然
环境，鄂温克人不可能拥有如此美丽的艺术作品和审美品位，所有这些自
然而然地融入他们的精神生活、思想文化之中，进而升华为恩惠于大自然

---

① 仙人柱——指用桦树皮或野生动物皮毛搭建圆锥形住房，一般春夏用桦树皮搭建，秋冬
用野生动物皮毛搭建。

并回馈于大自然的美学思想。与此同时，鄂温克人将美学思想的美与艺术同人们向往的美好生活紧密相连，淋漓尽致地抒发从大自然中观察、感悟、品味、提炼出的美的一切和一切的美。这些对于美的心灵感受和情趣，塑造了大自然中的艺术之美。对此我们完全可以说，渗透着最为朴素的辩证唯物主义美学思想的鄂温克族艺术作品，体现的是最为朴素的情感意境、道德情操、伦理观念，表达了与人的情感意趣最为根本的审美态度。那么，这一将人心的美与大自然的美融为一体的艺术的美，直接展现出被美丽如画的自然界与自然环境熏陶与感染的美好心灵，以及鄂温克人对于美好生活的无限向往与追求。

第二章　鄂温克族文学文化

　　鄂温克族文学文化主要是指民间文学范畴中的神话、传说、故事、民歌、谚语等。然而，这些口耳相传的民间文学，在该民族的精神文化中占有相当重要的位置。它们是鄂温克族精神文化活动、精神文化世界中不可缺少的组成部分。根据我们所掌握的资料，在漫长的历史进程中，鄂温克族先民用充满真善美的思想，以及善于文学构思、文学想象、文学创作的智慧创造了丰富多彩的精神文化作品。鄂温克族民间文学就是其中最具代表性的实例，它们最生动、最真切、最直接、最鲜活地反映了先民早期的文学思想、文学形式、文学内涵。每当人们用心灵去触摸、欣赏、享受这些精神文化产品时，会从中感悟许许多多温暖而触动灵魂深处的情景、知识、道理。更加可贵的是，这些栩栩如生、震撼人心、感人肺腑、催人泪下的优秀民间故事和神话传说，伴随人类文明的进步与发展，不断获取新的营养、新的内涵、新的生命，给族人不断提供适应于不同时代的精神文化享受，使他们得到无穷无尽的精神快乐与精神食粮。鄂温克族民间文学中表现出的独到语言表达形式，具有很强的自然性、民族性、地域性、特殊性，使人充分领略生动、激情、丰富、优美的文学语言风格与艺术的表现形式。我们依据鄂温克族民间文学作品的结构类型、表现形式、语言风格、叙述情节与内涵，将其分为神话、史诗、传说、故事、童话等。其中，史诗和童话方面的内容现在搜集整理得不是太多。相较而言，鄂温克族民间文学里，有关神话和传说的故事内容十分丰富。

　　根据我们掌握的资料，鄂温克族民间文学作品有很多。然而，绝大多数叙述形式反映出不同历史时期的生活与思想。其中，神话是其最为古老的文学结构形式。鄂温克族神话大都讲述神灵或人性神性兼有、半人半神的故事。这些神话都极具幻想色彩，进而神妙地表现出鄂温克族先民在接触、观察、思考、认知、判断自然界及其自然现象与社会现象、社会存在、社会结构、社会关系、社会制度时，产生于心灵深处的种种奇特、夸张、超然、虚幻、烂漫的文学艺术的构思与意境。毫无疑问，神话文学是鄂温克叙事文学的起点与源头，也是他们文学世界的坚实根基。

鄂温克族早期文学能够与神话相提并论的另一种故事类作品应该是民间传说。综观鄂温克族民间传说故事，其内容都与他们最为熟悉的文学视觉、文学构思、文学享受和文学世界密不可分，与高山峻岭、江河湖海、森林草原、历史人物、英雄人物、历史事件、男恋女爱、风俗习惯密不可分。从这个意义上讲，鄂温克族民间传说故事更具有写史品位、故事情节、生活内涵、引人入思等特点。换言之，该民族的民间传说故事更加贴近当时的生产生活。虽然它们也有传奇和幻想的色彩，但更多的是与鄂温克族当时特定历史条件下的生产生活环境紧密联系的，反映出那一特定历史时期孕育、传承的历史条件、社会背景、生活内涵、人物风格、思想烙印，进而深深感染和影响人们的思想文化和精神世界，潜移默化陶冶了鄂温克族义无反顾地追求真善美、远离假恶丑的思想情绪与美好心灵。尤其是在远古时期，人们还没有一本启蒙教育的教科书的时代，鄂温克族神话故事是他们传播知识、进行文化教育的最好途径、最好方法，也是他们最好的教科书。

总之，鄂温克族文学中，神话与民间文学作品不仅数量众多，而且影响颇大，在整个鄂温克族文学领域占有不可忽视的重要地位。与民间文学密切相关，那些虔诚的萨满神歌、娓娓动听的民歌民谣、含有深刻哲理的民间谚语等，也用不同形式和手段真实地反映了鄂温克族真实的、美好的、纯朴自然的生活与思想。所有这些，是他们在漫长的人类文明的进程中，用文学的视角和思想观察并接触自然、思索与认识社会、感慨与探究生活的一种文学形式。正因为如此，对鄂温克人来说，他们的文学，特别是他们的民间文学，不只是一种民间文学作品，更是一个与他们走过漫长的历史命运相辅相成的、用他们多少代人的共同智慧创作的、从远古岁月传承至今的优秀传统文化的主要载体。因此，具有记录历史、传播知识、传承真善美、教育后代等多种社会功能和价值，对研究鄂温克族的文学、文化学、思想学、伦理学、社会学、民族学、民俗学、宗教学具有一定的学术价值。

　　下文我们将鄂温克族文学文化分成史诗、神话、叙说故事、童话，以及民歌、舞蹈、谚语等章节，分析和阐述鄂温克族民间文学文化，以及其中包含的精神文化内涵。

第一节　史诗

　　鄂温克族史诗《索达》是一部说唱形式的英雄史诗，它以鄂温克族远古时期英雄故事史诗为基础，经过漫长岁月的提炼与传唱，不断进行修改补充，毫无疑问《索达》史诗记录了鄂温克族最早的精神生活、精神文化、精神享受，对人们更深刻、更全面、更系统地了解该民族早期文学灵感、文学虚构、文学思想、文学创作及其结构形式、情节设计、叙述风格、夸张思维具有不可忽视的重要意义。

　　众所周知，史诗同神话与传说有十分密切的内在联系。鄂温克族史诗同样如此，他们的史诗同该民族文学启蒙时期的神话与传说有着不同程度的渊源关系。从这个意义上讲，史诗《索达》是在其早期的神话与传说基础上孕育的，并将说唱艺术融入其中，它是鄂温克族早期神话与传说发展演化的结晶。正因为如此，我们在听、看、读史诗《索达》的时候，始终能从中觉察、感触、领悟到与神话与传说故事相联系的文学形式和内容。史诗还涉及鄂温克族历史来源、早期生活、自然环境、地域特征、文化起源、伦理道德、宗教信仰等相关内容。

　　鄂温克族有语言，没有文字。他们在远古社会生活和交往中是否创制过本民族文字现在还很难搞清楚，在美国出版的《古代字》一书中说，鄂温克族先民在 16 世纪使用过桦树皮文字，并强调说这种文字只有鄂温克人看得懂。后来，桦树皮文字却消失得无影无踪。但我们可以说清楚的是，鄂温克族先民在不同历史时期，使用过契丹文、女真文、蒙古文、满文、汉文、俄文，甚至在日本侵占并统治我国东北时期，还使用过日文。我们所掌握的鄂温克族史诗基本都是口耳相传的内容，由于战争、内乱、迁徙、社会运动等因素，史诗内容遗失不少，甚至一些故事的情节内容变得模糊不清、支离破碎。在这种情况下，我们尽量从 20 世纪 80 年代初到 90

年代中期，在鄂温克族自治旗伊敏苏木维特很嘎查、吉登嘎查、红果勒金嘎查，巴彦嵯岗苏木阿拉坦敖希特嘎查，以及根河市敖鲁古雅鄂温克民族乡等地搜集整理的史诗《索达》资料，并结合1990年俄罗斯新西伯利亚科学院编辑出版的《西伯利亚及远东民族口头文学古代文学丛书》里刊发的《勇敢的索达尼英雄》进行分析研究。

英雄史诗《索达》是鄂温克族的集体智慧，大约产生于古代鄂温克族以家族为核心的社会形成时期，从而充分反映出强烈的家族意识、家族思想、家族理念。从鄂温克族的社会制度的变迁来看，家族社会形态延续得历史十分悠久，所以在他们的文学作品，尤其是在《索达》这样的史诗中带有浓厚的家族色彩。在鄂温克族这种家族思想底蕴深厚，具有几千年家族制度孕育的社会里，家族意识对于他们的社会制度变迁具有很大影响。毫无疑问，家族社会是以血缘关系为纽带，在血缘关系的基础上建立起来的社会群体。这一群体中的每一个成员，出生以来就与家族群体共同生活、共同参加生产活动，进而族人产生共同的生命观、生活观、生产观，这使他们对自己所属的血缘共同体——家族社会具有很高的心理认同感，进而形成强大且十分坚定、牢固的家族意识。那么，家族意识的本源就是对家族的强烈认同感，这使家族群体或者说家族成员间建立起相互信任、相互依赖、相互亲近、相互关怀、相依为命的强大心理意识。这种心理意识，同家族成员的共同生活、共同利益、共同追求、共同的命运紧紧地联系在一起，成为他们命运共同体的情感基础和思想基础。另外，家庭作为家族社会的重要组成内容，在家族社会里占有不可忽视的重要地位，对家族社会的延续和发展发挥着极其重要的作用。也就是说，家族社会的每一个家庭的存在和发展，直接关系着整个家族的存在和发展。正因为如此，每一个家庭成员都为自身家庭的生存和发展努力奋斗的同时，也为整个家族的兴旺发达承担责任和义务。特别是作为男人、男主人、男主人翁，对家庭每一个成员都负有不可推卸的主要责任，这种责任不仅仅是表现在用自己的辛勤劳动来养家糊口，同时也表现在不惜一切代价，甚至是用生命来保护、保卫自己家庭的每一个成员。

鄂温克族史诗《索达》就是以家族社会为背景、家庭生活为主线，讲述了很久以前作为人类社会的中界、天神和诸仙生活的上界、妖魔鬼怪生活的下界三界之间出现的极其复杂、残酷的生存关系。

起初人类生活的中界就像 1 岁小驯鹿的耳朵那么小，上界也就像倒扣的小桦树皮筐那么小。后来，上界和中界变得越来越大，中界变成一望无际的乐土，还有了高山峻岭、森林草原、江河湖海，有了驼鹿、驯鹿和各种飞禽走兽，还有了两条腿走路的人类。同时地界出现了与人类为敌的妖魔鬼怪。

这时，上界的天神和妻子为了保护人类，给中界生下龙凤胎兄妹，哥哥叫"索达"，妹妹叫"阿娅卡昌"。上界的天神，赋予了索达无穷的力量和智慧，索达也没有辜负上界天神父亲的恩典与厚望，成长为一位力大无比的英雄。对他来讲，抓黑熊就像抓虫子一样不费劲，抓雄犴就像抓蜘蛛一样简单，抓野生驯鹿就像抓蚂蚁一样轻松，他可以生吞驼鹿的骨骼，他一跺脚坚硬的地面就会陷出一米的深坑，他大声喊叫就会地动山摇，他骑的彪悍的驯鹿和他一样聪敏智慧。索达具有强大的力量、特殊的品格、非凡的才能，以及能够降妖伏魔英雄气概和本领，使他自觉肩负起保护家族、造福一方的神圣使命。

索达和他如花似玉的龙凤胎妹妹阿娅卡昌，在高高的山林中搭建了"仙人柱"，开始制造各种各样的生活生产工具，牧养了遍布山林的驯鹿，拥有了无边的辽阔牧场。哥哥还成立了自己的家庭，妹妹有了善良贤惠的嫂子。有一天，索达准备去打猎，可妹妹跑过来告诉哥哥，她昨晚做了个噩梦，梦见太阳被黑云遮住，黑云里显现出胸前长有独臂、额头有独眼、尖角耳朵长在脑后的妖怪。可恶可恨的妖怪把手伸进"仙人柱"，要把自己抢去当妻子。妹妹讲完噩梦，由于害怕没让哥哥去打猎。结果，没多久黑风呼啸、乌云翻滚、电闪雷鸣、大雨倾注。就在此时，魔王莽盖的儿子——阴险毒辣的阿达西，从下界妖洞来到索达家族生活的美丽富饶的山林，几乎要毁掉索达的整个家族，还要抢走索达可爱的妹妹。索达为了保卫家族，为了不让妹妹落入魔鬼之手，用自己超凡的智慧与胆略与魔鬼阿达西打斗了好多天，打斗得天昏地暗、云雾翻腾、海水四溅、高山峻岭和森林几乎夷为平地。但由于阿达西魔鬼的魔术十分高超，它用自己的魔法陷害了索达，让索达昏死过去，趁机抢走了阿娅卡昌。不过，索达拥有的力量、勇气、智慧，加上上界天神父亲的保护，让索达从死亡的黑暗中站了起来，告别已经怀孕的妻子和家族成员，骑上彪悍聪慧的驯鹿，去追杀阴险毒辣、奸诈狡猾、诡计多端的魔鬼阿达西。他在旅途中历经磨难，排除千难万险，不断战胜迎面而来的妖魔鬼怪，最后在上界天神父亲派来的弟弟尔格尼钦的协助下，杀死了无恶不作的魔王莽盖及其阴险毒辣的儿子阿达西，摧毁了妖魔鬼怪生活的下界世界，救出了美丽可爱的妹妹。

兄妹俩感谢尔格尼钦弟弟，送弟弟回上界之后，回到中界人类生活的美丽富饶的山林，索达见到了日夜思念的妻子和族人，还见到了索达走后妻子生下来的活泼可爱、聪明伶俐的女儿。索达的宝贝女儿长大后，成为鄂温克族历史上的第一位女萨满。从此之后，在英雄的索达的保护和引领下，由一个个家族组成的鄂温克族过上了太平安宁的日子，还牧养了漫山遍野的驯鹿和牛马羊。这使鄂温克族家族社会越来越繁荣强盛，后来还建立了强大的国家，索达当上了国王。

鄂温克族史诗《索达》的故事情节，叙述了鄂温克族的产生到家庭为主的家族社会的发展变化，同时也涉及以家族社会为核心的所谓王国的建立。史诗《索达》故事的内涵极其丰富。其一，用虚幻与夸张的文学艺术手法描绘出最初的世界只有上界和中界，后来才出现了下界。也就是，交代和描写了英雄的索达诞生之前的世界；其二，上界的天神得知，下界的妖魔鬼怪经常来到中界人类生活的世界祸害百姓，就把儿子索达从上界的天国送到中界，来保护受苦受难的百姓，这里交代了索达的诞生和身世，以及索达来到人类世界的目的和使命；其三，索达保护家庭、家族以及从魔鬼手里抢回妹妹而去征战妖魔鬼怪，即索达降伏妖魔的艰辛过程；其四，史诗的结束部分，也就是索达彻底毁灭下界的妖魔鬼怪生活的世界，带着妹妹回到人类生活的中界，过上幸福安宁美好的生活，还建立了以牧养驯鹿和牛马羊为生产方式，以家族社会为主的鄂温克族王国，索达成了国王。结束部分还交代了鄂温克族社会产生的第一位女萨满，即英雄索达的宝贝女儿。

史诗《索达》的故事情节最为复杂、内容最为丰富、篇幅最长的是第三部分，就是索达征服下界妖魔世界的部分。不难看出，史诗《索达》深深植根于鄂温克族早期社会生活和远古时期的充满幻想、虚构、夸张色彩的文学思想，同时也阐述了鄂温克族早期精神文化内涵——真善美的追求与赞美、英雄人物的仰慕与崇拜，无限美好生活的强烈期盼与渴望。史诗《索达》不仅揭示了他们以家庭和家族为核心的社会生活与社会制度，描绘并塑造了各具特色而各有代表性的角色人物形象。而且，那些不同人物都被刻画得淋漓尽致、形象逼真、栩栩如生、活灵活现、引人深思，从而各自给人们留下深刻印象。特别是，英雄索达形象的描写最为突出和鲜明，触动心灵的文学语言的风格堪为鄂温克族长篇史诗作品独具匠心的佳作。从这个意义上讲，鄂温克族史诗《索达》中的人物，虽然不像其他民族的史诗文学人物那么众多，但给人留下极为深刻的印象。

除此之外，鄂温克族民间故事里还有名为《阿拉塔尼莫日根》的长篇史诗。但由于其中许多故事情节和内容早已丢失，加上当初搜集整理该长篇史诗时，只是从语言研究的角度，将其作为语音、词汇、语法分析的口语资料来记录，更多地注重发音、吐字、形态变化语法现象密切相关的语音形式、发音方法、词汇特征、词缀意义、语法关系等，忽视了史诗文学的故事情节、叙述形式、结构特征。与此同时，为了更好地掌握和记录词汇语音特征，让民间故事的讲述人把史诗文学从讲唱式变成故事叙述，还把用不同事物的共性，重复性表述某一道理的史诗文学结构简化为单一式叙述形式，将阿拉塔尼莫日根与妖魔鬼怪打斗的故事情节，以及后来建立幸福安宁的家园，自己当上国王等方面的内容全部省略掉了。结果，我们今天看到的《阿拉塔尼莫日根》变成了一部缺章少节的民间故事。

总而言之，在鄂温克族民间故事中，至今还未公开出版一本完整、全面、系统的史诗文学整理的成果。其实，鄂温克族是一个善于形象思维，充满幻想、性格开朗、兴趣广泛、语言丰富幽默、善于表达的民族。鄂温克族老人许多都口齿伶俐、能说会道、出口成章，具有很深的文学功底。他们对于事物及事物变化的观察力、洞察力很强，能够及时、细心、准确、全面把握事物结构特征和发展变化的规律，进而从中提炼出文学创作的激情，抓住文学创作的角度、广度、深度、高度及其关键点和切入口，打开文学创作的灵感与思维。他们更加注重人生情感的深度体验、感染和感化审美理想和艺术情趣。据说，文学思想的源泉，包括文学创作与作品，都和他们美丽富饶的兴安岭和大草原有必然联系。从这个意义上讲，鄂温克族史诗文学也源于大自然，是他们精神生活的再现，给人留下取之不尽、用之不竭的精神财富，甚至在思想学、教育学、心理学，病理学等方面具有不可忽视的重要价值。虽然在史诗文学中有不少与神话相关的故事情节，有妖魔鬼怪、下界方面的虚幻式表述内容，但以此为例将人类社会的黑暗生活、黑暗势力、罪恶心理、残毒手段表现得缜密细致、淋漓尽致，进而激励人们勇敢地抵抗黑暗势力与假恶丑，激励人们永不放弃地追求光明与真善美，去讴歌无私无畏、无限光荣的英雄。所有这些，使史诗文学变得更加完美、更加有生命力、感染力、影响力、吸引力、穿透力，给人留下难以忘怀的文学享受。

第二节　神话

鄂温克神话也是该民族民间文学的重要组成部分，其题材广泛内容丰富。我们掌握的神话资料，及其对于神话资料的分析研究表明，在他们丰富多彩的民间文学世界里，神话作为一个充满幻想、虚构、夸张的文学艺术形式，有其独特的语言表述形式、语言结构特征、文学艺术故事情节和内涵。进而，在鄂温克族民间文学中独具特色，发挥着强有力的文学艺术影响力。毋庸置疑，神话是鄂温克族从另一个文学视角、文学层面、文学思想，不断接触和观察物质世界的基础上进行创作的产物。特别是在那远古的人类社会时代，人的思想、智慧还处于开发阶段，鄂温克族先民从思想文化及精神文化的层面，充分利用神话文学艺术虚幻式、夸张式、超越式的描写手段，力求阐释或解读人类自身还未彻底弄清楚或者说弄不明白的自然现象自然环境，甚至包括社会现象。在此前提下，对于千姿百态、千变万化、变幻莫测的神秘物质世界，用文学手法创作诸多神话。根据鄂温克族神话内容和描写手段的不同，可分为神灵神话、萨满神话和动物神话三大主题。

1. 神灵神话

鄂温克族早期以神或神灵为题材的神话，充分体现出他们在遇到生活的苦难、艰辛、曲折、痛苦、挑战时，通过虚幻、虚拟、虚构的神或神灵神话表达美好生活的无限渴望。同时，他们幻想在神或神灵的恩赐与帮助下，战胜一切黑暗与苦难，获得幸福、美好、理想的生活。神灵神话情节充满奇思妙想，有艰辛、曲折、苦难，也有委婉、感人、催人泪下的动人情节。比如说，在《太阳神姑娘的神话》中，主要描述了太阳神姑娘为了给在漆黑而冰冷的世界中受苦受难的人们，带去光明、温暖、幸福生活而历经磨难、千辛万苦、无私奉献的故事。该神话故事，还用朴实无华、引人入胜的文学艺术夸张手段，赞美了太阳神姑娘用智慧的头脑和淳朴、善良、美丽、无私、博大的心灵语言说服守卫太阳神之门的门神们，如愿以偿地走出太阳宫，为黑暗中挣扎的人们送去阳光、温暖、希望，赶走黑暗、冰寒、死亡的故事。最后，还描述了太阳神如何惩治了不守规矩、心术不正、好吃懒做，经常阻碍太阳神姑娘给黑暗的世界送去光明和温暖的坏门神，给自己懂事善良的宝贝姑娘为人类谋幸福打开了畅通无阻的光明之门的美好故事。以此讴歌了人类光明而美好的生活来之不易，呼吁人们要珍惜光明美好的生活。

在另一个有关天神女儿的神话故事《祭祀达嘎尼神》里，充分发挥了神话故事虚构夸张的文学艺术的构思，讲述了天神的女儿，也就是神话故事中讲的仙女从天宫下到人间，被三位猎人误以为是女妖怪而被弄死，猎人的举动给家人带来了无穷无尽病痛折磨的故事。

很早之前，山上生活着兄弟仨。有一天，他们中的老大在山上狩猎时，见到一位如花似玉的美丽姑娘。那位姑娘很热情地跟他打招呼。但他想，她肯定是山中的妖怪，要么怎么会独自在深山老林里转悠，还跟不认识的人随便打招呼呢？所以，他没有理会她。猎人回到家里，跟两个弟弟说了此事。弟弟们也认为她肯定不是什么好东西。兄弟仨坐在一起，商量如何杀死这个女妖怪。这时，老大讲，自己就能够收拾她，不用弟弟们参与和费心。第二天，老大手拿锋利的猎刀山上了。果然，在昨天的那个地方那个时间，遇见了那位美丽的姑娘。二话没说，他就砍下了她的脑袋。很有意思的是，老大把砍下来的脑袋扔到野外准备回家时，她竟然什么事都没有发生似地坐在他家里。老大见了更是怒火冲天，更加坚定地认为她是妖怪。后来，兄弟仨把她紧紧捆绑在轱辘车上，想将她活活绞死。这时，美丽的姑娘就跟他们说："真想把我弄死，应该把我捆绑在大大的轱辘车的轱辘上，然后放入河水里不停地搅动。"兄弟仨就按照她说的去做了，结果她真的死了。可是，她死后，兄弟仨的妻子经常患重病，甚至病得致命的程度。没办法，兄弟仨就请来了萨满。萨满对他们说："你们可能惹怒了天神，可能把天神的仙女给弄死了。所以，天神在没完没了地折磨你们的妻子。你们应该赶紧祭祀天神的仙女，就能够避免妻子们被病痛折磨的灾难。"从此，这里的人们就有了祭祀仙女的习惯。很有意思的是，从此往后，兄弟仨的妻子们也没有什么病了。兄弟仨感到十分后悔，常常在上天面前祈求宽恕和原谅。特别是他们的女儿嫁人时，兄弟仨举行了十分隆重仪式，向天神和仙女表示忏悔，并祈求出嫁的女儿一生平安幸福。

通过这两个神话故事，明确表达了人类无论在任何环境和条件下，都应该感恩天神，对于天神要绝对虔诚，绝对不能辜负或愧对天神的意志，更不能怀疑、歪曲、否定作为人类精神依靠的天神的好意和无私奉献的精神。否则无法摆脱灾难，无法走向光明和希望，无法获得美好的生活。相反，还会得到应有的报应，造成不可挽回的损失和灾难。

神灵神话中，还有不少与山神和敖包神有关的故事。鄂温克族往往以此为精神活动、精神生活、精神寄托，以超现实的手法表达在早期狩猎生产活动中遇到的苦难与意想不到的美好收获。同时，也用夸张超然的文学艺术语言坦白他们在追求美好生活过程中遇到的种种不幸，以及战胜这一切的精神力量与美好愿望。比如说《山神的故事》中就说道：

在遥远的过去，有一群猎民跟随首领到山上打猎。经过几天的围猎，他们终于把山林的野兽都围困在高大的山头上。到了傍晚，首领问猎手们："谁知道这座山头上究竟围猎了多少猎物？"猎手们你看我、我看你，琢磨半天谁也说不出来。正在这时，从深山老林里走出一位白发苍苍的老人，他见了大家"哈哈"大笑着说："我不仅知道你们围猎了多少猎物，而且还知道其中有多少种类的猎物及每一个种类猎物的数量。"说完，白发老人就不见了踪影。猎民首领派人到山林里去找，却谁也没有找到他。第二天，打完围猎的猎物，大家统计猎物种类和数量时，却惊奇地发现他们猎获的猎物种类和具体数量同白发老人说的完全吻合。打完猎，猎民首领再次派人到山林里找那位智慧超然的白发老人，还是没有找到。这时他们才明白，它就是山林中管理所有动物的山神。

鄂温克猎民为了感恩，也为了获得更多的猎物，每次狩猎都要祭祀山神，祈求它恩赐更多猎物。这就是鄂温克族崇拜山神的神话故事。另外，在鄂温克族《祭祀敖包的故事》里，也描述了人们崇拜敖包的始末。

在一个美丽如画的地方，有一座美丽的村庄。村里生活着一位仙女般美丽善良的姑娘。人们都为她的美丽而倾慕，为她感到骄傲和幸福。在这美丽的村庄，还有一名十分英俊的小伙子，他还很勇敢并有超群的智慧。他爱上了美丽的姑娘，村里人都为他们的美好未来而祈福。他俩经常在村头小河边约会，谈情说爱，谈论共同美好的未来。时光过得很快，眼看就到了谈婚论嫁的时候，但谁也没有想到就在此时，灾难不可回避地降临到这座美丽的村庄和美丽的姑娘身上。有一天傍晚，美丽的姑娘在伊敏河里洗澡时，臭名昭著杀人不眨眼的恶魔偷偷来到这里，先将姑娘放在河边的衣物拿到手，然后让姑娘走过来拿衣物。姑娘听到恶魔的声音，看到拿着自己衣物的恶魔，立马晕了过去。等她醒来时，已经一丝不挂地躺在恶魔的妖洞里，恶魔看到她醒来，就张牙舞爪地向她扑了过去。姑娘机智地躲过恶魔，用头撞向石洞的墙壁结束了自己的生命，也结束了一个美丽的梦想。

姑娘家看女儿没有回来，到处去找也没有找到。村里人听说后，都帮助姑娘的父母四处寻找。这时，英俊智慧的小伙子想到了恶魔，就领着村里人来到恶魔生活的妖洞。果然不出所料，连续几天吃了姑娘嫩肉的恶魔挺着大肚子正在妖洞门口睡懒觉。勇敢智慧的小伙子领着村民冲了上去，同恶魔展开了生死搏斗，最后在大家的同力协助下，小伙子终于杀死了罪大恶极的恶魔。人们跑进妖洞，看到的只是姑娘的一堆白骨。人们为了怀念美丽善良的姑娘，在村边伊敏河岸上，在小伙子与姑娘经常约会的大树下为姑娘进行了土葬。

在往后的日子里，人们为了怀念她，也是为了祭祀她的在天之灵，每年清明节都聚集到她的墓前举行祭祀活动，还怕她着凉经常给她的坟墓上添加新土。就这样，美丽姑娘的墓越来越高，变成了远近闻名的大大土葬包。后来，人们就叫它善良姑娘神灵的敖包。与此同时，村里人把罪大恶极的恶魔尸体运到山脚下，埋入深深的山坑里，并用石头严严实实地盖上。从此往后，不论是谁走过埋恶魔的石头包，就会自然而然地加上几块石头，就怕日后恶魔跑出来再伤害村民。后来，石头越积越多，石头山越来越高，就变成了人们惩治罪恶、镇压邪恶，征服黑暗的敖包。久而久之，也就成了埋葬鬼神的石头敖包。

显而易见，第一个神话故事用虚拟人物和虚拟的故事情节，描写了猎人与山神的交流、猎人接受山神恩赐的猎物、猎人开始崇拜山神的故事，描写了人们对真善美的讴歌和对假恶丑的仇视。第二个神话则描述了美丽心灵与英雄主义的神化、敖包神灵的崇拜等。这两则神话故事，虽然有虚幻夸张、天真烂漫的情节内容，但也有贴近人的情感与生活的曲折多变、跌宕起伏、错综复杂的情节。所有这些，使神话故事更具有文学生命力、吸引力、传播力和影响力，从而给人留下了十分美好的精神享受，成为其精神活动和生活的重要组成部分。

众所周知，鄂温克族属于信仰万物有灵论的民族，所以在他们的神话故事里有不少以神或神灵为题材的内容，比如说，"月亮神""森林神""草原神""野兽神""鸟神""驯鹿神""火神"等神话故事。这些神话故事各具特色、有独到故事情节和内容，以及特定精神生活价值和意义。考虑篇幅有限，这里就不多说了。其中的一部分，在分析和论述鄂温克族宗教信仰时还要论及。

2. 萨满神话

我们掌握的鄂温克族神话故事中有数量可观的跟鄂温克族萨满信仰密切相关的内容，或者说以萨满为题材的神话故事。鄂温克族以万物有灵论为信仰的核心，认为世间万物都有灵魂。那么人作为一个有灵魂的生命，绝不能蔑视、虐杀其他有灵魂的生命。只有在天神的许可下，人们才可以依据生存、生活的需要，从自然界中获取必要的生活物资。其中，自然包括同人们的生命、生存、生活密不可分的衣食住行方面的物质资料，以及生产活动所需的物质资料等。然而，万物有灵论信仰强调人们在物质生活方面的各种需求和意愿，必须通过人和神之间的使者——萨满传达，并得到天神或诸神的认可才能够从自然界中获取自己必需的物质资料。也就是说，没有萨满，他们就没有办法和诸神沟通，向神明表达自己的需要与诉求。与此相关，在他们的精神文化世界里，同天神或其他神灵交流情感或表达某一精神诉求时，倘若没有萨满的帮助不论是谁同样也都无法与天神与其他神灵进行沟通，从而也无法实现自己某一精神方面的强烈而迫切的愿望。故此，在他们信仰世界中，萨满占据着不可忽视的重要地位。正因为如此，人们将鄂温克人的信仰说成是萨满信仰或者说以萨满为纽带的万物有灵论信仰。毫无疑问，萨满在他们的信仰中具有特殊的定位和内涵，因而在他们的精神文化、民间文学、神秘意识中出现许许多多与萨满有关的神话故事。根据我们现已掌握的资料，萨满神话同鄂温克族早期生产生活、风俗习惯、道德理念、思想意识、审美观念，以及虚幻夸张的文学艺术等密切相关。这些萨满神话故事，尽管属于他们早期幻想、虚构、夸张、天真、烂漫、超然的文学创作作品，但在他们早期的精神生活、精神活动、精神文化、精神享受中产生过重要影响和作用。鄂温克族萨满诞生的神话故事里就说道：

> 很早很早以前，有一个叫索道的富人，有一天他的宝贝女儿突然患了重病，索道到处派人叫来许多仙人给女儿看病，都没有搞清楚女儿究竟患了什么病？也没有办法给她治疗。就在索道万般无奈时，他的仆人告诉他，听说他们这里来了一位算命的神人，不行就请他来给

女儿看看病。索道欣然答应了，就赶紧派人请来了那位神人。不一会儿，算命的神人就来到富人索道家，经过花园往里走时，突然花园里的一朵大黄花跟他讲："这家旁边有一个泉眼，泉眼里有一条大鱼，那条大鱼后背上扎着一根冰穿子，你去把那冰穿子拿下来，再用泉眼里的泉水灌满泉眼边的九个小洞口。这时，从那九个洞口里会跑出来一条狐狸，你就用冰穿子打死它，索道女儿的病就会治愈。"算命的神人就按大黄花说的去做了，结果治好了索道姑娘的病。看到被病魔折磨得快要死的宝贝女儿康复，索道十分高兴就摆了几天几夜的宴席，来盛情款待算命的神人。当他要走时，富人索道问他需要什么东西作为礼物。他说："就要花园里的那朵大黄花。"后来，人们才搞明白，那朵大黄花是天神女儿的神灵。也就是说，有了这朵大黄花，就等于有了天神女儿的神灵。这位算命的神人得到这朵大黄花后立马就能够听懂所有人、动物、植物的语言，乃至能够听懂自然界一切生命的语言，包括风雨云雷等自然现象的语言，以及所有神或神灵的语言，从而成为大名鼎鼎的大萨满。

其实，在鄂温克族萨满诞生的神话故事还有一些。比如说，在《天神派来的仙女》神话故事里，讲到天神派到人间来的仙女，也就是天神的小女儿，来到人间征服和消灭了一切妖魔鬼怪后，当上了人间的信仰者——萨满，从此人间就没有了妖魔鬼怪，过上了幸福安康的生活。总而言之，绝大多数萨满诞生的神话故事，似乎都同天神的女儿有关。

鄂温克族萨满神话中，还有一些以萨满创世为题材的故事。也就是说，人世间是萨满独自或者是萨满帮助天神一起创造的产物。萨满创世的神话故事流传得相当广泛，虽然不能说家喻户晓，但绝大多数鄂温克人都知道这些神话故事。比如说，在《萨满创世的神话》就讲述了萨满如何创世，以及创始的整个过程。

在萨满出现以前，人和野生动物一样，几乎都穴居山上。那时，能够养育人类的土地很少，几乎只有一座小山丘那么大。自从出现了神通广大的萨满，才使人类生活的空间慢慢变大。从此，人兽分家，人带着一些温顺的野生动物离开了兽群，人生活在山下，兽群生活在山上。才有了人类理想美好的生活。最早人类生活在太阳升起的地方。在那里出现了一位形象奇特、白发苍苍、半人半神的老太婆，她就是创世的大萨满。她用巨大而丰满的两个大乳房，哺育养大了无数个孩子，那些孩子就成为后来的人类。

另外，鄂温克族神话《萨满用泥土造人和造万物》，用虚幻与夸张的文学手法，塑造了一位萨满创世的神话故事。该神话讲道："创世的萨满不是女萨满，而是一位背负弓箭的英雄男萨满。"

很久很久以前，有个名叫保鲁巴格西的天神，他看到地面上空空荡荡，见不到任何生灵。他觉得地面很寂寞、很单调、很凄凉，没有生机、没有活力、没有希望。所以，他就开始日夜不停地用泥土创造人和生灵。结果，从此往后，地面上就有了许许多多的人，就有了人世间和其他各种各样的动植物。然而，遗憾的是天神造来造去，把地面上的泥土都用完了，正在他不知该怎么办时，听说地面上还有一大堆泥土，压在一只名叫阿尔腾乌雅尔的巨型大龟身子下面。据说，这头巨型大龟已经生活了千万年，具有无与伦比的强大法力。所以，谁都不敢惊动它，谁要是不小心惊动了它，谁就会葬送在它强大法力下。知道巨型大龟的这些情况后，天神正在琢磨该怎样从它身下拿到泥土继续造人，从东边太阳诞生的地方，飞来一位骑长鬃大白马、背负弓箭的尼桑萨满。尼桑萨满见到天神就跟他说："我有办法叫它从伏卧的泥土上离开。等它离开后，咱俩合力用它身下的泥土造人造万物吧！"说完，尼桑萨满骑上白马，闪电般飞驰到巨型大龟伏卧的地方，拿起神弓将神箭射向了巨型大龟。他的神箭，穿透巨型大龟钢铁般坚硬的甲壳，直接插入内脏。眨眼工夫，巨型大龟四脚朝天，昏死过去，一动不动了。保鲁巴格西天神从巨型大龟身下拿到无尽的泥土，就和尼桑萨满一起开始造人和世间万物，包括所有动物和植物。

《萨满用泥土造人和造万物》中还说："从那时起，世上就有了人类和世间万物。人及世间万物越繁殖越多，人类生活的地面越来越热闹、越来越生机勃勃、越来越美好富饶。"这一神话中的萨满形象与前文讲的神话里的萨满有所不同，他是一位骑着白色神马、善于骑射、机智勇敢的男性，他和天神一起用泥土创造了人类和世间万物。与这则萨满神话故事情节几乎相同的萨满创世神话故事还有《布拉哈尼桑创世的神话》，该神话中讲道："最早的时候，人类星球别说是人影，连动植物的影子都看不到。看到这一寂寞的情景，布拉哈神在尼桑萨满的帮助下，处罚了阻碍他们创世的坏蛋阿尔丹巴依尔鬼，用金土和银水创造了人类和世间万物。"可以看出，这两个创世神话故事的内容大同小异，都讲到天神和尼桑萨满。不同点只表现在天神的名字，以及造人造物的土的称呼上。

在上述三个神话故事中，创世萨满的形象都具有浓厚的时代特征。其中，第一个神话里的创世萨满是一位形象奇特、半人半神的女性，是远古时代的神话故事夸张描述和塑造的产物；第二个和第三个神话故事出现的创世萨满是一个身背弓箭、骑着白色神马的猎人，而且都叫尼桑萨满。显然，他是后期神话故事虚构的萨满形象。然而，对鄂温克人来说，他们都是创世者，也是鄂温克族认知中的人类始祖。

与萨满神话相关，还有一个叫《萨满神鼓来历》的故事。该神话同样用夸张虚构的文学手法描写了萨满的超人神力，以及萨满神鼓发挥的神奇作用。

　　原初，地球是一个很小很小的东西，那时的山又小又矮，河流又窄又细。然而，神通广大的萨满出现以后，用强大法力把地球慢慢变大。伴随地球的变化，那些又小又矮的山一天天变高变大，又细又窄的河流也一天天变宽变深变长。不知又过了多少年，让地球变大、山变高、河变宽的神通广大的萨满，坐在神鼓上腾云驾雾四处寻游，为世间受磨难的万物降魔除灾，为人类造福。萨满乘坐的神鼓是上下两面均用神皮包好的大神鼓，神鼓有奇特功能。对于萨满神鼓的特殊功能和作用，地球上新出现的喇嘛十分妒忌，他总琢磨偷萨满的神鼓。但是，喇嘛不论费多大心思、用多少伎俩，还是偷不到萨满的神鼓。因为，萨满与神鼓寸步不离。喇嘛越想越生气，进而想偷神鼓的想法变成一种更可怕的恶念。他心想，我付出那么大的努力，还是没有拿到神鼓，既然如此我可以尽一切办法弄坏萨满神鼓，使神奇的萨满神鼓以后发挥不了作用，这样我就可以显耀自己的神奇力量和作用。琢磨出这一坏主意的喇嘛，想方设法靠近手拿神鼓的萨满，不过还是找不到下手的机会。有一回，心怀恶意的喇嘛同萨满恰巧碰到一起，趁萨满不留神，穷凶极恶的喇嘛从萨满手里抢走了神鼓，萨满为了保护神鼓和喇嘛打了起来。喇嘛和萨满打斗时，喇嘛从衣袖里拿出事先准备好的叫"敖叟拉"的法器刺向萨满和萨满神鼓，结果刺破了萨满神鼓底部的神皮。萨满神鼓神皮被刺破时，发出了惊天动地的巨大响声，吓跑了坏心眼的喇嘛。据说，喇嘛跑得无影无踪，再也不敢来和萨满争夺神鼓了。从此，萨满神鼓就变成单面鼓，萨满就用单面神鼓请神降魔了。

这一神话，首先描述了萨满用神奇法力和神鼓创造万物世界，为人类幸福降魔除灾的神妙情节；其次，描写了世界上出现了坏心眼的喇嘛，由于他嫉妒萨满和萨满神鼓，就恶毒地刺破萨满神鼓，使它变成单面神鼓的悲剧情节；最后，描写了尽管萨满神鼓由双面神鼓变成单面神鼓，很大程度上削弱了神鼓的威力，但萨满没有由此放弃为人类造福的神圣使命，继续手拿单面神鼓四处请神降魔。以此讴歌了萨满造福人类的精神，以及萨满神鼓神奇而超凡的神力，同时讽刺了坏心眼的喇嘛。当然，也表现了在当时的历史条件下，萨满信仰和喇嘛教之间存在的矛盾。

通过前文的分析和讨论，我们可以认识到在鄂温克族万物有灵论信仰世界里，萨满是人和神之间进行交流的使者、桥梁、纽带，人们向神灵祈求、表达意愿，都要通过萨满来实现。在早期，鄂温克族每一个姓氏家族都有一个萨满，由此人们判断以姓氏为主的家族社会形成以后才出现了萨满，也是鄂温克族家族社会出现以后，人们在生产生活中遇到众多疑惑、疑难问题、难解之谜、难能抵抗和战胜的重大困难与挑战时，寻找精神依托、精神安慰、精神快乐、精神信仰的特殊时代产生的崇拜。萨满的出现就是为了给家族消除灾祸，以神功治病，祈求安宁与祥和。萨满的使命，就是保护家族全体成员。这些因素，我们从以上神话故事中完全可以看出。另外，在前面提到的神话《尼桑萨满》中有萨满救活死人的故事，其中就说道："早年，有个叫巴拉图白音的富人，他有一个叫舍热古黛偏库的儿子。有一天，舍热古黛偏库上山打猎，突然得急病死了。巴拉图白音知道后，悲痛欲绝。他把儿子尸体搬回家藏在石棚里。有一天，家里来了个衣衫褴褛的讨饭老人。巴拉图白音说：'肉干和奶子随你拿，如今我的儿子也不在世了，留下那些食物也没用！'讨饭的老人告诉他：'从天神那里来的尼桑萨满十分神奇，他能救活你的儿子。'巴拉图白音听后，立马骑上马去请尼桑萨满。尼桑萨满来到他家，九天之内用神奇法力，把他儿子的灵魂唤回身体，复活了舍热古黛偏库。"关于尼桑萨满的神话，在鄂温克族地区有许多版本流传，但神话的基本情节、人物、结构、内容等方面大同小异，没有太大区别。

此外，鄂温克族民间还流传萨满用神歌、神舞、神词、神语，以及在其中包含的强大而神秘、神奇、神妙、神通的精神活力、精神动力、精神力量、精神作用，治愈各种怪病或重病的内容。而且，大多是一个十分正常的人突然患某种怪病或重病，吃什么药都治不好，经过萨满为其举行神奇的精神治疗仪式，说唱那些有神奇功效的神词、神歌之后，患者用自身爆发的精神力量战胜疾病的困扰与痛苦，用自己生命原本的力量，挽救将要死亡的生命情节。在他们的《鄂温克族猎人为啥最忌客人尿裤子》《伊万萨满的传说》等萨满神话里就有这些内容。比如说，在《伊万萨满的传说》中讲道：

在很早的时候，有个靠打猎为生的鄂温克猎人家庭，爸爸每天早出晚归忙着打猎，妈妈在家照顾儿女并忙家务。有一天，猎人的儿子突患急病死了。祸不单行，不到三天，他的女儿又病倒了。猎人急得四处求医买药，女儿的病情还是没有一点好转。于是，猎人和妻子就请来了萨满。猎人按照萨满的要求，在自己"仙人柱"炉灶两侧各立一棵落叶松和白桦树，然后在两棵大树间拉起一根皮绳，在绳子上挂上祭神用的鹿心等供品，同时在"仙人柱"两边挂上了木制月亮和太阳，在两旁各挂一只木刻的大雁和布谷鸟。这时，萨满穿上神衣，一边使劲敲着萨满神鼓，一边怒吼般地说唱起神词和神歌，一边绕着点燃的神火疯狂地跳起了神舞。结果，不仅把病重卧床的猎人女儿治好了，更神奇的是将猎人死去的儿子从死神手里救了回来。猎人家双喜临门，从此往后再也没有受到病魔的折磨，过上了幸福安康美好的日子。

其实，在鄂温克人生活的地区，类似的萨满神话还有很多，情节和内容也都很丰富，萨满神话在鄂温克族神话故事中，包括在其精神文化生活中占据着十分重要的地位。

3. 熊神话

鄂温克族早期生产生活中，猎业生产活动及其狩猎生活占据着不可忽视的重要地位，甚至对于鄂温克人的生存和发展发挥着决定性作用。所有这些自然而然地决定了他们对狩猎对象的生活习性、生命结构特征、与生俱来的性格等都有了全面、客观的认识。特别是对于那些身躯庞大、力大无比、动作迅速、凶狠残暴的野生动物，有了更加深刻的认知与把握。甚至，对其庞大而厚重的身躯、尖如箭头快如猎刀的牙齿、钢铁般弯曲的指抓、出乎意料的反应速度、难以摸透的计谋、凶狠残暴的行为发自内心地感到敬畏与恐惧。比如说，鄂温克人对熊就有一种无可言说的神秘感和畏惧感。在他们看来，熊是森林之王，具有其他动物无法抗衡的强大力量。尤其是熊不仅能够像人一样直立行走，还能够用前爪像人一样采食各种野果，熊给猎人留下高深莫测的感觉，他们怀疑熊能通晓人类的语言。猎人们遇到熊，和熊斗智斗勇的时候，常常觉得熊能听懂他们的所思所想。在鄂温克人看来，正是这个原因，他们总是斗不过熊。在遇到熊或猎熊时，经常出现猎人被熊制服、袭击、杀死的悲惨局面。于是，在鄂温克人的文学构思和神话故事中出现了许多关于熊神秘而可怕的形象。

很有意思的是，在鄂温克族神话里，往往把熊虚构并描绘为人类的亲族，认为熊的祖先和人的祖先曾经有直接的血缘关系，所以熊与人类的后代有一种神秘莫测的、内在的生命联系。也就是说，在鄂温克人天真烂漫的早期思想里，或者说虚幻漂浮的意境中，会朦朦胧胧地意识到熊和人类祖先之间存在相同的历史渊源。那么，这些意识渗透到他们的神话世界，结果鄂温克族神话中就有了关于人与熊建立亲族关系的故事情节，甚至出现了生动又鲜活的关于人与熊成亲的美妙神话。那些神话中，还涉及熊和人结为夫妻、生儿育女的烂漫、奇妙的故事情节和内容。比如说，在《人与熊的孩子》中就说道：

> 熊原来就是人类祖先的组成部分，它们生来就非常聪明，有着超出一般人的记忆与力量，是相当优秀的生命。有一天，山林中的一头孤独的母熊遇到年轻英俊的猎手吉尔丹，便对他一见钟情。从此，母熊每天都要来到吉尔丹的住处，给他带来许许多多的山珍野味，并亲自给他做十分可口的饭菜，还给他收拾屋里屋外的东西。到了晚上，还要给他铺好被褥，关好门窗，睡在他的身边。母熊的所作所为深深地感动了猎人吉尔丹，他跟母熊成了家，开始了共同的生活。过了几年，吉尔丹和母熊有了两个聪明伶俐的孩子。不过，猎人吉尔丹十分怀念自己的族人和家族生活，且这种怀念越来越强烈。到后来，吉尔丹实在想得受不了，就趁母熊领着两个孩子出去打猎的工夫，偷偷地离开自己和母熊与两个孩子生活的地方，去找自己的族人了。许多年以后，吉尔丹和母熊生的那两个孩子成长为山林中两个大英雄。

这一神话把母熊刻画、描绘、塑造成一位温柔、善良、懂理、执着、勤劳而充满爱心，又有女人味和母性气质的完美形象。与此相关，在另一个神话里，同样用夸张、虚幻的文字叙述了几乎相同的故事情节。神话说道：

> 据说，很早以前，在高山密林中生活着一家牧养驯鹿人，家庭成员除了父母还有两个女儿。有一天，姐妹俩在山林深处牧养驯鹿时，遇到突如其来的可怕暴风雪。暴风雪越来越大、越来越猛烈，结果姐妹俩在暴风雪中走散了。暴风雪中，姐姐找妹妹时，不幸掉进了熊冬眠的洞穴，她怎么努力也爬不出深深的洞穴。洞穴外面风雪交加，实在没有办法的姐姐就在熊洞里和熊过了一冬。到了春天，她才从熊洞里爬了出来，走了三天三夜才找到自己的家，回到了自己日夜思念的父母身边。但是，回到家的姐姐，在家里没有住上几天，却莫名其妙地又不见了。有一次，她母亲随牧养的驯鹿从熊洞边经过时，忽然听到熊洞内传出婴儿的啼哭声。母亲对这个哭声感到十分熟悉，觉得和

自己的两个女儿婴儿时候的啼哭声非常相近。这使她觉得此事很怪，就鼓起勇气爬进熊洞一看，原来是她的大女儿和两个婴儿在一起，一个婴儿全身是毛，另一个则是没有长毛的普通婴儿。母亲心想，这事怎么办呢？万一被别人发现会笑话我的女儿。我还不如把大女儿生的像熊的婴儿带回去自己抚养，女儿抚养像人的婴儿。后来，在母女俩的精心呵护和养育下，两个婴儿很快就长大成人。有一天，兄弟俩比赛，看谁的力气大。长得像人的那位在比力气时，不小心用石头把像熊的兄弟给砸死了。从此往后，鄂温克族女性不愿意吃熊肉，也不愿意看到熊眼、熊头、熊身子了。

有关人与熊成亲的神话充分表明了人类在早期特定历史条件和社会环境下，以及特殊的生存空间里，所产生的各种各样的奇特幻想，或者是超越自我存在意识的美妙想法。从另一个角度，也可以说这些是鄂温克人在远古时期，对于自然界及万事万物初始思想的另一种反映。

由于鄂温克族神话把熊奉为人类的亲族，或与人类祖先相提并论。他们在过去很少直呼其名，而是使用与人有血缘关系或婚姻关系的亲属称谓来指称。比如说，他们将公熊称为"合克"或"额特尔肯"，所表示的意思等同于"老头""祖父"；称母熊为"鄂我"或"阿提尔康"，也是等同于"老太妹""祖母"的意思。由此，有人就认为鄂温克族是有熊图腾的民族。事实是否如此，还有待于学术界进一步深入探讨。不论怎么说，包括鄂温克族在内，生活在东北亚及北极圈严寒地带、寒温带地区牧养驯鹿的族群几乎都有熊崇拜，他们把熊视作人类的祖先，或者看成人类的亲族。熊之所以离开人类独自生活是因为高大魁梧而脾气不好的它，在养育孩子时把孩子从中间撕成了两半。由此触犯了天神，愤怒的天神用自己的神力，把它从两条腿走路的生命变成了四条腿走路的熊。

鄂温克人一方面把熊作为人类祖先的亲族来崇拜和供奉，另一方面还要猎食熊，这是一个极其矛盾的心理。鄂温克人则认为在大千世界的轮回，人类文明与文化的发展进程中，这种既矛盾又复杂的古怪心理比比皆是。比如说，有的民族虽然有狼、蛇、青蛙图腾，有狼、蛇、牛、马等崇拜，但同样食用这些动物的肉，穿用这些动物毛皮缝制的衣物等。再者，有"万物有灵论"以及"灵魂不死不灭"之信仰的鄂温克族，相信熊死后或被杀后它的灵魂不会死，它的灵魂有可能依附在骨头或皮毛上，徘徊于人间。如果不采取应有的措施，把熊的灵魂送回天神身边，熊的灵魂就会来折磨或报复人类，从而给人们带来意想不到的祸害或灾难。所以，他们在从事狩猎生产活动时很少猎杀熊，只不过在特殊情况或特定环境下才会猎杀它。如果在万不得已的情况下猎杀了熊，他们就必须马上举行熊骨风葬仪式，以此表示对熊的祭奠和安慰，同时祈求熊的灵魂能够安详地升天，不要留在人间报复或祸害人类，祈求熊能够理解人、原谅人、宽恕人。关于熊骨风葬，鄂温克族有许多说法和约定俗成的习俗，甚至已经渗透到鄂温克族相关祭祀文化或禁忌文化。所有这些，我们完全可以通过一些神话故事进一步证实。比如说，在一个跟熊骨风葬有关的神话里这样描写道：

　　有一天，天神让人和熊比力量，结果人拿不动的石头，熊不但能够轻快地高高抬起，而且还能抛到很远的地方。看到这种情景，天神很怕力大无比的熊会瞧不起人类而欺负他们，为此就把熊的拇指给切了下来。熊被天神切断拇指后，知道自己再也拿不动重的东西了，所以就哭着对天神说："没有了拇指的我，以后将怎样生活呀？"天神回答道："你可以吃野果、野菜也很好嘛！"熊接着对上天说："我没有了拇指，以后肯定打不过人类，所以人类一定会随心所欲地来杀死我们。如果真的到了这个时候，希望人类杀死我们后，千万不要把我们的骨头像其他野兽的骨头那样到处乱扔，那样我们会受不了的。"天神同意了熊的要求，并回过头告诫人类："以后你们不能欺负熊，也不能随心所欲地猎杀熊，如果在万不得已的情况下杀了熊也不许将它们的骨头到处乱扔。谁要是不听我的话，到处乱扔熊的骨头，我就会从上天下来收拾你们，让你们受尽磨难后痛苦地死亡。"据说，从此以后，鄂温克人就有了熊骨风葬的习俗。否则，就会遇到预想不到的灾祸。

　　据说，如果熊骨得不到风葬，其他活着的熊就会不入洞，也不会冬眠，而要去祸害人类的生活家园，许多人会因此丧命。受其影响，鄂温克族切忌乱扔熊骨，切忌用刀或斧子砍熊骨，还把所有熊骨一个不留地搜集到一起，用桦树皮包扎好后进行风葬。很有意思的是，他们把打到熊的猎枪不叫枪，而是称作"呼翁基"，意思是说什么也打不着的破东西；还忌说"熊死了"之类的不吉利话语，而是要说"熊睡觉了"；也不能说"我们人在吃熊肉"，而是要说"乌鸦在吃熊肉"等。从这些神话，以及与此相关的风俗习惯，我们可以看出鄂温克族神话中所包含的熊崇拜具有极其复杂多变的心理因素。

4. 猎人与动物神话

鄂温克族神话故事里，除了上述谈到的熊与人的神话故事之外，还有同样用虚构而夸张的文学艺术手段创造的人与其他动物间之间的各种复杂关系，甚至是组建家庭关系的神话故事。很有意思的是，鄂温克族这些人与动物相关的神话故事，无论以悲剧式还是以喜剧式情节开始，绝大多数以一种痛苦、忧伤、悲凉的情节收尾，让人感到无限的遗憾、惋惜和伤感。比如说，在神话故事《黑白两条龙》中就说道：

> 很久以前，有位很厉害、很聪明、很智慧的年轻猎人，他在深山老林里打猎时，不小心掉进了一个伸手不见五指的深坑。他觉得浑身疼痛，他想从深坑里爬出来，但怎么也找不到出口，就忍着疼痛顺着深坑洞抹黑往里走，走了半天才见到一丝微弱的光线。他走近才看清，微弱光线下坐着一位穿白长褂的小伙子，全身被粗大牛皮绳严严实实捆绑。那位浓眉大眼的英俊小伙子看见年轻猎人就哀求道："猎人哥哥，祈求您赶快给我松绑，否则一会儿黑心的黑龙来了就会杀死我。"年轻猎人立刻拿出猎刀将捆绑他的粗大牛皮绳切得七零八落，给穿白长褂的英俊的小伙子松了绑。

> 这时，穿白长褂的小伙子跪下来感谢救命的年轻猎人，同时告诉他，自己是天神的儿子，叫白龙。他和阴间的黑魔鬼王的黑龙儿子争斗时，由于没有打过黑心的黑龙，被抓回来关进这个黑洞坑，如果不是猎人哥哥及时来救他，他就会在今天夜里成为黑龙及其家人的盘中餐。因此，他特别感谢猎人哥哥！另外，他还跟年轻猎人说，跟他一

起被抓来的还有天堂的一些仙女随从。年轻猎人在小伙子的领路下，从黑深坑里把那些被关押的仙女也都救了出来。这时，穿白长褂的小伙子一下子复原了自己的白龙身躯，并让年轻猎人和仙女们骑在它身上，飞向黑深坑的出口处。然而，他们刚刚飞出黑深坑就遇上了黑心的黑龙，黑龙看到它们都跑了出来十分生气，就想用手里的魔刀砍死白龙。就这样，它们打得天昏地暗，打得难分胜负。不过，渐渐感觉到，白龙的实力不如黑龙，白龙慢慢进入被动挨打的尴尬状态，在这万分危险的时刻，年轻猎人拿出神箭对准黑龙的双眼，他那神奇的双箭正好射中了黑龙的双眼。白龙在年轻猎人的帮助下，很快打死了黑心的黑龙。然后，让那些美丽的仙女们和年轻猎人骑在自己身上飞回天堂。

白龙回到天堂的天宫，向父母述说了自己与黑龙争斗并被它制服关进黑坑洞差点被黑龙杀死，是好心的猎人哥哥把它救出还帮助它消灭了黑龙等一切经过。白龙的父母听了事情的经过非常感谢年轻猎人，打算给他一大堆金银财宝。年轻猎人听从白龙弟弟的话，要了天宫里的小白獾子。

年轻猎人抱着小白獾子从天宫回到人间。然后，还和往常一样过着狩猎生活。可有一天，打猎回到家，却发现一桌子美味佳肴。他感到十分奇怪，看了看他的小白獾子，它好像什么都没有看见似地趴在木床上。年轻猎人也没想那么多，把美味佳肴吃完就躺下睡了。次日，吃完早餐，年轻猎人又去山上打猎了。不过，这天他偷偷提前回到家，想看个明白究竟谁在给他准备晚餐。到家门口，他没有直接进屋，却轻轻走到自家窗前，从窗缝里偷偷往里看。结果，他从天宫抱回来的小白獾子变成了美丽如画的少女，正在给他准备晚饭。年轻猎人看到后又兴奋又高兴，趁美丽的少女出门拿柴火的工夫，从窗户一跃跳进屋子，把放在木床上的白色獾子毛皮扔进火炉子烧了个精光。美丽的少女看到这一情景，流下了伤心的泪水，并对丈夫说："您太着急了，一周后我就会变成女人，永远不会离开您，和您幸福生活一辈子。可现在就很难说了。因为没到时间，您就把我的毛皮烧掉了，这就很难保证我成为一个真正的女人，也许有一天我会变回原样飞回天堂的家，不然我就会死在这里。"年轻猎人听后，流下了后悔的眼泪，但一切都晚了。他俩就这么小心翼翼地、安安静静地生活着。

　　第二年春天，美丽的妻子给他生了一个白胖白胖的漂亮儿子。就在他们一家享受天伦之乐时，突然有一天晴天霹雳，白云带着暴风骤雨从天飞滚而下，直到猎人家门口。这时，从中走出老白龙，对着年轻猎人说："我本来想把爱女嫁给你，可你犯了天法，违了天忌！没有办法，我只能把女儿带走，不然她就会死在这里！"说完就带着宝贝女儿乘白云而上，消失在天边。

显而易见，勇敢智慧的年轻猎人协助天神的儿子白龙制服了黑龙妖怪娶到天神的幼女为妻，本应该过上神仙般的幸福日子，可是由于心急失去了爱妻和刚刚开始的幸福生活，神话故事以遗憾、哀伤、悲凉的情节收尾。

　　与上述人与动物神话故事相关，《蜥蜴之国》神话故事同样以轻松、烂漫、快乐、幸福、梦幻般的文学艺术语言描写了很久以前一位英俊善良的年轻猎人和一位由蜥蜴变来的美丽姑娘之间的爱情故事。然而，这一神话却以年轻猎人无意中害死了美丽妻子的悲剧来结尾。

　　有位叫木和尔汗的年轻猎人乘坐一艘木船，在西国海上漂泊好多天，来到了东国的海岸。这里有一个小村庄，村庄里洋溢着浓郁的幸福生活的气息，人们长得都不高，牛羊猪也比他见过的要小得多。他走进村边一户人家，见到了两位老人。两位老人见了他，十分惊讶地问："你是从西国来的小伙子吧！"木和尔汗点了点头，没有吱声。两位老人看了看小伙子，长得英俊，人又老实，就动了心。两个人叨咕了几句，就对木和尔汗说："我们家正好有一张空床，你就住我们家吧！"他欣然答应了。过一会儿，他俩就对木和尔汗说："我们俩有一个宝贝女儿，如果不嫌弃的话，我们就把女儿嫁给你吧！"听了这话，木和尔汗虽然感到有些突然，但反过来想自己还没有结婚，他们的女儿虽然个子小，不过长得还很可爱很漂亮。他就答应了这门婚事，过两天就办了婚宴。婚宴上同村人几乎都来了，不过身子都长得一样高，都比较矮小。这时，参加婚宴的一些男女小孩对他感到十分好奇，并都主动要求以后要跟着木和尔汗一起去打猎，他也答应了孩子们的要求。

然而，快到冬天时，天变得越来越寒冷。这意味着打猎的季节就要到了，木和尔汗就忙活着打猎前的准备工作。他去找那些想和他去打猎的孩子们时，谁也不答应一起去了。他没有办法，只能独自去打猎。就在他准备完一切，正要出门去打猎时，老太太走过来，对他说："你这一走是否会很长时间呀？最好明年三月以后回来吧！"女婿听了感到很奇怪，心想"为何非让我明年三月后才回来，莫非他们烦了我，想赶我走，不让我再回来？"后来，他又想"不管他们怎么想，争取过年时回来！"想到这里他就走了。时间过得很快，眼看就到过年了，他背着不少猎物回到小村子。让他百思不解的是，村里的每一人，包括所有牲畜都拉着长长的鼻涕一动不动地冻成了冰。看到这一情景，他越看越难受，木和尔汗怎么也搞不清楚这是怎么了，对这里的一切感到熟悉又陌生。他看到自己妻子拉着长长的鼻涕，觉得怎么也看不下去，就动手将从她鼻孔里流下并冻成长长一条的鼻涕收拾得干干净净。然后，带着忧伤和疑惑的心情离开了村庄。

到了这年的三月，春暖花开的季节，木和尔汗想起岳母让他三月回来的嘱托，重新回到了他感到熟悉又陌生的村庄。不过，让他再一次感到奇怪的是，村庄里所有的生命又回到了往日热闹的生活中，似乎根本就没有发生年初二月人人冻成冰，流出长长鼻涕的事情。他走进自己过去生活的屋子，老两口一见女婿就埋怨到："看你好心办了坏事，你把妻子冻成长长一条的鼻涕拿下后她就死了。到了冬天，我们就靠它过日子，没有它谁也活不下去！"木和尔汗觉得很奇怪，更是摸不着头脑了，就问："那你们是什么人呀？"他岳父说："我们是蜥蜴之国的人，到了冬天就会像蜥蜴一样冬眠。"这时，木和尔汗才搞清楚了一切，并背起所有狩猎用的行囊，带着无法言说的忧伤离开了蜥蜴之国。

人与动物有关的神话也有以悲剧情节开始，以喜剧情节结尾的故事内容。比如说，在《八个姑娘及三条狗》的神话故事中，八位美丽如画的仙女，为追求幸福美好的生活历经磨难，并在三条神狗的帮助下，征服了日夜不停地追杀她们的狠毒妖婆，以及处置它统治下的所有妖魔鬼怪。最后，她们不仅获得了自由、安宁、美好的生活，同时三位仙女如愿以偿地嫁给了拥有三条神狗的三位智慧超群的猎人，各自建立了幸福美满的家庭。

总而言之，鄂温克族民间故事里有很多神话，其中跟萨满、熊、人与动物有关的内容较多。相比之下，人与动物的神话故事占多数，其次是萨满神话，与熊有关的神话故事要比前两种神话故事少一些。再说，萨满神话故事里喜剧式情节占多数；以熊为话题的神话故事，以及以人与动物为内容的神话故事中，喜剧式情节和悲剧式情节似乎各占一半。然而，相较而言，还是悲剧式情节要多于喜剧式情节。

第三节　民间叙事故事

鄂温克族民间叙事故事是指那些创作体例、文学体裁、情节组合、结构特征、表述形式、语言风格、叙述内容等方面区别史诗、神话的民间文学作品。我们掌握的资料表明，叙事故事不只是数量上占绝对优势，而且内容也极其丰富。鄂温克族民间叙事故事，往往以某一特定社会现实生活为题材，反映他们对幸福生活的美好愿望，表现出对真善美的追求和渴望，同样表达出对假恶丑的蔑视，对黑暗、苦难、悲惨、不幸人生和社会生活的嫌憎、唾弃、仇视。他们是在人类繁衍生息的漫长历史岁月里，用这些本民族独特的文学艺术手段创造的充满真善美与美好心愿及生活信念的民间文学作品、文学力量、文学生活，不断洗礼、不断净化、不断提炼、不断升华、不断丰富本民族同胞的精神文化生活和思想境界。这就是鄂温克族民间叙事故事文化的实际价值和意义。整体而言，鄂温克族民间叙事故事里，以现实生活中神妙趣味、滑稽可笑、喜闻乐见的事情，或有深刻内涵、有生活哲理而使人感触很深、影响很深、穿透力很深的事情为引子，用文学艺术夸张、超脱、烂漫和深度故事化、戏化手段创作的内容较多。当然，其中也有一些虚构的故事情节。不过，和神话故事相比，其中虚构的故事情节要少得多。鄂温克族民间叙事故事大多同猎人与动物、爱情与家庭、英雄人物有关。

1. 猎人与动物的故事

我们掌握的资料及分析研究表明，鄂温克族民间文学故事中，紧密联系生活的内容或者说完全以生活为题材的作品确实有不少，涉及的内容也十分广泛而极其丰富。由于这些生活类叙事故事绝大多数跟鄂温克族早期生产活动和生活内容有关，所以其中反映他们早期狩猎生产生活和早期畜牧业生产生活活动内容的情节最为突出而鲜明。

说到鄂温克族猎人的生活故事，自然同其早期的狩猎生产生活活动，以及作为狩猎对象的各种野生动物无法分开。换句话说，他们早期的狩猎体裁故事，要以狩猎生产生活和猎人及其狩猎对象作为故事的核心、主线、主题、主人。不过，我们分析现已掌握的第一手资料时，发现了一个很有意思的现象，那就是狩猎故事中描写猎人和猎物之间出现的激烈矛盾或深仇大恨，或表述争斗场景的内容不是太多。与此相反，表现猎人和猎物之间的友谊、情感、和谐相处的内容或情节却有很多、很复杂、很生动、很感人、很丰富，甚至一些情节非常深刻、非常感人，催人泪下，使人深思。从中感悟，人类与自然万物间自古以来存在的互敬互爱与相互无私的奉献，使人归于原初、回归生命的摇篮、归于远古文明。毋庸置疑，这些以猎人和动物为题材的故事，同样给人增添一种力量、一种创造的力量、一种创造比人类童年更加美好未来的情感冲动、思想冲动。甚至让人去幻想从人类的童年直接进入无限美好的未来社会，很难让思想回到现实生活中。或许这就是文学的力量，是文学本身应该有的影响力和存在价值。

如上所述，鄂温克族民间故事中，有很多以猎人和动物为主人公的妙趣横生、生动活泼、滑稽逗笑、引人入胜的情节与内容。所有这些，很显然与鄂温克族早期从事的猎业生产活动，以及在辽阔的草原上从事的畜牧业经济活动等密切相关。他们在长期的狩猎和放牧实践中，对于家养的牲畜或作为猎业对象的野生动物的生理结构、体貌特征、生活习性、营养成分、经济价值等均有很深入的了解。在长期的生产生活实践中，猎人和野生动物间有了不同程度的情感。很有意思的是，鄂温克族猎人和动物故事中，作为狩猎对象的野生动物，除了具有野生动物的习性，也具有人的属性和特征；既表现了动物社会质朴简单的结构关系，又表现了人类社会生活极其复杂的结构关系。从这个意义上讲，猎人与动物故事里出现的动物，基本都被赋予了动物与人的双重特性，甚至具有动物、神、人的三重特性。例如，鄂温克族中广泛流传的《猎人与老虎》和《孤儿与黑熊》等故事，都表现出了这一文学艺术本身富有的独特文学风格、文学特点、文学魅力、文学影响力和价值内涵，给人们留下无尽享受与美好生活的憧憬。比如说，《猎人与老虎》里就讲道：

　　一位善良的猎人，由于不愿过多猎杀野生动物，没有完成官府强迫他上交珍贵野生动物毛皮的任务，被官府打得遍体鳞伤扔到深山老林里，让老虎把他活活吃掉。猎人被扔进深山老林后，身上的伤口不断化脓，又得不到任何食物，生命垂危之际，身边来了一头体型庞大的老虎。这时，善良的猎人心想："老虎，你把我吃了吧，反正我也活不下去了，何况我还猎杀过你的许多兄弟朋友。"奇怪的是，老虎趴在他的身边，一点儿没有伤害他的意思，而是不断地伸出左前爪子让他看。这时善良的猎人才看清楚，在老虎左前爪子上深深地扎进一根粗大的木刺。粗大木刺扎得很深，扎了有一些日子了，它的左前爪子肿得又圆又粗。别说踩地行走，就是碰一下就刺心的疼痛。善良的猎人几乎明白了老虎的意思，它是来向他求救的，祈求猎人给它拔掉要命的粗大木刺。善良的猎人，几乎用尽全身的力量，从老虎的左前爪子上拔掉了木刺。老虎为了报恩，用自己的舌头舔愈了猎人的伤口，还每天给善良的猎人拿来各种野兽肉，使他很快恢复了健康。从此，老虎和善良的猎人交上了朋友，老虎经常给猎人送来各种珍贵毛皮，从此善良的猎人过上了美好幸福的生活。

在另一个故事《孤儿与黑熊》里，也描写了相似的情节。

　　有一个孤儿，同村里的几位老猎人一起到山上去打猎。到了晚上，猎人们在山上临时搭建的"仙人柱"里休息时，在他们的"仙人柱"里来了一头爪子上扎着木刺的大黑熊，那些老猎人中有的来不及开枪便弃枪而逃，有的被这突如其来的情景吓昏了过去。只有那个又瘦又黑的孤儿没有任何的恐惧，他几乎从大黑熊的目光中看到了某种祈求与渴望。当他鼓起勇气走近大黑熊时，它并没有伤害他，而是用没有受伤的前爪轻轻地抚摸孤儿的头。孤儿再次鼓起勇气，用尽自己所有的劲，从大黑熊前爪上拔下了给它带来致命痛苦的木刺。拔下前爪上的木刺后，黑熊高高兴兴地离开了孤儿、离开猎人们临时搭建的"仙人柱"走回了山林。又过了一段时间以后，那些被大黑熊吓晕过去的老猎人慢慢醒了过来，被吓跑的老猎人又胆战心惊地回到了'仙人柱'，他们看到孤儿没有死，还完好无损地站在他们面前，感到很奇怪和不可思议。因为，他们都以为孤儿早被大黑熊吞到肚子里或被撕碎。结果，万万没有想到，他还活得好好的，身上一点伤痕也没有。老猎人们向孤儿问这到底是怎么回事？孤儿就给老猎人们一五一十地讲了他和大黑熊之间发生的所有事情。他们听了孤儿的一番讲述，都半信半疑。在他们看来，不可能出现这种事情，除非是孤儿被大黑熊吓傻了在胡说八道。与此同时，他们也发现孤儿头脑很清醒，还看到从大黑熊前爪上拔下来的带着熊血味的木刺。不论怎么说，还感到有点不可思议，老猎人就在奇怪、疑惑、不安中迎来了第二天。可他们万万没有想到的是，第二天大家吃过早餐正要准备出发时，大黑熊神不知鬼不觉地又一次出现在他们面前，给孤儿送来了许多名贵猎物。从此往后，大黑熊成为孤儿的好朋友，经常给他送来山珍美味和名贵野兽皮毛，使孤儿过上了幸福美好的日子。

我们通过这两个生活叙事故事，可以看出鄂温克族的生活故事比史诗故事和神话故事更加贴近生活，相对而言虚幻内容较少，主人公一般都是现实中的人和野生动物，而且野生动物往往被赋予人的情感、思想特征。

鄂温克族的猎人与动物故事中，也有赞美野生动物的智慧与勇敢，表现它们头脑灵活、随机应变、迅速敏捷的生存本领的情节。比如说，在故事《充满智慧的梅花鹿》里讲道：

很早以前，深山老林里生活着一位很有经验的猎人。有一天他打猎时，打伤了一头正在奔跑的梅花鹿。后大腿严重受伤的梅花鹿，拖着受伤的大腿钻进桦树林里不见了。有经验的猎人就顺着梅花鹿滴血的路，很快走到一口喷涌而出的泉眼。他感到很奇怪的是，梅花鹿滴的血到泉眼边就不见了，他顺着泉水流动的方向走了一会儿才看到梅花鹿健壮奔走的足印。他十分纳闷，大腿受重伤的梅花鹿，怎么会跳进喷涌而出的泉眼，伤口就马上得到愈合，完全恢复健康状态，就这么跑掉了呢？他越想越想不通，觉得奥秘可能就在泉水上，他就把刚才打猎时，被树枝划破的手用泉水洗了一下，眨眼工夫他手上的伤口就愈合了，皮肤完全恢复了原样。从此往后，该泉眼及泉水的神奇名声不断传开，成为家喻户晓的泉水。人们将它称为"维纳阿尔山"，也就是"维纳河矿泉水"，也有人解释为"感恩的矿泉"或"感恩泉"。后来，不论是谁受伤骨折，甚至患皮肤病、关节病、风湿病、气管炎、眼病、胃病等都到这"感恩泉"来治疗。猎人们都说，这个"感恩泉"是梅花鹿用智慧给人类的奉献。

另外，在《猎获野猪》的故事里也讲道：

　　曾经有两位猎人到山上狩猎，结果没走多远就遇到了一头很大的公野猪。这头公野猪十分勇敢和有谋略，它见到猎狗就扑上猎狗，见到猎人就扑上猎人，且很有谋略。一位猎人就这样差点被公野猪的獠牙捅死，好在猎人及时躲过了公野猪锋利的獠牙。被野猪吓破胆的猎人正在不知所措时，另一位猎人提醒道开枪打死它，此时他才醒悟过来，想起自己身上的猎枪，拿下猎枪开动扳机打死了那头勇敢又有谋略的公野猪。

从此以后，猎人们都明白了一个道理，遇到公野猪时绝不能手忙脚乱，一定要稳住情绪和心态，这样才能够战胜或猎到勇敢又有谋略的公野猪，否则就会被它锋利的獠牙捅死。显而易见，这两个民间故事赞美了梅花鹿的智慧及公野猪的勇敢和谋略。

鄂温克族民间故事也以文学艺术夸张描述的手法，批判了那些唯利是图、贪得无厌、极端自私、忘恩负义的人。比如说，在故事《善良的兔子们的悲剧》里，描述道：

　　早时候，深山老林里生活着一对没有孩子的老夫妻，他们一年四季都以狩猎谋生。然而，老头猎获的食物只能够勉强维持他俩生活。这一年的冬天风雪很大，老猎人连续打猎好几天，连野生动物的毛也没有看见，每天空手出门再空手回来。眼看就没有什么吃的了，老猎人的老婆看他什么也拿不回来，再看袋子里的食物也所剩无几，就把老头从家里赶出去把门死死地从里拴上，老头想进也进不来。没有办法，老猎人只能背起狩猎工具上山，走了大半天还是什么也没打着。他心想，回去也进不了屋，一气之下索性躺在雪地上，想把自己活活冻死。不过，没多久来了一只小兔子，转圈看了半天知道是猎人就跑掉了。没过一会儿又来只小兔子，又围着老猎人转了两圈，心里想了想觉得有些不对劲也跑掉了。没有多少工夫，跑来第三只小兔子，它看了看老猎人就要冻死的样子，赶紧跑回去叫来许多朋友，大家把老猎人扛在肩膀上送回了他的家。兔子发现老猎人的家屋门紧闭，就使劲敲。屋里睡懒觉的老猎人的老婆被急促的敲门声惊醒，赶紧跑到门口从门缝看见一大堆小兔子肩膀上扛着她的老头。她欣喜若狂，赶紧把门打开，让小兔子们把老头抬进来。小兔子们还没把肩上的老猎人放下，猎人的妻子就把门"啪！"的一声关得严严实实。就在这时，装死的老猎人也跳了起来，拿起棍子和妻子把那些好心的小兔子全部打死，并作为盘中美餐吃了个小半年。

　　很显然，该故事中通过描述老猎人和他妻子狠心杀死一群小兔子的故事，讽刺和批判了老猎人和妻子好逸恶劳、贪图享受、不讲道义、不讲人性、忘恩负义的丑恶行为，同时赞美了纯洁善良、无私奉献爱心的小兔子们美好心灵。

　　跟上述故事恰恰相反，也有用虚构的故事情节和夸张的文学语言，赞美纯洁善良、性格耿直、忠诚老实、充满爱心的猎人，讽刺、蔑视那些唯利是图、贪得无厌、极端自私、忘恩负义动物的民间故事。比如说，在《猎人惩罚了偷吃肉的小狐狸》中，描述道：

　　　　一位十分诚实而善良的猎手，有天狩猎时看到一只将要饿死的小狐狸，他就把可怜的小狐狸揣在怀里带回了家。善良的猎人把小狐狸当作宠物养了起来。在善良的猎人精心养护下，小狐狸一天天幸福长大。有一天，猎人跟小狐狸说，他们为了寻找新的猎场需要搬家，还要走很长的一段路。他还安排小狐狸乘坐最后一辆驯鹿雪橇，拜托它看好袋子里烤干的驯鹿肉和猎获的干肉。可是，自从他们出发后，小狐狸就钻进鹿皮袋子偷吃干肉，它把烤干的驯鹿肉和干肉吃得精光后跑掉了。猎人到了目的地，见自己精心养活的小狐狸不见了，再看袋子里的干肉也都没有了。这时他才明白，自己精心养的小狐狸是一个忘恩负义的小偷。他心想，一定要找到它，好好惩罚它。猎人从皮袋子里找到了一颗门牙，他想这肯定是小狐狸啃干肉时弄掉的门牙。猎人心里很难受，自己精心养活的小狐狸，连一块干肉都没有留下，吃得干干净净跑掉了。他感到又饿又气，什么也没有吃就和衣而睡了。第二天，他到处找自己养活的小狐狸，结果还是从狐狸群里找到了掉了一颗门牙的小狐狸，并毫不留情地将它杀死，用它的皮毛做了一顶帽子戴在头上。

可想而知，该故事通过描述猎人和小狐狸的情感、心理、行为，成功刻画出猎人的纯朴、善良，以及小狐狸的不知感恩、自私自利、贪得无厌。与该故事密切相关，在《熊和人分家的故事》里，也用讽刺、诙谐、风趣、戏谑及夸张、虚构的文学语言描写了熊的猜忌多疑、心胸狭窄、小肚鸡肠、贪占便宜、自食其果的故事情节。比如说，这一故事讲道：

远古时期，熊和人生活在一起，结果他们之间总是遇到无法沟通的问题和矛盾，问题总在熊的一边。熊一直认为，人老是欺骗它们、看不起它们、欺负它们。所以，常和人对着干，人这么说了它们就反着说，人要这么做它们必须反着做。有一年，熊和人合伙种的土豆丰收了，这时人们问熊："你们想要土豆地的哪一半？"那些熊听后相互商量完说道："什么这一半那一半的？我们想要土地上面的部分，地底下的部分归你们！"鄂温克族农民听了感到很可笑，但给它们怎么解释都不管用。在它们看来，土豆田里长得十分茂盛的叶枝肯定很好吃，而长在土地里的土豆肯定不好吃。就这样，鄂温克族农民还没有动手收割农田之前，那些熊把田地里长出的绿油油的土豆叶枝全部收割完拿走了，给鄂温克族农民只留下土里的土豆。结果，由于熊将收割拿走的土豆叶枝都放入洞穴，没多久全部烂掉了，它们没有吃上几口。再说，土豆叶枝也不好吃，它们也不怎么喜欢吃。到了严冬，没有能够充分储存脂肪，加上根本就没有什么可吃的东西，熊们险些被活活饿死。

到了第二年，熊和人一起在去年种土豆的农田地上种了谷子，到了秋天收割粮食的季节，鄂温克族农民又问熊："你们想要农田粮食的哪一半？"那些熊想："去年我们要了农田的上面部分就吃了亏，今年怎么也不能要农田的叶枝，要就要土地里的根须。"它们商议后逼迫人们把农田地上面部分收割走，最后它们才把埋在土地里的谷子根须一个没留地拔走了。这一年冬天，熊又差一点饿死。到了第三年开春开耕种田时，熊怎么也不跟鄂温克族农民一起种田了，它们认为总被鄂温克族农民欺骗，却不从自己身上找原因。就这样，熊毅然决然地离开鄂温克族农民，去茂密的山林里过上了四处流浪饱一顿饥一顿日子。不过，每当它们想到鄂温克族农民欺骗了自己，就时不时到他们经营的农田里，破坏农田或偷吃已成熟的粮食，以此满足它们打击报复的目的。

不难看出，该民间故事用诙谐、风趣、戏谑的语言，讽刺和责备了疑神疑鬼、心胸狭窄、自食其果的熊，同时赞美了勤劳智慧、忠诚老实、心地善良的鄂温克族农民。当然，也以此故事提醒人们一切问题都要从实际出发，要实事求是，不能随心所欲、异想天开，那样只会自讨苦吃、自食其果。

除了猎人和野生动物的故事之外，在鄂温克族民间故事中，还有不少完全以动物为题材的故事情节，即人们所说的动物故事。按理来讲，该民族的民间故事里，属于纯动物故事应该有不少，但我们掌握的却没有那么多。起初我们想把动物故事单独放在一个章节里进行讨论，然而我们却没有搜集到多少，所以只能纳入猎人与动物故事的章节里做初步分析。根据我们现已得到的动物故事来看，其中绝大多数是巧妙地利用人格化的文学艺术描写手法赋予动物人的特征，使它们具有人的思想、情感、语言和行为。比如说，在动物故事《山羊和狼》中就讲道：

一只山羊在山上吃草时，遇见了一条大灰狼。狼很想把山羊作为美餐，立刻吞进肚子里，但看到山羊锋利的一对大长角又有些害怕。狼就小心翼翼地靠近山羊后问道："你那头上的一双角是干什么用的？"山羊骄傲地回答："是顶死灰狼的利剑！"狼听后吓了一跳，出了一身冷汗。不一会儿，它镇静下来又问山羊："你下巴下边的那撮毛是做什么的？"山羊同样大声回答："那是我吃完狼肉后擦嘴用的东西！"狼还不死心接着问："你肚子为什么在不停地动？"山羊气呼呼地说："你怎么问个没完，我肚子里边有两只猎狗，他们是为了专门抓大灰狼藏到我肚子里去的，等会儿就出来抓你。"狼越听越害怕，最后被吓跑了。

在另外一个名叫《灰狼与马》的动物故事里，同样用夸张、诙谐、滑稽、讽刺、烂漫的文学创作手法，描写了智勇双全的马欺骗凶残的大灰狼的故事，其中说道：

传说有一只灰狼，看到陷在泥沼里的马感到很高兴，就想把它吃掉。马看到大灰狼张着大嘴越走越近，眼看就要咬住自己的脖子了。就在这十分危急关头，马灵机一动就对大灰狼说："你先别咬我的脖子，你先把我从出泥潭里拉出来再吃多有味道啊！在泥潭里吃我，你满嘴都会吃进烂泥，多不划算呀！"狼听后也觉得有道理，就用自己全身的力气把马从泥潭里拉了出来。这时，聪明的马又对大灰狼说："现在我已经是你的盘中餐了，但我尾巴上的泥土太多，会影响你的食欲。所以，你在吃我前，帮我把尾巴上的泥土弄下来。好吗！"大灰狼看了看马尾巴，确实沾满了一大堆泥巴，觉得影响食欲。当它刚刚走到马尾巴处，那匹聪明智慧的马抓住时机抬起后腿狠狠地踹了它一脚，把大灰狼连滚带爬地踢进了好几十米远的泥潭中央，然后高高兴兴地跑掉了。大灰狼被马踢得半死不活，过了好长一段时间才缓过神来，费了好大劲才从泥潭中央爬出来。大灰狼受到马的欺骗后气得一塌糊涂，但它奈何不得，马已跑得无影无踪了。大灰狼没有办法，在原野上四处寻找能够吃的肉。大灰狼走着走着看到了一头两岁的小牛，这次他可是决心无论如何也不放过眼前的美餐。不过，小牛看到大灰狼不顾一切地向它跑过来，正要张大嘴向它扑过来的时候，小牛对他说："你可别急着吃我，这里离村子太近，万一被我的主人发现了，他可放不过你。与其这样，你还不如骑上我、闭上眼睛，我把你带到远离村里的地方，然后你就可以放心地吃掉我。"大灰狼接受了小牛的建议，它就骑在小牛犊的后背上，同时把双目闭上了。小牛就这样把大灰狼带到了自己的村子，村里人看见大灰狼就要打它。这时狼才知道自己又受骗了，急急忙忙从小牛身上跳下来跑得无影无踪。

还有一个叫《喜鹊与狐狸》的民间故事描述的是狡猾多谋的狐狸，以爬到树上毁掉喜鹊巢穴为由，威胁喜鹊每天送它一个蛋吃。后来，鹌鹑揭穿了狐狸的把戏，狐狸没有爬树的本领，它是为了吃喜鹊送来的蛋在欺骗喜鹊。喜鹊这才明白怎么回事，继续过上了安宁的生活。

从以上三个动物故事，我们可以从一个侧面了解到，鄂温克族动物故事虽然都不是很长，其情节内容也不是太复杂，更非惊心动魄，但其中的含义却十分深刻。而且，同样用十分滑稽、风趣、超脱、夸张的文学艺术语言，揭露了狼的蛮横和愚拙，同时也批判了狐狸的贪婪与狡诈；赞扬了羊、马、牛、喜鹊、鹌鹑的智慧与勇敢。毫无疑问，故事中的动物性格、形象与角色，都根据它们自身的特点，被赋予了人的特征、语言、感情和思想。并且，通过讲述动物间产生的故事情节，揭示出恶有恶报、善有善报，恶者虽然狡猾狠毒、心狠手辣，但在勇敢、智慧的善者面前总会一败涂地的基本道理。另外，我们也明确地看出，创造和讲述动物故事的人，常常站在弱小、善良、纯朴、温顺的动物一边，从而表现出对于动物的同情与爱护。

2. 爱情与家庭故事

鄂温克族民间故事中有关爱情与家庭的题材，要比其他题材的故事多得多，其内容和情节也极其丰富。而且，爱情与家庭故事，往往源自现实生活，同时要高于现实生活。因为，其中包含有文学艺术思想的影响与构思，以及人们对于美好生活的向往与追求。从这个意义上讲，鄂温克族爱情与家庭题材的故事，虽然以现实生活中的典型实例为题材，塑造典型人物及其人物性格、情感和思想，但却超越了人们在实际生活中的一般性认知。或许这就是文学作品本身应该具备的条件和要求，也是能够吸引人心和人的兴趣的主要方面，更是能够存在的价值和意义。

鄂温克族爱情与家庭题材故事的语言很生动、有感情、贴近生活，有生活感和真实感。在这里，典型人物形象、人物结构特征、人物动作行为、人物角色场景等的刻画，以及故事中的其他人、物、事、景与故事情节的描绘很细腻、很巧妙、很灵活、很抒情、很感人，完全能够抓住故事不同人物的思想、情感、性格，甚至能够抓住故事不同人物的外貌、姿态、服饰、神态等。毫无疑问，这跟该民族的文学艺术的观察力、洞察力、想象力有关。也就是说，他们刻画典型人物时，一般都通过描写人物思想、情感和个性特征，以及情节细节、非典型人物的现象、场景等衬托出来。再说，他们刻画的典型人物和典型事例有一定普遍性、代表性、鲜明性、突出性、影响力和感染力，能够在一定程度上反映社会历史特定阶段的本质属性、阶级属性、意识属性。该民族的民间故事的典型人物，还具有区别于故事其他人物的结构性特征。正因为如此，从不同角色、不同情节、不同场景，去全面细致观察、推敲、思考、刻画典型人物。在描写内容上，鄂温克族爱情与家庭故事主要以爱情、婚姻、家庭为主，同时一些故事情节还出现神灵和妖魔等虚构角色，其目的是吸引人的兴趣，增加故事的感染力。不过，在他们的爱情与家庭故事里，像神灵和妖魔等虚构角色出现得还是比较少。

我们掌握的资料表明，鄂温克族爱情故事大多以美好、幸福、烂漫、理想化的故事情节开始，以凄凉、哀伤、痛苦的悲剧结尾。比如说，《桦树恋人的传说》中讲述道：

一户猎人家，有一位十分美丽的姑娘，谁看了谁都喜欢她，大家都日夜祈福她有一个梦一样美好幸福的未来生活。有一年，父亲领着美丽可爱懂事的女儿去探望远处的亲戚，结果没有想到亲戚家英俊善良智慧的小伙子爱上了表妹。就这样两个人谈上了恋爱，美丽的姑娘和爸爸离开表哥家时，英俊善良的小伙子给了表妹自己珍藏多日的玉手镯，并和表妹约定了在额尔古纳河岸边见面的时间和地点。表妹走后，表哥每天都想念表妹，好不容易等来了相约的日子，小伙子简单地准备了行装独自出发。他日夜不停地奔向和表妹相约的额尔古纳河旁。然而，此时姑娘村里的一位萨满看上了美丽的姑娘，决心要娶她为妻。姑娘的父亲也不敢得罪萨满，就被迫答应了这门婚事。萨满不管美丽的姑娘答应不答应，就招来一些恶人准备婚姻宴席。眼看自己与恋人相约的日子就要到了，美丽的姑娘和家里人提出到额尔古纳河边捡韭菜，可父母兄嫂都不同意并为难她，结果姑娘花费不少天才得到他们的允许，历经磨难来到与心爱的恋人见面的地方。然而，由于等的日子太长，加上自己又没带足够的食物，又不敢离开相约见面的地方，就这样她的恋人活活饿死在那里。看到这一情景，她抱着表哥的尸体哭了好多天，然后美丽的姑娘用双手挖了个坑，把自己和表哥一起埋葬在相约的地方。到了第二年，在埋葬她俩的额尔古纳河畔长出了两棵白桦树，后来又长出了许多白桦树。人们说，兴安岭的白桦树都是这两棵最早长出来的白桦树的子孙后代。再后来，就变成了兴安岭一望无际的白桦林。

除了以悲剧结尾的爱情故事之外，也有以悲剧式情节开始，以喜剧式情节结尾的爱情故事。比如说，在《孤儿的爱情》里讲道：

过去有个孤儿，为了获得属于自己的幸福生活，历经了想象不到的许多磨难，可是每次经过辛勤努力即将实现自己微不足道的愿望时，都会遇到无法预料的苦难。比如说，为了吃到一顿饱餐，答应给一家富人在天黑前砍完一大堆柴火，可是偏偏在太阳落山前留下那么一根木柴没有砍完，结果一口饭也没有吃上；他承包一家地主的农田地，说是到了秋天按照约定给地主交粮，结果就在收割的前一天夜里下了一场冰雹毁了即将丰收的粮田，由此也没有得到自己应该分得的土地；他还给一家牧主当牧马人，苦心经营了几年，牧主马群数量明显增多，等到了合同时间牧主答应给他一匹小马驹，可恰巧当天夜晚牧主给他的小马驹被狼吃掉，结果还是什么也没有得到。没有办法，孤儿每天独自在河边钓鱼，吃鱼肉过苦日子。

有一天，他却从大河里钓到了一位美丽如画的姑娘。他把她带回家，娶为老婆过上了新的生活。但是，当地富人家的儿子看上了孤儿的美丽老婆，就琢磨着怎样把她弄到手。那臭小子把自己的贪心告诉了父亲，父亲顺应儿子的想法把孤儿叫到家里，让他给他们去找来一块天宫的玉石，否则就把他打死。孤儿回到家，将此事告诉了老婆。老婆跟他说："这都是那个坏家伙的坏想法，目的是想把你弄走，再来把我抢走，所以你必须快去快回！"并让丈夫到她天宫的家里拿玉石，还告诉了来去的路线和方法。孤儿按照老婆的说的路线到天宫顺利拿到了玉石。并在其母天神的帮助下惩治了恶霸，得到了他们的所有财产，和爱妻过上了幸福美好的生活。

故事的前半部分以实际生活为依托描写了孤儿的苦难经历和人生，后半部用夸张、烂漫、理想化的语言刻画了淳朴善良、一无所有的孤儿收获爱情、家庭、财富的情节。

很有意思的是，鄂温克族以婚姻家庭为题材的故事里，嘲笑或讽刺人们通过某一具体事项、语言行为或有目的设定复杂多变的困难环境来试探妻子或儿媳对丈夫或家人的忠诚。比如说，在《考验妻子的代价》中描述道：

据说，一位猎人有两个老婆，近日来他时不时地听说两个老婆中的一位偷偷出轨的事情，不过谁也不知此事的真假，或哪一位妻子有出轨行为。有一次，他去狩猎回来的路上，突然想检验两个老婆中哪位对自己忠诚，哪位不忠诚。为此，他就跟同行的猎人说："你先到我家里，和我两个老婆说我已不幸死了，看我两个老婆中哪个对我忠诚？"同行猎人就按照他说的，先到他家里对朋友的两个老婆说"你们的丈夫狩猎时突然患重病死了！"听了和丈夫同去的猎人的话，又看了他表情，大老婆说："非常感谢你送来的消息，我都知道怎么回事了，谢谢你！"可是小老婆又哭又叫地晕了过去。那位猎人从她们那里出来后，赶紧跑到躲避两位妻子的朋友身边，把看到的情况一五一十地全部讲给了他。他听后气得一口气跑回家里，不问青红皂白地要将大老婆从家里赶出去。

大老婆却十分冷静地给他讲了两个小故事。第一个故事是一位母亲出门回来看到婴儿旁边的家猫满嘴都是血，以为猫咬了婴儿，一棒子将多年养的爱猫给打死了。不过，没有想到的是，猫的爪子却紧紧地抓着一只黄鼠狼。这时她才明白自己冤枉了好心的爱猫，误杀了自己忠诚的好猫。第二个故事是一位猎人带着自己喜爱的小鸟去打猎，烈日下口渴得受不了时，想用双手接从石缝里滴下来的水解渴。可好不容易接下来的水还没到嘴里，就被小鸟的翅膀击打洒了一地。猎人一气之下把自己的爱鸟给打死了。然后，再去接滴下来的水将要放入嘴里解渴时，觉得有点不得劲，就抬头看了一下水滴的源处。这时，他才看明白，那是从毒蛇嘴里滴下来的毒液。他十分后悔，在没有搞清楚之前将自己忠诚的小鸟给打死了。听了这两个短故事，她丈夫还是十分固执而狠心地把大老婆赶出了家门。

大老婆被赶走后，小老婆精心照顾丈夫的情景和态度，让猎人更加坚信赶走大老婆是对的，心里对小老婆十分感激和满意。有一天，小老婆突然对他说："你头发都脏了，我给您洗头吧！"丈夫听了感到很奇怪，怎么有事没事突然要给我洗头呢？并以头皮有伤为由没让她洗。同时，他对小老婆说："想洗头，你就洗自己的头发！"小老婆虽然不想洗，但又怕得罪丈夫，怕自己心事被发现，就用准备给丈夫洗头的水洗了自己的头发。结果到了夜晚，有一个手持长刀的男人摸黑进来，先是偷偷摸了一下小老婆丈夫的头，没有摸到洗头的湿气就去摸他小老婆的头，发现是湿的就拿刀砍下了她的脑袋赶紧跑掉了。猎人从梦中醒来看到小老婆脑袋没了。这时，他才明白，小老婆为什么突然要死乞白赖地给自己洗头。同时，也明白了大老婆给自己讲的两个小故事的实际意义，他想只有大老婆才对自己忠诚，也为赶走忠诚的大老婆而十分后悔。

另外，在《父亲对儿媳的考验》的故事里，描述了：

一位老人和两个儿媳妇生活在一起，有一天两个儿媳要回娘家，老头想测试两个儿媳的智商，就给她俩各给七尺布，要求每一个儿媳做一件衣服、一床被子、一块抹布。后来，大儿媳妇就给二儿媳妇说："根据咱爸的要求，用这七尺布我们要做一件身上穿的时候是衣服、晚上身上盖着就是被子、擦桌子就是抹布的多种用处的东西就可以。"就这样，她俩很好地完成了公公交给的任务。还有一次，老头要去钓鱼，他走前又跟小儿媳说："请你纸里包着火，手提篮里放上水给我送来。"小儿媳正在发愁时，嫂子告诉她："你把火柴用纸包好，再把倒入水的小水桶放入篮子里给公公拿过去就可以了。"老头见了小儿媳就知道这个主意肯定是大儿媳告诉她的，但他什么也没有说。邻居家的另一名老头，见他总有事没事测试或考验儿媳们的智商，就想治一治这位老头。有一天，邻居家的老头就跟他说："中午想到他们家里做客，希望他用牤牛奶熬一锅奶茶等他。"听了邻居家老头来家里做客，他很高兴。但他心里犯嘀咕的是牤牛还怎么挤出奶子呢，所以根本就不可能有牤牛奶熬奶茶的事情。他心急之下，把此事就跟头脑机灵的大儿媳说了，大儿媳说："就不用熬奶茶了，邻居老头来时你就躺在被窝里。"到了中午，邻居老头来到家里，看见老人躺在被窝里感到很奇怪，就问老头的大儿媳："你爸怎么了？"她就跟他说："他怀孕了！"他感到很奇怪地问："男人还怎么怀孕呢？"大儿媳马上就说："您也好好想一想，牤牛怎么会挤出奶子呢？"就这样，邻居老头什么都没说，奶茶也没有喝回家了。从此往后，公公不再考验儿媳们的智商来折腾她们了。

不难看出，这两个婚姻家庭故事中，前一个故事利用巧妙、诙谐、智慧又深刻的生活哲理的文学语言，直言不讳地讽刺、批判了糊涂丈夫以装死来测试两个老婆的忠贞，结果把对自己忠贞不移的大老婆赶走，还差一点被三心二意的小老婆送上西天；后一个故事刻画并批评教育了自以为是、自作聪明，总是用各种伎俩来测试儿媳的公公，赞美了忠诚善良的儿媳。

鄂温克族以家庭为题材的故事里，还有不少充分发挥幽默、诙谐、讽刺与批评教育的文学艺术语言的魅力，描写家庭生活、邻里生活中出现的自私自利、贪得无厌，最后自食其果的家庭故事。而且，作为笑料和讽刺对象的故事主人公往往是家里年岁大的男性老人。比如说，家庭民间故事《花牤牛及喜鹊》讲述道：

从前一位老头跟老伴生活在河边，有一天老头牵着家里唯一的牲畜花牤牛到河边去饮水。这时，一只喜鹊飞落到花牤牛头上影响了它喝水，老头气得就想用手里的斧子砍死喜鹊，然而机灵的喜鹊飞走了，老头却砍死了自家唯一的花牤牛。善良温顺的老太太知道此事后，虽然心里很难受，但什么责备的话也没说。可没有想到的是，自私自利的老头把花牤牛的肉收拾干净后全部拿到游牧包，把内脏留给老婆并把老婆从包内赶了出来，自己把游牧包的门从里封死，开始独自享用花牤牛的肉。老太太怎么敲门也不给开门，无奈之下老太太背起花牤牛的内脏另谋生路去了。她走了很长很远的路，一路上碰见跟她要吃的许多饥饿的野生动物，她毫不吝啬地从花牤牛的内脏里拿出一部分分给可怜的野生动物们。这天傍晚，老太太又遇见了一头饥肠辘辘的老虎，老虎向她乞求一点肉，老太太也没有多想，眼看老虎快要饿死了，就把身上所剩无几的花牤牛内脏都扔给了老虎。老虎吃完跟老太太说："请您骑在我身上，我把您送到一个好地方。"老太太没细想，就骑在了老虎身上。老虎飞快地奔跑着，不一会儿就到了一个游牧包旁边，然后对老太太说："就在这里，您下来吧！"老虎把老太太放在游牧包门口就跑没了。老太太打开门进了游牧包，里面有两个大木箱子。就在这时，游牧包外面出现了走步声音。她走到门口偷偷往外看，吓得浑身出了冷汗，原来是游牧包的主人三头六眼的妖怪赶着一群羊，手里还牵着一个小女孩回来了。老太太吓得差点晕了过去，但她还是用自己的智慧、谋略、勇气杀死了妖怪，领着小女孩，赶着羊群，带着木箱里的金银财宝，来到一个美丽富饶的牧场过上了幸福安宁富裕的生活。不过，老太太心里还是放不下吝啬自私的老伴，她想来想去还是决定去看看他，毕竟跟他生活了一辈子。她赶着羊群，赶着装满金银财宝的牛车，带着小女孩踏上了回家的路。走了好多天，才回到自己原来生活的游牧包。可是，她看到的是快要饿死的丈夫，他吃了老婆带来的一些食物，看到老婆带来的金银财宝和羊群，感到十分高兴的同时，为自己当初的自私和吝啬而感到非常后悔。他的忏悔得到了老伴的宽恕和原谅。从此往后，他们把小女孩当作自己的女儿，一家人过上了美好生活。

很显然，该故事通过用夸张、尖刻、锐利的文学语言讽刺和批判了自私自利老头的同时，刻画出了头脑简单、动作鲁莽、极端自私、好逸恶劳的人物形象。

在这里还有必要提到的是，鄂温克族故事《哲黑莫日根》与《敖茹郎的姑娘》等中，反映出了他们早期的家庭生活，更重要的是通过对于生活的文学描述来歌颂心地善良、善于奉献爱心的好人，同时批判心术不正、作恶多端的恶人。比如说，在《哲黑莫日根》里，讲述了姑嫂之间的矛盾纠葛。

    说从前有一个叫哲黑莫日根的人，他对自己的妹妹十分疼爱，有什么好东西都给她的妹妹。对此他妻子很嫉妒自己丈夫的妹妹，总想找机会害她。结果有一次，她趁丈夫外出打猎的空儿，以玩耍为名让丈夫的妹妹吞了一枚金戒指。哥哥回来后，在院门处没看到妹妹，按理来说他每次打猎回来妹妹都在院门等哥哥。这时哥哥的心里有种不祥的预感，他快步走到妹妹的房间，看到妹妹已死在床上，他伤心痛苦不已。哥哥把妹妹的尸体放进小棺材，让一头体形高大的驯鹿拖进了深山老林。

    那头驯鹿拖着善良的女孩尸体走到林中一位老人家门口停了下来，那家主人看了看已经死去的女孩，发现她身上还有微弱的体温，同时看到她的嗓子里卡着一个硬东西，老头子就用手掌猛击女孩的后背，结果女孩嗓子受到强烈震动，就从嘴里吐出了嫂子的金戒指，老头子就这样救活了女孩。后来，女孩就成了救命恩人老头子的儿媳，第二年还生了一个胖乎乎的儿子。一天，老奶奶唱摇篮曲哄孙子睡觉时，无意中在歌词里提到了孩子舅舅的名字。路过此地的哥哥跑过来问明缘由，由此找到了自己日思夜想的妹妹。后来，哥哥听到了妹妹被害的经过，狠狠地严惩了那位心狠手辣的妻子，和妻子离婚另娶了一位好老婆，并搬到妹妹家边上和妹妹一起过上了幸福生活。

可以看出，这些生活故事，从不同角度反映了鄂温克人传统的伦理道德观，以及他们对于真善美的赞赏和对于假恶丑的仇视和批判，具有很深刻的教育意义。与此相关，也有一些家庭故事中，用很细腻、很生活的文学语言描述邻里或两家之间的矛盾，以此批判那些自以为是、瞧不起别人的错误心理、错误思想意识和人生态度。比如说，在故事《炫富带来的悲哀》中就说道：

> 在一个小小的村庄，生活着一个十分有钱的富人，同时也生活着一个十分穷苦的穷人。有一天，这位富人为了在那家穷人面前炫耀自己的富有，就请穷人来家里做客。穷人到人家一看，炕上摆放的饭桌腿底下各垫着一个大大的银宝，把他吓一跳，怎么也没有想到，世界上还有这么有钱的人。再想想自己，连个吃饭问题还没解决好，勉强过着苦日子。他越想越难受，结果一口饭都吃不下就回家了。穷人的老婆见丈夫低着头很懊丧地回来，就问他怎么回事，他就把自己看到的和难受的心情都跟老婆讲了。他老婆听后，就安慰他说："这又会怎么样呢，明天咱们也请富人到家里做客。"穷人听了老婆的话，第二天去请了富人。富人心想，这么穷的人还用什么来招待我呀，去看看吧！就欣然答应，跟着穷人来到他家。富人见到穷人家炕烧得热乎乎的，但没有摆放任何饭菜。不过，没一会儿工夫，穷人家的四个儿子在母亲的指挥下，每人抓一个桌子腿，把一张摆放粗菜淡饭的桌子抬了进来，并就那么抬着桌子站在富人面前，让他和父亲食用桌子上的饭菜。看到这一情景，没孩子的富人心里特别难过。他心想，自己没孩子，就等于没有子孙后代，即使有满屋子的金银财宝又有什么用呢?! 他越想越难受，结果没心思吃饭，就托词家里有事回去了。他到家，特别伤心地跟老婆说："人家虽然穷，但将来有四个儿子养活他们，可我们有满屋子金银财宝，当我们病了、老了却没人照顾我们，死后也没人继承家业，多么悲伤呀！"

毫无疑问，这一故事阐释了人格尊严的平等，一切事物都在发展变化，要以实事求是的视角看待问题的根本道理。

3. 英雄人物故事

　　鄂温克族民间故事里有关英雄人物的故事也有不少，问题是这些数量可观的英雄故事在故事情节和内容都跟史诗文学和猎人与动物故事，甚至和神话故事也有不少相同的地方。因为绝大多数是以夸张手法赞美、讴歌猎人英雄的勇敢和胆略、智慧和谋略，并在神灵、神马的帮助下战胜一切磨难、艰辛、挑战，战胜无恶不作妖魔鬼怪或罪大恶极的坏人，获得美好幸福生活的故事。英雄人物故事有如下三个特点。（1）没有长篇史诗那么长，也不像长篇史诗那样把故事情节和内容讲得很细致、很全面、很系统、很深入、很复杂。英雄故事的人物一般都要比长篇史诗故事的人物要少，故事情节也不像长篇史诗故事那么复杂；（2）不全是由虚幻、理想化的故事情节，其中有许多源自生活、与生活十分贴切，甚至本身就是属于客观实在地反映现实生活的产物。英雄人物与妖魔鬼怪作斗或对打的情节不是很多，只是在整个故事进入特别危险的时刻出现妖魔鬼怪，相反更多地描写与英雄的大无畏精神，以及临危不惧的英雄主义人生观；（3）不像猎人和动物故事那样，突出描写猎人与动物之间产生的复杂多变的关系、情感和交流，而是更多地用文学艺术夸张式描写手法塑造英雄人物同妖魔鬼怪争斗的场景，以此衬托英雄人物的勇敢、无畏、谋略和无私博大的胸怀。

　　鄂温克族英雄人物故事着重突出英雄人物的精神风貌，特别是对于人物的个性化特征描写十分夸张、形象、逼真。同时，他们善于用某一具体行为动作来体现英雄人物的性格特征。也就是说，人物性格及思想感情要用浓郁的地域特征、文化内涵、文学语言、恰到好处的动作行为来表现。或许正因为如此，人们说鄂温克族民间故事中的英雄人物的言行举止，受到来自特定自然环境、历史条件、社会因素、思想文化、宗教信仰、生活习俗等方面的直接或间接的影响。当然，他们也善于用生动、深刻、感人的文学艺术语言描述英雄人物的心理动态和内心世界。换言之，英雄人物的语言表述、语言风格、语言内容中，也无可掩饰地流落出该民族独特的思想情感、心理结构，以及人物的个性化特征。很有意思的是，鄂温克族民间故事的英雄人物故事中对于人物性格特征的表述，包括个性化特征的描写中语言不是太多，往往以言简意赅、简单明了、直截了当的叙事形式和对话内容体现。其人物的描写中，除了涉及英雄人物的心灵世界，还要涉及英雄人物的表情、姿势、动作行为等。所有这些，给人一种身临其境、耳闻其声、如见其人的文学效果，使典型人物的形象变得更加突出、更为鲜明、更具特点。

根据我们现已搜集到的资料，鄂温克族英雄人物的故事中，受特定历史条件的制约，故事中的英雄人物现象，包括英雄精神、英雄气概和英雄本色，往往要借助刻意安排、设定、叙述的辅助性情节才能够完美地体现出来。这也是该民族英雄人物故事的结构性特定之一。比如说，在英雄人物故事《英雄的孤儿》中，英雄充分发挥神马、神箭以及宝帽、宝鞭、宝袋的神奇作用，惩治了罪大恶极、杀人不眨眼的国王。

> 一位孤儿骑着神马打猎时，用神箭射死了一头飞奔而过的梅花鹿。看到这一情景的国王领着随从来到孤儿身边，蛮横不讲理地抢走了梅花鹿和他骑的神马。无奈的孤儿开始了徒步打猎的日子，但他始终没有忘记向罪大恶极、杀人不眨眼的国王报仇。有一天，他走到一个小村庄，看到七兄弟抱成一团在哭，他走过去问才明白，七兄弟唯一的美丽妹妹刚刚被狠毒的国王抢走了。英雄的孤儿说一定要给他们报仇，把美丽的妹妹给他们抢回来。听了这话，七兄弟十分高兴，同时把父母死前留给他们的宝帽送给了他。说是只要把宝帽戴在头上，谁也看不见戴帽子的人。孤儿又走了一些天，在一个小屯子里碰见一对老夫妻在哭泣。孤儿走过去一问，他俩唯一的美丽女儿也刚刚被恶霸国王抢走。两位老人听说小伙子要给他们报仇，还要抢回来宝贝女儿交给他们十分高兴，就把珍藏的宝鞭送给他，告诉他这是一个宝贝，无论指向哪里就很快把你送到那里。孤儿感谢两位老人，揣上宝鞭离开了他们。又走了一些天，他看见一个小村子里，兄弟仨互不相让地抢一个破袋子，他走过去十分好奇地问兄弟仨，为什么抢这么一个破袋子。兄弟仨告诉他，父母去世时把家产公平合理地分给了兄弟仨，就这破袋子没有说清楚到底给谁。兄弟仨还解释说，这是一个神

奇的袋子，里头装多少东西都可以，而且背着走就像没有装东西似的。孤儿想自己能用得着这个宝贝，就说他要去杀横行霸道、无恶不作的国王，所以要借用他们的这个宝袋。听说要去收拾坏国王，兄弟仨就欣然答应了，把宝袋借给了孤儿。

孤儿在宝鞭的协助下，一溜烟工夫就来到了国王的宫殿，在宝帽的协助下找到了被国王抢来抓来的美丽的姑娘们，他把姑娘和国王的所有财产都装入宝袋，骑上刚找到的日夜思念的神马，用宝箭射死了罪大恶极的坏国王及随从。他先来到七兄弟家，把他们美丽的妹妹和宝帽交给了他们。七兄弟为了感谢他，就把宝帽送给了他。孤儿又来到老夫妻身边，把他们美丽的女儿交给他们，并把宝鞭也还给了他们。可是，老两口为了感谢他，把宝鞭送给了他。英雄的孤儿又来到兄弟仨中间，打开宝袋把坏国王的金银财宝和牛羊马及财产都分给了贫穷的老百姓，与此同时他想把宝袋要还给兄弟仨时，兄弟仨没有接受还是送给了他。大家十分感谢孤儿用智慧、胆略杀死了鱼肉百姓、无恶不作、罪大恶极的坏国王，还推举孤儿当上了国王。

很显然，作为英雄人物的孤儿的语言表述、语言风格、话语内容中流露出该民族独特的思想情感、心理结构，以及人物的个性化特征。而且，对于人物性格特征的表述，包括个性化特征的描写言简意赅、直截了当。

在英雄人物的故事里，也有不少与强暴凶猛、祸害百姓、无恶不作的野兽的斗智斗勇来体现英雄人物勇敢无畏的精神和人格魅力的事例。比如说，在《英雄的那崴》里描述道：

过去，有一位叫那崴的英雄。一天，他从一位哭泣的老太太那里得知，她们的村庄常年受到恶熊的迫害，简直到了没法生活的程度。那崴决心处死这个作恶多端的恶熊。大家听了，都吓出一身冷汗。他们认为恶熊力大无比、狡猾阴险、残暴无度，没有人能战胜它，反而都成了它的盘中餐。那崴想了想，独自背起弓箭和猎刀上山找恶熊去了。过了许多河流、翻过许多山头、走过许多森林，那崴还是没有找到那头杀人不眨眼的恶熊。这天傍晚，他点燃篝火想休息时，飞来一只神鸟告诉他："这座山对面有恶熊，它看见有人点火就会走过来。"

那葳听了赶紧熄灭篝火,直奔山的对面。没多久,真的看见了恶熊,他向它射去了神箭,中箭的恶熊一下子倒在地上,这时那葳又连射几个神箭,箭箭射中。那葳以为恶熊已被射死,刚要走近它时恶熊却一下子又站了起来,拼命向他扑来。那葳赶紧爬上一棵又大又粗又高的白桦树,恶熊也很快爬了上来。这时他抓紧时机往下射了一箭,正好射中了它的前爪,痛得恶熊从树上滚了下去。不过,没有一会儿,恶熊又顺着树干往上爬,将要爬到那葳脚下时,他才看明白狡猾的恶熊身上抹了一层松树油,所以猎人的箭或刀根本打不进去。穷凶极恶的恶熊用满是流血的前爪折断了那葳脚下的树枝,他从高高的白桦树上摔了下来,恶熊也似乎同时跳下了白桦树。那葳开始围着粗大的白桦树跑,恶熊跟在他后面拼命追,追得他晕头转向,就扑通一声倒下了。当恶熊张开罪恶的大嘴正想咬断他脖子的刹那间,勇敢智慧的他临危不惧,从腰间抽出长长的猎刀捅进了它那张开的大嘴。恶熊痛得受不了,放下那葳到处乱跑。就在这时,他用神弓将神箭从它张开的大嘴,射入它的心脏。那葳打死了作恶多端、罪该万死的恶熊,把它的尸体拉回村子。大家一起唱起歌,跳起舞,共同祝贺这一幸福美好的时刻,感谢他们的英雄那葳。

不过,鄂温克族民间故事里也有赞美和讴歌那些为了一方安宁,为了王国和族群社会的平安与幸福美好生活同妖魔鬼怪英勇争斗的故事。比如说,《喜鹊王的故事》里就讴歌了喜鹊王的勇敢与智慧。

过去,鄂温克族生活的地方有一个叫喜鹊的国王,人们叫他喜鹊王,这是因为他每天把自己打扮得很美,身上和头上用各种美丽的羽毛装饰自己。在族人看来,就像喜鹊一样美丽。不过,喜鹊王十分勇敢并且充满智慧,无论是哪方敌人或鬼怪都怕他,甚至达了闻风丧胆的程度。他特别能打仗,经常领着索伦国的人打胜仗。特别是与可怕而强大的妖魔鬼怪打了许许多多的胜仗。有一次,他领着索伦国的人与最为强势的妖魔鬼怪打仗时,由于妖魔鬼怪在数量上占绝对优势,又充分掌握了有利地形,打败了英雄的喜鹊王领导的索伦国的鄂温克人。喜鹊王败走的时候,跟索伦国的鄂温克人讲,从此往后我们索伦国的鄂温克人，无论何时何地都要戴狍子头制成的帽子，以此区别其他王国的人。后来，喜鹊王经过几年苦战，用他那超然的勇敢与谋略终于将索伦国的妖魔鬼怪全部消灭，把索伦国的人民从黑暗、苦难、死亡中解救了出来，让他们过上了幸福安宁的日子。从此以后，索伦人无论在哪里或走到哪里都要戴狍子头帽子。

另外，在英雄人物故事《英雄的阿拉塔尼》里，充分发挥文学超越现实的虚幻创作精神，塑造出阿拉塔尼这一民族英雄。同时，讲述了他在天神和神马的协助下，杀死蟒蛇鬼和上天的鸟鬼王的故事。

很久以前，一对老夫妇生活在草原上。他们的生活虽然很富裕，但他俩没有孩子，老两口很伤心，觉得生活没有什么希望。为此，他们商量去祈求天神，就这样他俩来到一棵高处的大树下，点上香火祈求天神赐给他们孩子。有一天，天神从天上路过老两口生活的地方时，闻到了香火味道，并靠近香火时才明白，有一对没有儿女的老人向他乞求孩子。天神回到天堂，派手下给老太太送来了一粒很小的神丸。天神的使者，来到老两口家里，看他俩都在睡觉，就将那粒神丸放在老太太的嘴边。老太太无意间就把神丸吞了进去。当天夜里，老太太还梦到红老虎来到家里，抱着她睡了一觉。果然不出所料，从那天起老太太的肚子逐渐大了起来。9个多月后，老太太就生了个胖儿子。老两口就给儿子起了个阿拉塔尼的名字，意思就是金孩儿。

男孩阿拉塔尼很快长大成人，成了十分有名的英雄。为了实现自己的美好梦想，他用深海的宝柱和天鸟的宝羽制成弓箭，杀死了称霸一方、无恶不作的蟒蛇鬼，解救出了给它当奴隶的穷苦人民。他为获得天王西勒特宝贝女儿的考心，参加了天王为选女婿而设定的射箭、赛马、摔跤三大比赛，而且他用自己过硬本领和超越一般的智慧取得第一名。但天王并不十分满意，所以又提出一个新要求，要阿拉塔尼从天上的鸟鬼王那里抢来他日思夜梦的九匹神马，他才答应把小女儿嫁给她。阿拉塔尼为实现娶天王西勒特的宝贝小女儿为妻的美好心愿，答应了天王西勒特的最后一个条件。阿拉塔尼在神马的支持下，杀死了天上的鸟鬼王，救出了西勒特天王的九匹神马。最终，他历经磨难和，用自己的勇敢、智慧和谋略，获得了天王西勒特的宝贝小女儿的芳心，娶她为妻，回到年老的母亲身边，过上了神话传说般的美好生活。

与此相关，在英雄人物故事《呼日勒图与阿尔塔尼兄弟》里，描述了呼日勒图与阿尔塔尼兄弟俩在神马和萨满的协助下，惩治罪恶累累、罪该万死的九头妖王的故事。在该故事里，同样用民间文学夸张虚拟表述办法，并紧密结合源于实际生活的种种复杂情感和心里愿望，刻画出代表人民美好夙愿的英雄人物。

呼日勒图与阿尔塔尼是双胞胎，出生在人妖混战的艰难岁月。他们俩出生没几天，当时作为东海之王的父亲呼热勒图，与西北九头妖王闫和勒太连战三年，父亲后被妖王所征服，妻子、家产和所有臣民都被妖王掠夺而去。在东海之王的家园，留下被妖王毁于一旦的废墟，还有刚刚出生的双胞胎兄弟，以及父母偷偷留给他们的两匹骏马。双胞胎哥俩从小相依为命、历经磨难、吃尽苦头，艰难维持生活。他们长到风华正茂的少年时找到了父母当年留给他俩的两匹骏马。有一天，他俩骑着马，在东海岸边打猎时遇见了穿着一身黑衣的黑海之王哈日勒太。后来，他俩成了哈日勒太王的将领，还受哈日勒太王的指派去找他那被三头妖蛇抢走的两个宝贝女儿。哥俩按妖魔鬼怪都在西边的说法，选择了向西走的方向。哥俩走了好几天，看到了一个游牧包，走进后发现里面住着一位萨满。他俩问萨满黑海之王的两个女儿究竟在什么地方？萨满说可能在西北冰雪覆盖的白山头上。哥俩听就直奔而去，到白山头脚下从马上下来牵着马爬陡峭的山头。然而，就要爬到山头时，呼日勒图连人带马从山上滚了下来。这时，阿尔塔尼独自往白山头爬，爬到白山头看到一个很深的山洞，他就下到洞底，在哪里见到了黑海之王哈日勒太的两个宝贝女儿，他勇敢智慧地杀掉了三头妖蛇，解救出妖洞中的所有女孩及哈日勒太王的两个宝贝女儿。过了几年，阿尔塔尼为了从九头妖王魔爪下解救父母和苦难深重的人民，又独自向西北方向出发，同样尝尽苦头，经过艰苦的生死决斗，最终战胜了杀人如麻的九头妖王，把父母和受苦受难的人民从苦难生活中解救出来，领着大家过上了安宁、祥和、美好的生活。

上述两则故事的情节结构和内容有相似之处，讲述的都是年轻勇敢的英雄为追求美好梦想，与妖魔鬼怪展开你死我活的肉血决斗，最后他们还是用超出一般的勇气、胆略、力量和功夫战胜罪恶的妖魔鬼怪，获得幸福美好生活的故事。在这里还应该提到的是，在《男子汉阿拉提》中也是利用英雄人物夸张描写手法，塑造出一位叫阿拉提的英雄人物形象，活灵活现地展现出他那超人的英雄主义精神和智慧，艺术而有情感地刻画出他为娶陶克奇王的美丽女儿，历经艰辛磨难来到王府，参加赛马、射箭、摔跤三大比赛，以均获第一名的好成绩如愿以偿地娶到美丽、聪明、智慧的公主的故事。而且，还描述了勇敢无畏的他，同无恶不作的十五头恶魔殊死搏斗，用超然的谋略杀死恶魔，从死亡中拯救出父母及穷苦人民，建立幸福、美丽、天堂般的家园，过上美好幸福生活的故事情节。

鄂温克族英雄故事中，除了讴歌年轻人的英雄主义精神，也充分利用民间故事夸张、烂漫、幽默、滑稽、诙谐的文学语言赞美老人的智慧、谋略，用讽刺、嘲笑、戏弄的文学语言描写妖魔鬼怪的愚蠢、糊涂。比如在《征服妖怪的英雄》里，讲述了一位勇敢的老人用智慧杀死罪恶累累的妖怪的故事。

在一个山林村子里，总有一个可怕的妖怪跑来吃人，弄得村里人过着惶惶不可终日的日子，谁也不知道哪天会被妖怪吃掉，谁也不敢对付这一可怕凶狠的妖怪。看到这一切，一位老人实在坐不住了，他站起来对妻子说："我要上山和那个妖怪比量比量。我这么大岁数了，就是被它吃掉了也没什么遗憾的。"说完，他拿起弓箭，走入了山林。到山林里，很快遇见了杀人如麻、满口尖牙利齿的妖怪，妖怪见有人过来十分高兴，认为这是白白送来的肉。但听说老头是来杀它的，感到十分奇怪，又有几分恐慌，就对老头说："你有什么本事来杀我？"老头说："我一使劲喊，你的头会四分五裂！"妖怪也说："如果我喊叫的话，同样也会让你的头四分五裂！"老头接着说："那我俩比一比，看谁的喊叫声厉害吧！"妖怪答应后，先拼命叫了起来。老头将耳朵用衣服堵得死死的，然后把头塞到空洞的树洞里。结果，在它的喊叫声中粗大的树木都被劈成两半，差一点把老头给震死了，老头好不容易坚持到喊声结束。到老头喊叫的时候，老头对妖怪说："我喊叫的声音比你的声音大，怕你被我的喊叫声发出的风吹到天上被撞死。所以，为了保护你，我要把你紧紧地捆绑在这棵粗大的松树上！"妖怪听后信以为真，就答应了。就这样，老头用带油的树皮把它死死捆在粗大的松树上，别说妖怪要动弹就是呼吸都成了问题。然而，为了不被老头喊叫时的风吹走，只能任其摆布。老头捆绑好妖怪后，还对它说："你把眼睛闭上，否则我喊叫时，你的眼睛会从眼眶里蹦出来！"妖怪闭上眼睛后，老头拿出弓将箭射入它的脑袋和心脏，把它射死。从此往后，村庄回到了往日宁静幸福的生活，老头的勇敢和智慧也得到了大家的佩服与赞美。大家讴歌他无私奉献的大无畏精神，赞美他超然的气魄与谋略。

在鄂温克族的英雄人物故事里，也有赞美女英雄的故事内容。比如在《英雄用智慧征服了阴险的妖魔》里讲述了在宝贝马嚼子与马龙头的协助下，一位英雄的母亲不仅从妖魔嘴里拯救了两个可爱的孩子，同时也狠狠地惩罚了可怕的恶魔。

很久以前，在一个美丽的地方，生活着一个幸福的家庭。有一天，丈夫为了获取更多的猎物，向着太阳升起的地方去打猎了，家里就留下美丽贤惠的妻子和两个胖乎乎的儿子。那天傍晚，贤惠的妻子在门口点燃炉火正准备给两个儿子做饭，锅里的水面上呈现出了一个可怕的鬼脸，她回头一看，原来身后站着一个可怕的妖魔。她虽然心里很害怕，但她为了安抚两个小儿子，装出一点不怕的样子，并在恶魔不注意的当儿给儿子手里分别放了马嚼子和马龙头。因为，她知道，妖魔最怕马嚼子和马龙头。妖魔虽然想吃胖乎乎的两个小男孩的嫩肉，但看到他俩手里的马嚼子和马龙头就不敢靠近，无奈之下只能选择吃妈妈的肉了。妖魔走到妈妈身边，正要动手抓她时，她把身边的一桶水倒在了身上，善于模仿的妖魔也拿起另一个桶子，将桶子里的油误以为是水全部倒在了身上。这时，妈妈又装作用手弄炉火的姿

势，妖魔也学着将手伸向炉火，可它手上的油遇到炉火"噗"的一声
燃烧了起来。妖魔被火烧得四处乱跑，结果一不小心脚下踩空，掉进
万丈深坑摔死了。

从以上分析看，我们完全可以认识到，鄂温克族英雄人物故事数量
多，内容丰富、情节复杂多变。而且，通过对于英雄的环境、英雄的场
景、英雄的生活、英雄的内心、英雄的思想、英雄的语言、英雄的动作进
行夸张、虚拟、大胆、深刻、超脱、巧妙、逼真的妙写和刻画，塑造出一
个个顶天立地的英雄人物形象。相比之下，其中年轻人的故事在数量上占
优势地位，其次是王者、首领的英雄故事，也有老人英雄和妇女英雄的故
事。作为英雄们搏斗的对象，绝大多数是杀人不眨眼、心狠手毒、罪恶累
累的妖魔鬼怪，当然也有贪得无厌、无恶不作、鱼肉百姓的恶人、坏国
王，还有坏心眼的野生动物。总的说来，鄂温克族英雄人物故事，着重刻
画英雄主义精神。其中的文学价值就在于把坏人、恶王、妖魔鬼怪均视为
昏庸无能及英雄的手下败将，进而充分肯定英雄的行为，深刻揭示英雄主
义的精神、信念与追求，成功塑造性格鲜明的英雄人物。更加可贵的是，
将不同环境下的英雄人物，从不同社会地位、不同人生经历、不同身份、
不同性格特征进行夸张、生动地描写。这使英雄人物故事变得更加全面、
系统、完美。

4. 童话故事

根据我们的研究，鄂温克族民间故事里有一定数量的童话故事。这些
童话故事反映了人类童年时期快乐、纯朴、天真、烂漫的生活。故事情节
充满奇思妙想，还出现了被人格化的植物、动物、自然现象等。也就是
说，在鄂温克人的童话故事里，经常对植物、动物、自然现象赋予符合于
儿童心理结构的人物特征，或者是被描化为意念中的儿童神灵形象。童话
故事中包含的鲜活道理、知识内涵、深刻思想，起到了教育孩童的目的。
在此基础上，不断强化他们对于童话般美好未来的无限憧憬与渴望。

鄂温克族童话故事往往以人与自然、人与世间万事万物产生的各种复
杂多变的关系与情感为叙事对象，用轻松、欢快、稚朴、超越时空的文学

艺术形式虚构人类童年对生活的奇妙认识，以及超越现实生活而充满幻想的美好凤愿。通过他们的童话故事，人们可以感悟到鄂温克族极其丰富的内心世界，以及与他们传统文化一脉相承的伦理道德及思想内涵等。在鄂温克人的童话故事里，常常出现被神化了的动物、植物、自然现象等，当主人公遇到难以克服的困难、挑战时，往往会得到这些神化或人格化了的生灵的帮助，进而获得梦幻般的美好幸福生活。比如说，童话故事《兴安岭的美丽女儿和七个小白兔》里描写道：

> 很久以前，美丽富饶的兴安岭里，生活着一位美丽善良的姑娘。传说，她是月亮的女儿，有一次她偷偷从月宫下到兴安岭，被这里的美丽景色吸引，四处快乐地玩耍，完全醉心于童话般美丽兴安岭的怀抱中，忘记了回月宫的时间。错过了时间，她就再也回不到月宫了，于是她就成了兴安岭姑娘。就这样，她一直快乐幸福地生活在美丽如画的兴安岭。善良的她，经常帮助受伤的动物，给患病的动物治病包扎伤口、让走失的动物团聚。有一天，由于劳累过度她累倒在百花盛开的白桦林里。当她醒来时，却躺在一张温暖、舒适的小木床上，床头放着许许多多、各种各样好吃的野果和美丽的花朵，床边还站着七只小白兔。它们看到美丽的兴安岭姑娘醒了过来，高兴得都欢跳了起来。此时，其中一只小白兔走过来，对美丽的兴安岭姑娘说："我们看到您累倒在花丛中，就把您抬到我们的木屋，给您吃了好多好吃的野果。看您醒了过来，我们都十分高兴。我们觉得您为我们兴安岭的所有动物都操心，很辛苦。我们都很心疼您，所以商量赠送您一朵万年的宝贝人参花，您想要什么就对它说，它就会给您想要的东西！"美丽的兴安岭姑娘告别了七只小白兔，带着它们赠送的宝贝人参花，来到一个有山有水有牧草犹如神话般的美丽地方，对着宝贝人参花诉说了自己的美好凤愿，结果眨眼工夫在她眼前出现了英俊潇洒的小伙子、漂亮的白木屋、成群的驯鹿。后来，他们有了好多孩子。不过，他们没有忘记七只小白兔和兴安岭的所有动物，经常请它们来家里做客，有所有动物和睦相处，和它们一起过上了童话般幸福美好的生活。

该童话故事紧密结合儿童单纯、稚嫩、机灵、无拘无束、富于想象等心理特点，塑造出兴安岭姑娘的人物形象，反映出开心、快乐、天真、烂漫的童话生活。

鄂温克族童话也描写不幸的或受苦受难的孩子，意想不到地获得宝贝或宝物，从此改变命运，开始梦幻般幸福生活的故事。比如说，在《孤儿与宝贝》的童话故事讲述了：

> 有一位失去父母的孤儿生活在深山老林里，山林里的所有动物都十分可怜他的不幸，总是给他送吃的，又怕他瘦小的身体顶不住冬天的严寒，给他送用各种鸟的羽毛做的暖衣。有一天，他独自走着走着掉进了一个黑黑的深坑，他什么也看不见，怕得要死。这时，从深坑的深处传来一个老人的声音"孩子你一直往里走，走到头就会见到我，我是山神白那差"，孤儿听老人的话，一直往里走，终于走到了深洞里头，看到了漫天的星斗。原来洞的尽头就在高高的山顶上，山顶最高处坐着一位白桦树白发老人，浑身闪耀着光芒。那位白桦树白发老人对孤儿说："孩子，你是一个可爱、聪明、善良的孤儿，所以我送给你一个宝贝，有了这个宝贝你就会听懂所有动物、植物、自然界万物的语言，你还能获得其他想要的东西！"说完，把手里的闪闪发光的一个圆形宝贝送给了孤儿。孤儿拿到宝贝，还不知怎么回事，就像插上翅膀似的飞了起来，飞到了一个美丽如画的山林。落地后，他发现一切都发生了变化，他不仅能够听懂所有动植物的语言，同时还能够听懂风的语言、云彩的语言、山河湖海的语言。它还拥有了自己的小木屋，有了许许多多的动物朋友，他再也不孤独、不寂寞、不伤心了，和山林里的动物们过上了梦一般的幸福日子。

这两个童话故事，在故事情节上虽然不同，但在内容上可以说大同小异。由月亮的女儿变成的兴安岭姑娘和山林的孤儿都很善良、可爱、聪明。在七只小白兔和白桦树白发老人给的宝贝的帮助下，过上了梦幻般的幸福生活。与此相关，在《碧蓝色的宝石》中也讲述道：

> 从前，有兄弟俩一起生活，哥哥忠厚老实，弟弟虽然年纪小，但

聪明、真诚、可爱，遗憾的是弟弟是一个盲人。哥哥为了生活，为了更好地照顾弟弟，娶了个媳妇。这让小弟弟高兴坏了，因为有了嫂子就可以给哥哥减轻负担，也会给生活带来温暖。然而，没有想到的是，嫂子是个黑心肠的女人。没几天，嫂子觉得盲人小弟弟是个累赘，就和丈夫提出要跟小弟弟分家过日子的强烈要求。哥哥虽然心里不愿意，但也无法拒绝老婆，只好暂时同意和相依为命的盲人弟弟分居。为了达到和小叔子分家的目的，黑心肠的嫂子给丈夫出了个坏主意，就是以外出砍柴的名义把盲人小弟弟丢弃在野外，从此让小弟弟自谋生路。

第二天，哥哥和嫂子做了许多饼子，跟小弟弟说三人一起到山上砍木柴，就拉着小弟弟坐上牛车往山上走。走了许久，才说是到了山上，哥哥和嫂子把饼子交给小弟弟，叫他坐在一个大石头上等他们回来，他俩说要去砍木柴，结果一去再也没有回来。盲人小弟弟等啊等，不知等了多少天，还是不见哥哥和嫂子回来，他饿了就吃几口干饼子。他再也坚持不住了，甚至心里有一种不好的预感，他又急又怕不小心从坐着的大石头上掉了下来，他也不知道这是什么地方，也不知道这是白天还是黑夜，急得他用双手到处乱摸。突然间他触摸到一块光滑又很暖和的圆石头，他好奇地用双手将它捧在怀里，想以此温暖自己冰凉的身体。可就在此时奇迹出现了，他那冰凉的身体不仅很快缓和了下来，而且他那失明的双目也逐渐看到了光明。啊，他的双目复明了。他高兴得跳了起来，大声喊叫着、快乐着、幸福着。他好好看了周边，发现自己站在一座高高的山崖下面，旁边还有一个山洞，还有无边无际的山林。他怀里揣着让他复明的宝贝石头，找到一条清水流动的泉流，好好喝了几口，还用泉水好好洗了个澡。然后，他就上路了，想去找自己的哥哥。他就这么连续找了三天三夜，还是没有看到哥哥的任何影子，这时他才觉得自己又饿又累。不过，他到哪里去找吃的呢，在这荒无人烟的山林里。他无奈之下从怀里拿出宝贝石头，自言自语地说："倘若在这里有一座有吃有床的木屋该多好呀！"他的话音刚落，果真在他前面出现了一座很漂亮木屋，而且木屋里应有尽有。从此，他就一人生活在这里，还结识了许多猎人朋友。他每当遇到猎人，都要给他们吃的和穿的，无私地帮助他们。不过，他无论见到谁，都要向他们打听哥哥的消息。

有一天，一位来自远方的猎人告诉他，他们村里有一位可怜人，因为把盲人小弟弟抛弃在山崖下的山洞边，伤心过度而生了重病，已经快要死了。妻子看到丈夫想弟弟到这种地步也感到很后悔，后来她一人到山上找被他们抛弃的小弟弟，找了好多好多次还是没有找到。听了这消息后，小弟弟就跟着那位猎人来到他们的村庄，找到了自己的哥哥，并用自己怀里的宝石治好了哥哥的重病，并原谅了嫂子，三人重新和好并过上了幸福生活。

这两个童话故事，失去父母的孤儿和双目失明的小男孩都是无意间掉进了深洞，获得神奇的宝物，通过宝物获得了美好生活。故事情节都与普通人的日常生活有关，此类故事还有像《太子与穷小伙》《三个元宝》等。

鄂温克族童话故事中的主人公一般都是人或神灵转化的人，也有人格化的动植物等。鄂温克人世代生活在辽阔的呼伦贝尔草原，以及富饶美丽的兴安岭，从事以牛马羊为主的草原畜牧业生产和以自然牧羊驯鹿为主的山林畜牧业生产活动。多少年来，他们同大自然亲密无间的接触，从而读懂了大自然生存的规律，也和大自然中的一切动植物和谐相处。鄂温克人认为，在人生命最困难、最危险的时刻，自然界的生灵就会自觉地过来帮助。没有它们的帮助，仅凭人的能力无法自救，只有在山林中的其他生灵或上天之神的援助下，才能够战胜一切困难创造美好的生活。所以，鄂温克人把它们视作生命、心灵、信仰的重要组成部分。所有这些，自然而然地体现在鄂温克族童话故事中，人能够帮助动物走出困境和灾难，动物也能帮助人摆脱困境与灾难。人与动物和谐共处的动人情节在童话故事《苏混宝莫日根》《木雕姑娘与花牛犊》《三个元宝》等中均有不同程度的表现。其中，像《三个元宝》主要讲述了动物报恩的故事：

从前有两位老人养了个独生子。一天，老头给了儿子三个元宝，叫他到外地自谋生路，做一个有出息的人。儿子在路上用三个元宝跟别人买了一条狗、一只猫和一条鱼。他把可怜的鱼放回了大海，带着可怜的狗和猫继续赶路。这时，来了一个小伙子把他带到龙宫见龙王。原来那条鱼是龙王的儿子。为了报恩，龙王的儿子送给他一个金盒子，这是个无价之宝，要什么会出来什么。他从金盒子里不仅要了一栋美丽的木屋，还要了成群的牛羊和一个年轻美丽的妻子。后来，他的金盒子被魔鬼偷走了，房屋、妻子也不见了。他带着狗和猫去寻找金盒子，并在狗和猫的帮助下打败了偷走金盒子的魔鬼，找回了龙王儿子送给自己的金盒子。于是，妻子、木屋和遍地的牛羊又出现在他眼前，从此和年老的父母过上了梦幻般的好日子。

鄂温克族童话故事中，牛马羊等家畜及猫、狗经常出现，不仅成为他们生产生活的主要依靠，同时也是他们的好帮手和好朋友。这些动物经常出现在他们的童话故事中，动物的人格化几乎成为一种很自然、很普遍的描写手法。

再说，《青蛙儿子》（亦称《青蛙儿子的故事》）中也讲道：

很早以前，老头老太太在湖边以捕鱼为生，有一天老头在湖边抓到了一只十分可爱的青蛙，就把它带回家养了起来。由于老两口没有孩子，就把这只可爱的青蛙当儿子来养。很有意思的是，青蛙还能够听懂老两口说的话，知道他们想的事。这更加拉近了青蛙与老两口的关系。老两口把青蛙当作亲生儿子养了18年，有一天老两口商量给青蛙儿子找个媳妇，并请媒人去富人家求婚。富人听说一个穷人家的青蛙儿子来求婚，想娶自己的宝贝女儿为儿媳，气得差点晕了过去。富人又气又恨又觉得很奇怪，这家怎么会有一个青蛙儿子呢？他们的青蛙儿子怎么会听懂人话？想娶媳妇呢？而且，怎么会胆大包天地想到要娶我的宝贝女儿呢？这里还有什么秘密吗？想到这些富人就对媒人说："如果想给自己的臭青蛙儿子娶我家女儿，就让他们拉来十车金子和十车银子！要是拉来了，我就把自己的宝贝女儿嫁给他们的青蛙儿子！"媒人回到穷人家，讲了富人嫁女儿的要求，老两口听后觉得这个婚姻没戏了。可是，站在旁边的青蛙儿子却频频点头。老两口也没有理解青蛙儿子点头是什么意思，就带着懊丧的心情入睡了。到了第二天，她们起身出门时，惊讶地看到了十车金子和十车银子。他们也不知道这是怎么回事，认为是上天给恩赐的礼物。他俩带着礼物来到富人家，富人家里见了十车金子和十车银子，无可奈何地答应了这门婚事，并谈妥了举行婚礼的具体日子。眼看就到婚礼之日，青蛙儿子的父母又着急又伤心，身无分文的他们该怎样办婚礼呀？举办婚礼的那一天，当青蛙儿子的父母醒来时，他们却睡在一个华丽、漂亮的大游牧包内。而且，他们已经搬到了富人家门口。就这样，按照富人家的要求，青蛙父母办了一场十分体面而隆重富贵的婚礼。婚礼结束，青蛙儿子就带着媳妇，跟着父母回到了自己生活的地方。儿媳妇第一天早晨醒来，看到自己身边睡着的青蛙丈夫变成了浓眉大眼、英俊潇洒的小伙子。她再注意看时，丈夫身边放着一张青蛙皮，她赶紧拿起青蛙皮扔进了火堆里烧成了灰烬。从此往后他们就过上了幸福、美好、富裕的生活。再后来，人们才明白，青蛙儿子原来是上天龙王的儿子。

可以看出，这两个童话故事充满了奇思妙想。更加可贵的是，这些童话故事的人物使用的语言，表现出的思想、情感和行为，同儿童的兴趣爱好、语言思维、心理反应、情感变化、行为动作紧密相连，使他们充分感受到童话故事中表现出的文学艺术魅力与精神享受。童话故事源于鄂温克族的现实生活，具有许许多多该民族特定的民族文化符号，有很强的民族属性、地域属性、传统文化属性、心理属性。

总而言之，鄂温克族童话故事的人物、情节、内容的描写尽管远远超越时空限制，但又与现实紧密相连。正因为如此，童话故事的人物、情节、内容，包括人物的性格、动作都与现实社会与生活的人有关系，所以具有了很强的感染力。难能可贵的是，童话故事充满幻想、虚构、夸张，给童话故事插上了梦幻般的翅膀，使人获得无尽的精神享受。

第三章　鄂温克族民歌与舞蹈

　　民歌在鄂温克族精神文化生活中占据十分重要的地位，也是其精神生活不可缺少的重要组成部分。鄂温克族十分喜欢唱歌，用他们的话说，人来到这个世界时就是唱着歌诞生的，也就是人们常说的婴儿降临时的啼哭声就是一种歌声和音乐，是来到这个世界最甜美、最原初、最本真、最纯粹的生命之歌，这其中包含着婴儿对于母胎的依恋、对于未知世界的恐惧等极其复杂的心理活动。而这种歌声和音乐，伴随人的年龄增长和发音器官的成熟而不断产生变化，甚至是人离开这个世界时发出的最后的痛苦声音，也同样属于歌声和音乐。也就是说，人的生命，或者说一切生命，从来到这个世界到离开这个世界都离不开歌声和音乐。

　　人在痛苦和快乐的时候，都会情不自禁地歌唱。他们甚至会怀抱着刚出生就被母亲抛弃的小骆驼、小马、小驯鹿、小牛、小羊，用歌声唤起它们母亲的情感与爱心。有时，他们就这样怀抱着幼崽一连唱好几天，一直唱到抛弃孩子的母亲们被感动、感化，就给幼崽喂奶。对于鄂温克族来讲，歌声和音乐是贯穿生命的精神产物，歌声和音乐给予那些苦难深重的生命一种无可替代的温暖、一种强大的爱的力量、一种源自生命深处的希望与光明。他们认为歌声和音乐给生命带来更加美好的精神享受，具有强大的感染力、感召力、影响力和生命力，鄂温克人的生命与生活离不开歌声和音乐，哪里有鄂温克人，哪里就会有歌声和音乐。

　　众所周知，鄂温克人自古以来就繁衍生息在美丽富饶、辽阔无边的森林与草原，从事畜牧生产活动，过着与大自然相依为命的牧人生活。他们常年在人烟稀少的牧养点扎营生活，或随草原森林四季牧草的变化，赶着牧养的牲畜在辽阔的森林草原四处迁移，特别是那些牧养驯鹿、马群、骆驼的鄂温克人。在这漫长、寂寞、空旷的世界里，伴随他们的就是歌声。

他们把歌唱给自己、唱给相依为命的牲畜，唱给赖以生存的大自然。他们唱自己的心情、唱自己的家乡和生活、唱自己的祖先和历史、唱养育他们的美丽的森林草原、唱他们的山河湖泊及蓝天白云，还要唱他们的孤独、忧伤、痛苦、磨难、不幸和希望。在牧人的精神世界里，歌声成为重要的精神依靠。牧人的生产生活离不开歌声，牧歌也离不开牧人。从这个意义上讲，鄂温克人的歌声和音乐，是养育一切有灵性生命的大自然的声音、是大自然的音乐、大自然的歌声。我们通过他们的歌声和音乐，完全可以读懂他们对大自然的情感、对大自然的爱护、对大自然的信赖、对大自然的崇拜与信仰。也可以通过他们的歌声和音乐，读懂大自然对世间万物无私的奉献与博爱。歌声和音乐，有极其强大的内在的情感和教育意义，给听者以美好与幸福的感受。缺少了歌声和音乐，那里的一切将会失去生机、失去意义。

我们掌握的民歌资料充分表明，鄂温克族民歌的歌声、韵律、旋律、乐谱是那样自然、明净、祥和，给人无穷无尽的精神享受。鄂温克人说，歌声和音乐是大自然一切有灵性的生命恩赐给他们无限美好的精神世界。他们把在大自然中感受的一切美好编织成一首首源自心灵深处的歌声、韵律，再回馈给大自然和一切有灵性的生命。鄂温克族的歌词也是如此，充满着对大自然和有灵万物的爱护、尊敬、仰慕、信仰。他们的歌词离不开生活的树木花草、山河湖泊、森林草原、蓝天白云，离不开他们的美丽家园，离不开他们的文明与文化，离不开牛马羊驯鹿骆驼，离不开他们崇尚的英雄。通过他们的民歌歌词，我们不但能够读懂鄂温克人的内心世界，同时也会读懂他们赖以生存的富饶美丽的自然环境。是啊，在呼伦贝尔大草原和兴安岭大森林的优美环境里生活，语言的交流显得多么苍白无力，只有美妙的歌声与音乐才能够表达他们真实的心灵和情感。鄂温克族民歌格式规范、语句整齐押韵、韵律和谐优美、音调铿锵有力、节奏轻松明快、旋律优美柔情，听着易于入耳入心，念着顺口易记，唱着又让人易学易传，这些特点和优势满足了鄂温克人对歌声和音乐的精神追求。

依据我们的调研资料，鄂温克族民歌的内容十分丰富。不过，其中涉及自然与动物、爱情与情感、劳动生产、思乡、教育、英雄及人物、信仰等方面的民歌占绝大多数。另外，在这里还应该提及的是，我们虽然对鄂温克族民歌做了较全面的分类和分析，发现一些民歌同时包含有爱情、情感、英雄人物等内容，也有的民歌同时关系思乡、情感、爱情等内容。对于类似具有复杂情节的民歌，只是依据民歌表现突出或最具代表性的内容进行了大概分类。还有一种很有意思的现象是，有的民歌虽然歌名完全相同，但内容却有自差别。下面，对鄂温克族民歌分别进行分析和讨论。

第一节　自然与动物民歌

这里所说的歌唱自然与动物的民歌，是指鄂温克族歌唱自己生活的美丽富饶的自然环境，以及歌唱各种野生动物或牧养牲畜的民歌。说实话，在鄂温克人看来，人类是大自然的产物，大自然不仅是人类生存的物质依靠，也是人类生存的精神依靠，大自然给人类提供了生存所需的一切物质需求，同时也提供了人类生存所需的一切精神需求。人类可以从大自然，或者说从自然界中，获取无穷无尽的快乐、幸福与美好。从东方升腾的红彤彤的太阳、宁静入梦的夜空中悬挂的一轮明月、满天闪烁的神秘而充满幻想的星座，还有蓝蓝的天、白白的云、柔情四溢而浸透心灵的春雨、融化人心的初夏的暖风、宛如天宫的七色彩虹，还有那皑皑白雪的冬天、百花盛开的春天、蝴蝶飞舞的夏天、洒满金色霞光的秋天，还有那高高的"宝格达山"、奔腾不息的清澈河流、一望无际的森林、美丽富饶大草原等，都会让鄂温克人沉浸在大自然美丽的怀抱里，令他们情不自禁地用最美妙的歌声唱诵孕育他们的大自然。由此就有了许许多多唱不尽的讴歌大自然、赞美大自然、爱恋大自然、陶醉大自然的民歌。

鄂温克族无论在山林还是在草原上都要沿河而居，不同家族或地区、方言区的人都以他们相依为命生活的河流来命名，同时以河流为界进行相互区分。比如说，鄂温克族把沿着杜拉尔河、阿荣河、讷河、辉河、伊敏河、莫日格勒河、敖鲁古雅河流域生活的本民族同胞，分别叫杜拉尔河鄂温克人、阿荣鄂温克人、讷河鄂温克人、辉河鄂温克人、伊敏河鄂温克人、莫日格勒河鄂温克人、敖鲁古雅鄂温克人，他们使用的鄂温克语也分

别称作杜拉尔河鄂温克语、阿荣鄂温克语、讷河鄂温克语、辉河鄂温克
语、伊敏河鄂温克语、莫日格勒河鄂温克语、敖鲁古雅鄂温克语。鄂温克
人把河流称为母亲之河、父母之河、生命之河。而且，这种情感在他们的
民歌里毫无保留地被表现出来。不过，鄂温克人在赞美和讴歌河流的同
时，也要赞美和讴歌同河流共存的美丽的山峦。例如，在敖鲁古雅河岸边
生活，山林里自然牧养驯鹿的敖鲁古雅鄂温克人唱的《敖鲁古雅河》中
写道：

> 巍峨矗立的高山
> 和我家父一样
> 家乡的敖鲁古雅河
> 和我家母一样
> 呼日　呼日兰，呼日　呼日兰
> 敖鲁古雅河是母亲河

> 高大粗壮的落叶松
> 和我耿直勇敢的家父一样
> 美丽洁白的白桦树
> 和我烧火做饭的家母一样
> 呼日　呼日兰，呼日　呼日兰
> 敖鲁古雅河是母亲河

很显然，这首歌里把敖鲁古雅河讴歌为母亲河，同时将巍峨矗立的高
山、高大粗壮的落叶松赞美为父亲。很有意思的是，把美丽洁白的白桦树
也比作母亲，这或许跟白桦树流出的白如乳汁的树汁有关。另外，生活在
维特根河流域的鄂温克人在《维特根河的水》这首民歌中，同样将该河流
唱诵为父母之河。

> 维特根河的水呀
> 越流越清澈
> 越看越美丽

越喝越甘甜

维特根河的水呀
像那纯净的矿泉
像那甜美的乳汁
像那父母般亲切

维特根河的水呀
无论我走到哪里
它总出现在眼里
永远是我的思念

　　鄂温克族民歌里讴歌河流的歌确实有不少，其中绝大部分是把河流视作母亲，唱作父母之河的例子并不多。在鄂温克人看来，母亲同河流的关系十分密切，一日三餐做饭的水、洗衣搞卫生的水、给孩子洗澡的水、让刚出生的羊羔小牛犊马驹饮用的水等都要到河里挑。母亲每天从早到晚要去河边好多次，故此他们将河流视作母亲的河。另外，在他们生命观中，河流用那纯净的河水养育着草原和森林的一切生命，就像母亲用乳汁养育孩子们一样，这也是他们把河流唱为母亲河的主要。或许正因为如此，他们在歌唱河流的同时，也会唱诵河流与河水的恩典——富饶的山林草原与茂盛的植被，以及他们牧养的牛马羊和驯鹿等。例如，在民歌《辉（河）和伊敏（河）》里就唱道：

辉河的流水呀
要从"豪梦"① 高山流下来
伊敏河的水呀
要从"伊贺"② 高山流下来

---

① 豪梦是山名，指辉河的发源地。
② 伊贺是山名，指伊敏河的发源地。

　　红花基的松树呀

　　一片汹涌澎湃的景象

　　辉河的芦苇呀

　　一片波浪起伏的景象

　　辉河的原野呀

　　一片生机盎然的风光

　　伊敏的松树呀

　　染绿成如此的富美

　　伊敏的牧场呀

　　到处是肥壮的牛马羊

　　辉河伊敏的森林里

　　到处是鹿狍

　　显而易见，该民歌通过讴歌辉河与伊敏河，唱出了被这两条生命之河滋润、养育的美丽富饶的松树林、波浪起伏的芦苇塘、生机盎然的原野、遍地是肥壮的牛马羊及牧场、到处是鹿狍的充满活力的森林。除此之外，也有赞美湖泊的民歌。例如，《天鹅湖》这首民歌就唱道：

　　天鹅鸟飞落

　　天鹅湖美丽

　　天鹅鸟戏游

　　天鹅湖美丽

　　天鹅鸟在玩耍

　　天鹅湖真慈祥

　　天鹅鸟在筑巢

　　天鹅湖真幽静

　　《天鹅湖》不仅赞美了天鹅湖的美丽、慈祥、幽静，同时也赞美了天鹅悠然自得、幸福快乐、宁静安详的生活。与此相关，在鄂温克族民歌中，确实有不少通过唱诵飞禽、鸟类来赞美自然、山林、河流域湖泊的内容，类似的结构类型，以及反映这种意境或美好思想内涵的实例确实有不少。例如，在《喜欢》这首民歌里写道：

> 相伴飞翔的喜鹊
> 喜欢宁静的树林
> 整齐飞翔的小鸟
> 喜欢广阔的天空
>
> 顺排飞翔的鸟
> 喜欢宁静的岩山
> 横排飞翔的鸟
> 喜欢移动的暖流
>
> 一群群飞翔的野鸡
> 喜欢柳树灌木林
> 一双双飞翔的大雁
> 喜欢平静的湖泊

这首民歌通过唱诵大雁、野鸡、喜鹊、小鸟，歌颂了广阔的天空、宁静的树林与岩山、绿油油的柳树灌木林、平静的湖泊。事实上，他们通过鸟类和这些自然环境的赞美，突出地表现出一个十分安详宁和、自然幽静、醉人心脾和情感的自然环境。同时，也有以唱小鸟、花朵、树林、小马等来衬托赞美自己家乡美丽自然环境的民歌。例如，《最美》这首民歌唱道：

> 高高飞翔的小鸟
> 在蓝天里最美
> 红红绽放的花朵
> 在少女眼里最美

绿叶满目的树木
在绿波荡漾的兴安岭里最美
秉性温顺的小马
在家乡的马群里最美

在另外一首叫《夏营地的人家》的民歌，也是通过描述美丽的花朵、活泼可爱的小羊羔、嬉戏奔跑的小牛犊，以及人们的脸上洋溢着的幸福表情，衬托出鄂温克族美丽富饶的生活环境和美好的心灵世界。

三月盛开的小花
看起来多美丽呀
渡过严寒的小羊羔
牧人眼里多可爱呀

五月嫩绿的牧草地
是目光中最美的景色
成群游动的牛羊
就像撒满珍珠的草原

六月盛开的花朵
就像一幅美丽的画卷
辽阔平原广布的牲畜
就是一双眼睛的福影

夏季是多么美丽呀
夏营地的村落更是好看
嫩草地上小牛犊跳戏奔跑
牧包前妇女们幸福地谈笑

听了这首民歌，人们不仅看到三月暖阳下发芽的嫩草、迎着阳光绽放的春花、辽阔草原上荡漾的暖风、蓝蓝的天空中漂浮的白云，而且还能听到嫩草的发芽的生长声、花朵的绽放声、河流的流动声、暖风吹来的声音和小羊羔小牛犊稚嫩美妙的欢叫声完美融合在一起,自然而然地汇集成草原最美妙的乐章,给人心灵深处以最美的音乐享受、艺术享受、精神享受。当然,除了上面谈到的,通过讴歌河流、湖泊、山峦、树林、原野、草原、动物等,来歌唱美丽富饶的生存环境、生活环境、自然环境之外,还有直接歌唱季节的变化、自然环境的民歌。例如,在民歌《美好的春天》唱道:

> 布谷鸟啼鸣的时候
> 冻的土地就会融化
> 封冻的河水就会流动
> 冻僵的植物就会复苏

> 布谷鸟啼鸣的时候
> 桦树林就会开始发绿
> 挤奶的夏营地就会热闹
> 情绪和心情就会自然舒展

不难看出,这首民歌通过歌唱布谷鸟的啼鸣声、冻土的融化、冻河的流动、植物的复苏、树木的嫩芽、牧场的热闹景象,赞美了万物复苏的春天的到来,以及春天给人们带来的美好心情。

我们的调研资料充分证明在鄂温克族歌唱美丽的大自然和自然环境的民歌中,赞美河流的民歌最多,其次是赞美山林草原、原野和野生动物的民歌,再就是有关树木花草或湖泊等方面的民歌,最后是唱诵一年四季的变化、蓝天白云、彩虹云霞、风霜雨雪等方面的民歌,其中包含有他们对大自然的仰慕与崇拜。众所周知,鄂温克族是一个信仰大自然,以及相信自然界万物有灵的民族。所有这些,在他们的民歌里表现得淋漓尽致。鄂温克族赞美大自然的民歌,歌词虽然十分朴实,但其中往往蕴含有人与自然交流的深刻哲理。他们带着对大自然的无限眷恋、无限热爱、无限倾慕,怀着敬畏之心歌颂大自然的一切。

第二节　劳动生活民歌

劳动生活民歌事实上就是指鄂温克人在共同的生产活动和生产实践中，用音乐表达劳动的热情。鄂温克族劳动民歌同他们经营的生产活动、生产内容，有直接的、密切的、深层次的关系。在鄂温克族的民歌中，赞美劳动、歌唱劳动，以劳动为荣的民歌确实有不少，所涉及的内容基本同草原牧区生产活动、山林猎区生产活动有关。比如说，在鄂温克族劳动民歌《跳吧》中，就充分表达出他们对劳动的热爱，以及劳动给他们带来的无限快乐与幸福。例如，民歌里唱道：

> 涌动的纯净甘甜的泉水
> 让我们欢快地蹦蹦跳跳
> 洗刷干净可爱的牛奶桶
> 让我们欢乐地跳跳蹦蹦
> 朋友们，跺跺脚踏踏脚
> 让我们幸福地又蹦又跳
> 朋友们，翩翩跳扇扇舞
> 让我们尽情地狂跳狂蹦
> ……

> 在那流动的清澈河水里
> 让我们欢快地蹦蹦跳跳
> 清洗干净游牧包房顶毡
> 让我们欢乐地跳跳蹦蹦
> 朋友们，跺跺脚踏踏脚
> 让我们幸福地又蹦又跳
> 朋友们，翩翩跳扇扇舞
> 让我们尽情地狂跳狂蹦
> ……

在辽阔富饶伊敏草原上
让我们欢快地蹦蹦跳跳
建立起生活的美丽家园
让我们欢乐地跳跳蹦蹦
朋友们，踩踩脚踏踏脚
让我们幸福地又蹦又跳
朋友们，翩翩跳扇扇舞
让我们尽情地狂跳狂蹦

《跳吧》是一首由 20 个自然段落组成的民歌，篇幅很长，鄂温克族牧区的有些地方，这首民歌歌名也叫《跳吧唱吧》。但是，相比之下，还是称《跳吧》的多。可以看得出来，这首欢快的劳动民歌，实际涉及的与劳动有关的内容并不多，更多的是人们在劳动中表现出来的轻松、愉快、欢乐、活泼、激动的内心世界。比如说，像歌词中所表述的"洗刷干净可爱的牛奶桶""清洗干净游牧包房顶毡""建立起生活的美丽家园"等劳动场景，唱出来的"幸福地蹦蹦跳跳""幸福地又蹦又跳""踩踩脚踏踏脚""翩翩跳扇扇舞""尽情地狂跳狂蹦"的歌词，自然而然地把人们的思想引入美好幸福快乐的劳动生活，让人们尽情享受劳动者们在牧业生产过程中表达出的轻松欢乐而无限美好的心情，以及劳动给他们带来的无限美好的生活，为劳动而感到幸福、感到骄傲、感到光荣的，无比阳光的内心世界。

鄂温克族的劳动生活民歌，所表现出的是鄂温克族为创造幸福美好的生活而辛勤劳动、努力工作、艰苦奋斗的情景。在内蒙古鄂温克自治旗辉河地区的辽阔牧场传唱的《牧歌》，就是一首典型的表达鄂温克族劳动生活的民歌。比如说，歌中唱道：

像珍珠般的肥美牛群，
溢满金色的洼地草场
手持羊鞭的牧羊姑娘
驱驰着枣红马如振翅飞翔
色泽斑斓的肥壮马群

　　　　撒满了嫩绿的山坡草场

　　　　拖曳着套马杆的小青年

　　　　豪迈的牧歌在草原上飘扬

　　这首歌可谓是一幅草原的美丽图画和一首辛勤劳动的赞歌。歌中手持
羊鞭的牧羊姑娘、拖着套马杆的牧马青年、嫩绿的草场和肥壮的畜群等，
勾画出草原畜牧业生产生活生机勃勃的美好画面，表现出鄂温克人热爱大
草原、热爱劳动、热爱生活的积极向上的生活态度。这类民歌的曲调往往
十分舒缓，歌声又非常嘹亮，富有强烈而鲜明的草原牧区、牧场、牧人文
化特色与风格。

　　除了牧业生产和劳动民歌，也有与猎业生产生活相关的劳动民歌，反
映出另一种劳动场景和山林民歌的曲调。它以兴安岭峭拔的高山、茂密的
森林和众多的野生动物为背景，浓烈地衬托出山林民歌艺术本身富有的表
现形式的艺术魅力。他们在兴安岭中的狩猎劳动，以及与此相配套的劳动
民歌，主要表现的是兴安岭的山林中自然牧养驯鹿的鄂温克人，在生产生
活与劳动实践中感觉、感受、感悟到的一切美好快乐。甚至，鄂温克人觉
得这种与大自然的深度接触、深度交流、深度感悟用语言很难表达，只有
歌声才能够充分表达。所以，他们需要唱歌，用美好的歌声来表现对大自
然养育人类的感谢、感激与感恩之情。当然，在狩猎生产民歌里，也有表
达他们为追求更加幸福的生活，在兴安岭的山林中不断迁徙和劳作的艰
辛，并为此付出艰苦卓绝的努力和奉献的内容。比如说，在敖鲁古雅牧养
驯鹿的鄂温克人中，广泛流传着的歌名为《我们是山林里的人》，这首狩
猎劳动民歌里唱道：

　　　　我们是兴安岭里的人

　　　　祖祖辈辈游牧在这里

　　　　我们为了牧养的驯鹿

　　　　一年四季里到处迁徙

　　　　山林里的猎物月月少

　　　　日子过得多么不容易

为了未来的美好生活

我们要付出更大努力

在过去，生活在内蒙古根河市敖鲁古雅鄂温克民族乡的鄂温克族，常年跟随自然牧养的驯鹿群，在兴安岭深处的牧场上四处迁徙游牧。他们为了保护兴安岭的绿色，为了保护兴安岭的生态和自然环境，从不大兴土木地搞什么建筑、盖什么房屋，只是用桦树皮和一些桦木棍搭建简易、环保、生态、纯绿色的"仙人柱"帐篷，生活起居也十分简陋。然而，20世纪60年代以后，兴安岭移民不断增多，森林木材采伐工作不断加大，偷猎行为越来越严重，新中国成立以后好不容易恢复的山林野生动物种类和数量急剧下降，牧场不断退化，兴安岭中的自然牧养驯鹿产业也开始面临前所未有的困境。即使是这样，性格坚强的鄂温克族，却以惊人的毅力和勇气一次次战胜挑战与困难，牧养驯鹿的生产活动。他们热爱兴安岭、热爱这里的山山水水，更加热爱代代相传的牧养驯鹿的产业，以及与此密切相关的山林生活。或许正因为如此，在他们的劳动民歌中，常常表现出劳动、对兴安岭山林生活的热爱，以及不畏艰辛追求未来幸福生活的极其乐观的生活态度。比如，在他们的民歌《达鸟格勒美》里就自然抒发出：

达鸟格勒真美

松柏常年青翠

珍鸟满山飞舞

獐鹿成群结队

山清水秀树绿

我无限留恋你

达鸟格勒真美

在你温暖怀抱

我们辛勤劳动

创造幸福生活

是你养育我们

我们永远爱你

　　劳动生活民歌充分展示出鄂温克族猎人，对兴安岭这片沃土的无限眷恋，以及对未来美好生活的无限祈盼。如果说，草原鄂温克族牧民熟知牛马羊等牲畜的习性，对牲畜有深厚情感的话，那么生活在兴安岭牧养驯鹿的鄂温克人同样熟悉驯鹿的生活习性，对驯鹿及山林中的野生动物有特殊的关系、特殊的感情。他们以自然牧养驯鹿产业为生参加生产活动的同时，也经营狩猎这一传统意义上的附属性产业。所以说，驯鹿及其兴安岭山林中的野生动物，都自然而然地成为他们的衣食来源和依靠，同时也成为精神生活中不可或缺的重要组成部分。正因为如此，鄂温克人就像爱护自己的生命一样爱护兴安岭的所有生命，就像保护自己的生命一样保护兴安岭的生态环境和自然环境。比如说，他们从事猎业生产活动时，从不惊动或猎杀正在交配期、孕期和哺乳期的野生动物，更不会捕杀野生动物的幼崽。所有这些，同样完美无缺地体现在他们的狩猎劳动的民歌之中。例如，在《小黄羊》这首民歌里就唱道：

> 可怜的小黄羊呀
> 是哪位狼心狗肺的人
> 残忍地杀死你的母亲
> 是哪位贪得无厌的人
> 夺走了你亲人的生命
> 把你孤独地留在这里
>
> 可怜的小黄羊呀
> 你千万不要责备我们
> 我们虽然也出来打猎
> 但从不猎杀幼小生命
> 也不会去碰你的母亲
> 把你孤独地留在这里

　　毫无疑问，劳动民歌使人们十分清楚地感觉、感悟及感受到，在美丽如画的兴安岭山林深处，以自然牧养驯鹿为产业，同时还保留着传统意义上的狩猎产业的敖鲁古雅鄂温克人，在其漫长而悠久的山林生产生活实践中，对于赖以生存并作为衣食父母的大自然及其自然环境和极其丰厚的物质世界，具有的自然、深刻、清醒、理性的认识和解读，并用他们最为熟悉的民歌毫无保留地表现出来。与此同时，也有他们为了生存所付出的艰辛与努力、探索与思考，包括对现实生活中遇到的诸多复杂问题的深刻反思。鄂温克人懂得尊重他者的生命，特别是尊重弱者的生命，要比尊重自己的生命和强者的生命更为重要。从这个意义上讲，这些民歌中体现的生命观、生活观、劳动观，同人的存在意义、人生的态度都有着密不可分内在联系。鄂温克人习惯于把这一切用音乐表现出来，以此达到呼唤良知、陶冶情操、感化生命、升华思想的精神境界，从而给人留下热爱自然、爱护生活环境、珍爱一切生命的印象。再说，这些劳动生活民歌表达了人类极其矛盾的内心，以及生命延续中不可抗衡的必然规律。如同人每天都在追求美好生活，然而每天都在衰老。谁又能够违背这一生命的自然法则呢？鄂温克人深深地懂得，这是生命无可抗拒的基本原理，尽管如此人必须尊重生命，带着爱心与奉献精神去生活和劳动。

第三节　爱情与婚礼民歌

一直以来，鄂温克人严格遵循一夫一妻的婚姻制度，而且严禁近亲青年男女谈情说爱并建立婚姻关系。他们认为爱情是人类繁衍生息的永恒主题，也是他们的生活中永远不可忽视的重要内容。他们的爱情和婚姻不仅包含新家庭的成立和子孙后代的养育，同时也有对人生真善美的追求与幸福生活的渴望。根据我们所掌握的鄂温克族民歌资料，包括恋爱歌、失恋歌、婚礼歌三大主题，表现了该民族恋爱、婚姻文化的基本特征。

我们在前面也提到过，鄂温克族除了本姓氏家族内部禁止婚恋之外，自古以来就提倡自由恋爱和自由婚姻。也就是说，到了谈婚论嫁年纪的青年男女，父母及家中长辈基本上不干涉年轻人的婚恋。与此同时，我们也应该理性地承认，在不同的历史发展阶段，鄂温克族的婚恋观念也不同程度地受到外来民族的婚姻文化直接或间接的影响，也出现过包办婚姻、强制婚姻、童媳婚姻等现象。特别是20世纪初到20世纪60年代期间，包办婚姻、强制婚姻、童媳婚姻在鄂温克族生活的农业地区盛行过一段时间。

在一些牧区，也出现过类似的现象，但不是太多。后来，就变得越来越少，直至恢复了传统意义上的自由恋爱的婚恋制度。

　　总的说来，鄂温克族青年男女谈情说爱时往往要选择春暖花开的美好季节。他们喜欢在这个季节，走到清澈透明的河水边、绿草如茵的草原上、鸟语鹿鸣的森林中谈情说爱。每逢春暖花开的季节，鄂温克人往往会举办一系列的集会活动，比如说，祭祀祖先的亡灵集会、打马印集会、开春播种活动、春祭敖包集会、春季迁徙活动等。所有这些活动，给不同姓氏家族、不同地区、不同民族的青年男女见面、接触、相互了解的机会，进而为谈情说爱创造了很好的条件和机会。挥别严冬，脱掉厚重的棉衣，他们迎来了烂漫的春日。他们尽情地享受着初春阳光，花草带来的香气。然而，此时此刻最能够代表他们内心世界、表述他们的心灵、表达他们情感的就是歌声。他们会抓住任何一个机会，用歌声表达好感与爱恋。比如说，在爱情民歌《喜欢》中就唱道：

> 欢快地唱着歌
> 在蓝天白云间
> 自由飞翔的小鸟
> 最喜欢在
> 神秘的山林中藏匿
>
> 幸福地唱着歌
> 在青春的海洋
> 自由相爱的人们
> 最喜欢在
> 幽静的河水边相会

　　这首爱情民歌把自由相爱的人们比喻为蓝天白云间成双成对自由飞翔的小鸟。将青年男女纯真的爱恋表达得淋漓尽致。在鄂温克族民歌里，与此相关的爱情民歌有许多。比如说，早期在鄂温克族生活的草原牧区广泛流行的爱情民歌《草原的草绿了》，同样表现青年男女内心深处产生的强烈情感和彼此深深的爱恋之情。

> 延伸到天边的原野啊
> 同高高的蓝天紧相连
> 我心中相爱的恋人啊
> 是我时时刻刻的思恋
>
> 直入到云层的高山啊
> 同白白的云彩相拥恋
> 我日夜怀念的爱人啊
> 是我每天等待邂相见

　　可以看出，这首恋爱民歌坦诚、直白、强烈地表达出鄂温克族青年男女相爱分离之后，对爱人的思恋及渴望相见的心情。就如我们的调研资料所表现出的那样，无论是生活在大草原的鄂温克族牧民，还是生活在大森林里的鄂温克族牧养驯鹿人，往往一家一户地常年游牧于辽阔无边的大草原和大森林，除了在春季或其他季节的集会和庆典活动中见面之外，一年四季基本上没有什么见面机会。因为过去他们彼此生活在相隔遥远的牧场，而且几乎每周都要迁徙到新的牧场。好多的时候，彼此都不太清楚对方游牧的具体位置。更让年轻人着急的是，牧场上忙碌的季节，由于家里缺少劳动力，不仅家长自己无法去参加集会，甚至连谈情说爱期的年轻人也参加不了，大家都忙于牧场上的各种生产活动。这就给那些青年男女，特别是恋人的见面带来了许多困难，他们很难找机会去见心中多日思念的人。越是这样，他们越是相互思念，相见的欲望越是强烈。为了诉说心中的思念，为了表达相见的强烈渴望，他们只能唱思念之歌，用歌声表达彼此深深的爱恋。正因为如此，他们的歌声是那么的情深意长、扣人心弦、动人情感，甚至会催人泪下、心如刀割。

　　鄂温克族青年男女，都十分珍惜初恋，把初恋视为新的生命、新的生活、新的人生的开始。初恋给他们留下最为深刻的印象，甚至会影响他们的一生。在初恋中，情侣相互见面是一个很不容易的事情，为了互相述说内心的爱恋之情，他们常常要等好多天，有时要等好多个月，甚至要等好几年。这期间，相爱的恋人虽然内心很思念、很着急、很孤独、很痛苦，但他们会默默地承受这一切，并用自己的歌声来表述彼此的思恋、思念。歌声和歌词中充满忧伤、忧虑、忧思，也有内心深处美好的期盼、美好的夙愿。比如说，在民歌《塔尔巴的歌》里就唱道：

> 西北方向正在云集
> 西边可能要下雨吧
> 我的右眼正在跳动
> 恋人塔日巴可能要回来吧

> 东北方向正在云集
> 东边可能要下雨吧
> 我的左眼正在跳动
> 思恋的塔日巴要回来吧

这首爱情民歌歌词里讲的"塔日巴"是指少女恋爱的小伙子。不难看出，这首爱情民歌是一位恋爱中的少女给自己的恋人"塔日巴"唱的思恋之歌。同时，也表现出少女急切地想见恋人的美好心愿，以及无法压抑的激动和期盼。从这首爱情民歌歌词，人们可以清楚地看出，少女极度悲伤、孤单、焦虑、痛苦的内心世界。歌词中将这种悲伤而痛苦的思恋，巧妙地用草原上下雨前云集的昏暗天日，以及眼皮跳动等细节来传达，抒发了少女思恋小伙子的内心情感世界。

还有的恋爱民歌表达了男女青年虽然彼此深深相爱，但直到死还未能相约见面的悲伤情节，这在他们在内心深处产生了极度的忧伤和撕心裂肺的痛苦。例如，在《海拉尔河畔》这一爱情歌词中唱道：

> 在很早以前的时候
> 出生俊秀的美丽的姑娘
> 同自己相爱的恋人
> 为实现相互期待的愿望

> 选定好相见的地方

在海拉尔河幽静的岸边
为实现相见的梦想
与心爱的人提出了约定

得到了嫂子的允许
姑娘真是从心眼里高兴
立刻套上自家牛车
走向相约的海拉尔河岸

她走到海拉尔河岸
不多不少走了七天七夜
等待恋人的小伙子
却饿死在约相见的地方

见到离她而去的恋人
姑娘双眼变得一片漆黑
极度悲伤的姑娘啊
心里明白梦想已经死亡

她极度哀伤的泪水
流入清澈的海拉尔河流
可怜的她挖了坟坑
将自己同恋人一起埋葬

《海拉尔河畔》是一首很长的爱情民歌，上文列出的只是其中的核心段落。这首爱情民歌，从一开始就预示这一恋爱的悲剧色彩。比如说，该民歌青年男女之间有亲属关系，彼此生活在十分遥远的地方。按照鄂温克族婚姻习俗，一般都不允许亲戚之间存在婚姻关系，哪怕是这种远亲，这就是该爱情民歌悲剧的影子。从他们恋爱开始，就遇到许许多多的磨难，就是到了约定见面的日子，美丽的少女因为种种阻碍很难走出自家大门。

最后，好不容易得到家人的允许，赶着牛车走七天七夜的路才来到了相约见面的海拉尔河畔。然而，美丽的姑娘见到的却是，由于多日不吃不喝而饿死在约定见面地方——海拉尔河畔的恋人的尸体。极度悲伤的姑娘，已经知道梦想的美好生活完全破灭，没有任何挽救的余地和希望，她流着剪不断的眼泪，说不出的内心深处的悲伤与痛苦，用双手挖了个坟坑，把她们的爱情、梦想、未来同恋人和自己一起埋葬。毫无疑问，这是一首典型的，诉说爱情悲伤、爱情悲剧的民歌。同时，也充分表现出牧区游牧生活中，青年男女谈情说爱的不易，恋人相见的不易，走入婚姻殿堂的不易。当然，同时也讴歌了青年男女美好如梦、纯洁真诚、忠贞不渝的爱情。让人深感痛心、遗憾。像这种充满悲伤色彩的爱情民歌，在鄂温克族地区广为流传。以此警示人们珍爱生活，珍爱纯洁真诚的爱情。除了《海拉尔河畔》这首之外，还有《心上人哪代苏哥》《谁也隔不断相爱的人》《真心想念的情意》等爱情悲剧民歌。

与鄂温克族恋爱民歌相对应，还有不少表现青年男女爱情失败后唱的十分孤单、忧伤、痛苦的失恋之歌。鄂温克人善于用歌声表达，失恋以后的孤独无助和忧伤痛苦。对于他们来讲，在那茫茫的原野、草原、森林里，没有或很难找到倾诉失去恋人的悲伤与痛苦的人，只能自己独自承受心底的悲伤与痛苦。那么，在鄂温克人看来，只有他们的歌声，只有因失去恋人而唱的悲伤之歌。可以减轻自己内心无法承受的痛苦。他们想用哀伤的歌声，表达心灵深处无法说出的忧伤；他们想用悲恸欲绝的歌声，排解失去恋人的痛苦。甚至，他们唱得双目含泪、痛哭流涕、痛不欲生。对于他们来讲，一次失恋或许影响一生的幸福。例如，在《没想到》这首失恋民歌里唱道：

　　我精心牧养的马呀
　　没有想到要丢失
　　我诚心相爱的人呀
　　没有想到要离去

　　我身边陪伴的马呀

没有想到会丢失

我肺腑之爱的人呀

没有想到会别离

实际上，我们通过实地调研所掌握的鄂温克族爱情民歌中，表达失恋情节的悲伤民歌确有不少。在这里，还应该提到的是，在辽阔的草原上，从事畜牧业生产的鄂温克族牧民就流行这首叫作《溪水旁的嫩草啊》的爱情悲歌，该民歌里就唱道：

溪水里的小鱼啊

孤单地游向大海

我相爱的恋人啊

为何无情地抛弃我

天空上的大雁啊

凄鸣着飞向南方

我热恋的情人啊

为何残酷地离开我

从某种角度讲，这是鄂温克族青年男女失恋以后唱的一首具有代表性的民歌，也就是人们常说的失恋民歌。其实，在辽阔无边的草原上、茫茫无际的森林里，鄂温克族青年男女失恋的现象不是太多。一般情况下，他们自由恋爱之后，许多恋人能够迈入婚姻殿堂，从此开始他们幸福美满的家庭生活。不过，也有的青年男女，由于各方面原因，比如说，彼此生活在相隔遥远的地方，由于旅途不便、自然条件残酷、生产生活的忙碌等，很难经常相约见面，继续深化感情而失恋的人也有一些。鄂温克族失恋民歌，毫无疑问都表现出失恋后心灵深处的极度忧伤与痛苦。

不论对谁而言，失恋都是人生心灵深处十分痛苦的感受。因此，鄂温克族男女青年失恋民歌的内容，无可怀疑地表现出他们内心的刺痛。鄂温克族少女走过谈情说爱的美好时光，将要出嫁时，她的父母、兄弟姐妹、亲朋好友，要提前一天从四面八方聚集到一起，共同祝福出嫁的女儿一生幸福美好，同时还为新娘唱出嫁之歌。总的说来，歌词往往寄托亲朋好友对她祝福，比如说，在《梅林花》中就唱道：

> 清明草原的风哟
> 你要飞向什么地方
> 何日再回到我的身边
>
> 纯洁的梅林花哟
> 你要远嫁什么地方
> 何日再回自己的家乡
>
> 神圣的白骏马哟
> 要随她走天涯海角
> 记住我们内心的悲伤

就如前文所说，鄂温克族的婚礼仪式，在他们的社会生活中属于十分重要的民俗活动。其中，唱婚礼歌便是一个不可缺少的重头戏。他们的婚礼歌，一般都包含祝福一对新人相亲相爱、互敬互爱、幸福美好、白头偕老等内容。例如，《婚宴歌》就是在鄂温克族婚礼上久唱不衰的民歌，该婚礼歌唱道：

> 斟在银杯的美酒
> 敬给尊贵的客人
> 结为夫妇的新人
> 送上永远的祝福
>
> 斟在金杯的美酒
> 敬给远方的亲人
> 成为夫妻的你们
> 终身相爱谋幸福

据我们调研中掌握的第一手资料，鄂温克族婚礼歌歌词、音乐表现形式，包括与歌词音乐相配套的舞蹈动作都非常优美动人。除了有独唱式演唱表演之外，还有男女同唱或对唱，以及一人领唱众人伴唱等多种形式。更加让人激动不已的是，参加婚礼的所有鄂温克人，包括男女老少在内，还要伴随婚礼歌的美妙节奏，加入婚礼集体祝福舞，舞蹈动作有很强的感染力、亲和力，从而将婚礼仪式的喜庆气氛推向高潮。

第四节　历史与思乡民歌

鄂温克族历史悠久，战争和迁徙在其历史上占有相当重要的地位，甚至可以说一直到 20 世纪 40 年代前，鄂温克人几乎没有离开过战场，英勇善战的鄂温克族儿女为了和平，为了疆土的完整与安宁，为了祖国的统一和繁荣，多少年来过着戎马生活。中华人民共和国成立后，他们才从战马上下来，放下手中紧握的枪杆子，开始了远离战场的安宁生活。这些都表现在他们的文学创作与民歌之中，尤其是以历史为题材的民歌体现得尤为淋漓尽致。我们完全能够从不同历史阶段创作的民歌，去感受或了解不同历史时期他们所拥有的不同思想感情、不同内心世界。甚至去了解某一特殊的历史事件，以及与此历史事件相关的一系列社会问题、社会矛盾、社会现象、社会制度、社会变化等。比如说，在《被迫出征的哥哥》《马鞍上相伴的兄弟》等历史民歌就有反映上述内容的情节。其中，民歌《被迫出征的哥哥》里，主要反映了已到谈婚论嫁期的鄂温克族青年被迫充军的痛苦情景，歌中唱道：

> 东方升起的太阳啊
> 被厚厚的雾气遮住
> 忠心相爱的哥哥啊
> 被逼当兵上了征程
>
> 清晨初升的太阳啊
> 被层层的乌云遮住
> 真诚爱恋的哥哥啊

被迫为皇上去征战

　　可以看出，这首历史民歌集中而鲜明地表现出清代索伦军营里生活的鄂温克族青年到了入伍年龄，就必须去参军，然后长年累月地南征北战，过上无休无止的戎马生活。结果，连谈情说爱、谈婚论嫁、建立家庭、过上家庭生活的机会和时间都得不到。在那些历史岁月里，许多年轻小伙子还没来得及谈恋爱，或者刚刚开始谈恋爱，或者正准备筹办婚事就被迫充军，从此许许多多的鄂温克族青年走向了不归的征战之路。所以，在鄂温克族的历史民歌中，基本上都反映了某一历史事件、历史问题，以及与此历史发展阶段紧密相关的社会现象与政策规定等。另外，有的历史民歌自然而然地成为人们从心灵深处无法割舍或删除的历史记忆。他们用历史民歌歌唱某一历史事件和历史问题，就是为了提醒人们珍惜和平岁月的安宁生活，远离残酷的战争笼罩。

　　从某种角度来讲，鄂温克族的历史民歌里表现的情感、情调、情爱、情怀、情节、情境等，有极其丰富而真实的抒情内涵与叙事内容，具有较强的现实意义和长远的历史意义。同时，还具有古朴、纯情、自然、和美、悠扬的怀古怀乡情感。尤其是在清代初期，被编入索伦军团的鄂温克族将士携带家眷一年四季不间断地到处征战，在这漫长的征战岁月里他们不仅接受极其严峻而残酷的战争考验，同时还被来自心灵深处的思乡之情折磨。那时，他们为了祖国疆土的完整，为了赶走入侵我国疆土的列强，常年背井离乡在他乡征战和安营扎寨生活。那时，当他们想家乡的时候，就会坐在一起，或在征战途中，或在战车战马上唱响思乡之歌，以此表达对于家乡的无限眷恋。正因为如此，在他们的历史民歌里，留下了许许多多怀念家乡的民歌，其歌词里常常会出现他们在历史上生活过的地名、山名、河名，以此不断强化他们对家乡的记忆，对家乡的思念之情。无论是哪个民族，都无一例外地从历史走来，从自己生活过的家乡走来，并伴随历史的发展和时代赋予的使命，不断开拓进取、不断探索新的道路、不断建立新的家园，然而在人的心灵深处留下的家乡情怀，谁也无法割舍或者删除，它是人们或者说人类永不能放弃的精神财富。

　　在鄂温克族历史民歌中，还保留有他们最为远古的记忆、最美好的记忆，并有浓郁的童年生活情怀及其原初的思想意境。更加可贵的是，在他们以历史为题材的民歌中，自然而然地把曾经在家乡赖以生存的自然界、自然环境比喻为养育自己的父母，认为它们就像亲生父母一样养育了他们、给予了他们思想丰富的营养和用之不尽的力量与智慧。所以，鄂温克人无论走到哪里，身处何方，都要感恩养育他们的家乡。每当他们唱起怀念家乡的历史民歌，眼前的一切磨难、一切苦酸甜辣都会烟消雾散，它们就会看到彩蝶飞舞、鸟语花香、青山绿水、安宁祥和的美好图景。这时，眼前残酷的战火与家乡宁静的生活产生鲜明对照，使他们更加热爱幸福安宁的生活，更加仇视带来灾难的入侵者，使他们更加勇敢地去杀敌。换句话说，鄂温克族的历史民歌，往往是强大的精神活动内容和美好愿望紧紧相连，从而使歌唱者获得无限的自我超越，用全新的、强大的、不可动摇的精神力量投身战场，把对未来美好生活的追求及对家乡的思念融入其中。或许由于鄂温克族曾经的生活历史及自然环境具有的特殊意义，他们的历史民歌与怀念家乡的民歌往往在旋律上体现出浓重的思乡、怀旧、哀恋的特征。比如说，在历史民歌《我的老家》中就唱道：

> 哥哥在那儿出现的是什么地方
> 那不是我们曾经居住的老家吗
> 多少年来我没有回到这里来
> 在异乡生活的时间好长了呀
> 讷吣喜　讷吣，讷吣喜　讷吣
> 讷吣喜　讷吣，讷吣喜　讷吣
> 在异乡生活的时间好长了呀
>
> 在那个远远看见的是什么地方
> 那不是我们的高豪勒京山包吗
> 眼前出现的美丽地方是哪里呀
> 那不是咱们高山坡上的村庄吗
> 讷吣喜　讷吣，讷吣喜　讷吣
> 讷吣喜　讷吣，讷吣喜　讷吣

那不是咱高山坡上的村庄吗

在那高处看见的是什么地方
那不是维特根河畔的村庄吗
看样子嫁出没回来好多年了
这么说这里有好大变化了呀
讷吧喜　讷吧，讷吧喜　讷吧
讷吧喜　讷吧，讷吧喜　讷吧
这么说这里有好大变化了呀

在那儿看见的又是什么地方
那不是白桦树山林的村庄吗
在那里出现的又是什么地方
那不就是萨满山峰的村庄吗
讷吧喜　讷吧，讷吧喜　讷吧
讷吧喜　讷吧，讷吧喜　讷吧
那不就是萨满山峰的村庄吗

上面的这首历史民歌里，多次出现"曾经居住的老家""高豪勒京山包""维特根河""白桦树山林""萨满山峰"等他们过去生活过的地方，即他们的老家，他们最为熟悉的山河树林名称。类似历史色彩浓郁的具有怀旧情感的民歌，在鄂温克族民歌里确实有不少，现已成为鄂温克族民歌的一个核心组成部分，进而充分表现出该民族对历史、对过去岁月的无限眷恋，表现出他们从历史走来，并将历史或过去作为未来美好生活的基因，视作追求美好未来的精神力量和动力。另外，他们在历史民歌中也有表达不怕千难万险、不畏一切艰辛和磨难，誓死要回家的决心。比如说，在历史怀旧民歌《我们唱的歌》中唱道：

三棵松树生长的地方
所有植物都枯黄而死
我们要战胜一切艰辛

要回曾经生活的老家

三眼泉水流过的地方
滴水无有完全都干枯
伊敏就是我们的老家
不论怎么咱们也回去

三条河流过的原野
所有牧场都已枯黄
辉河是我们的老家
咱大家一定要回家

毋庸置疑，该民歌里表示，就是所有的树木全部枯死、所有的河流全部干枯、所有的牧场都不复存在，我们也要战胜一切艰辛、苦难、曲折要回到自己的老家"伊敏""辉河"。以此，表达将士誓死要回家乡的强烈愿望和决心。说实话，无论对谁而言，家乡都是最美、最好、最踏实、最安详的地方。鄂温克族也是如此，他们最思念家乡，最热爱自己的家乡。他们不论身居何处，家乡是他们放不下的牵挂和思念；他们不论生居什么地方，他们都时刻想回老家。例如，在《哈日图》这首怀念家乡的民歌中唱道：

哈日图高峰的松树
还是那样威风凛凛
就是去了异国他乡
总是展现在我眼前

家乡伊敏河的水呀
看着如此纯洁干净
无论走到什么地方
它是我永恒的记忆

到成人年龄的儿子

不能忘出生的老家

到自立能力的儿子

不能忘出生的地方

不难看出，在《哈日图》这首民歌里，赞美威风凛凛的哈日图高峰的松树、纯洁干净的伊敏河水的同时，表达了过去历史岁月中的家乡的印记总是展现在人眼前，无论走到什么地方都忘不了，同时将这一切传授给而立之年的后人，让他们世世代代记住家乡。对于一个没有文字的民族来讲，用口耳传承历史、文化、文明是一项十分重要的事情。那么，在鄂温克族还没有创制文字之前，用传说、故事、民歌来传承了自己的历史、文化与文明。民歌对于一个民族传承历史、文化，有十分重要的现实意义和历史意义。这些歌声一直伴随着鄂温克族从远古走到今天，还要伴随他们走向未来。这些历史民歌伴随时代的更替、社会的发展、环境的变化，同样也产生着变化和发展。

第五节　神歌

根据我们掌握的资料，鄂温克族民歌除了以上内容，还有不少以萨满信仰为核心的神歌。鄂温克族民歌从方方面面展示出他们早期精神文化生活的内容。他们的民歌不仅有悠久的历史，同时也有极其丰富的内涵，源自鄂温克族精神文化世界，服务他们精神文化世界的产物。同时，我们也应该理性地承认，所有这些民歌都是他们在长期的共同劳动，以及生产生活实践中，用共同的智慧和与情感创作的精品，进而给予他们其他精神产品无法替代、无法给予的享受和快乐。

这里所说的神歌，就是与鄂温克族信仰相关的民歌。也可以说，神歌内容主要涉及万物有灵论的信仰，是鄂温克族信仰活动中不可缺少的重要内容，是万物有灵论信仰世界的一种重要表现形式。根据我们掌握的资料，鄂温克族神歌主要分为萨满神歌、信仰仪式神歌、信仰集会神歌三大类型。

1. 萨满神歌

鄂温克族神歌表达了对自然界万物的崇拜和信仰，对真善美的赞美，以及对假恶丑的仇视与批判。同时，也包含了对未来幸福生活的无限憧憬。当然，所有这些都跟鄂温克族万物有灵论的信仰世界有关。在他们看来，萨满作为沟通人与神交流的媒介，在他们的传统神歌中占有特殊地位，有其特殊影响力。在鄂温克族的意识中，世间的万物都有灵魂，而他们的灵魂都有各自的神在支配和管理，所以他们必须尊重和爱护自然界的一切生命，同自然界的一切生命和谐共处，这样才能够延续人自身的生命，过上期望中的美好生活。他们认为不论是谁，在生活中遇到各种问题或困难的时候，就必须根据不同的需求同精神世界的神灵进行交流，从而获得精神上的极大满足及生命本身应该得到的快乐与幸福。这些都体现在鄂温克族的神歌之中。

在以鄂温克族萨满信仰为主题的神歌中。这些神歌表达了他们对有灵性万物的崇拜和与此相关的祭祀活动及仪式等。另外，鄂温克族萨满神歌也包括萨满为消灾祈福、婚丧、驱魔治病等进行的活动或举行的各种信仰仪式时唱涌的各种祷词、祭词等。从某种意义上讲，萨满神歌是鄂温克族早期从事狩猎生产活动时孕育的精神产物，并以口耳传承的形式保存至今。

鄂温克族萨满神歌同信仰仪式紧密结合。据了解，萨满神歌的内容十分丰富。其中，具有代表性的就有新萨满仪式神歌、老萨满神歌、萨满传灵神歌等。比如说，在新萨满仪式神歌中就唱道：

> 祷告祖先神灵
> 追述上辈萨满
> 我们已经打开
> 通向天神的路
>
> 在神门入口处
> 已献三岁黑牛

还有三十男童
跳起祖先舞蹈

在神门出口处
献上四岁黑牛
还有四十女童
跳起萨满神舞

胸背相对狂舞
血液沸腾燃烧
祈求新的萨满
带来更多幸福

就像上面的萨满神歌里所唱，新萨满举行首次祭典仪式时，对于地点、祭品、环境、参加者都有明确而严格的要求。祭祀地点常常选择游牧包的正前方，祭品用的是 3 岁和 4 岁的黑牛，整个活动气氛神圣而庄重。而且，在游牧包正中央和正前方各立一棵白桦树与柳树。另外，还有 30 名男童、40 名女童陪伴跳神舞。在新萨满接受天神的意志，成为萨满的活动和仪式中，能够参加的人一般都是没有犯过任何错误，一生没有任何犯罪记录，身上几乎没有任何污点的品行正派的人。从某种意义上讲，鄂温克族的萨满神歌往往具有古朴而神秘的色彩。

2. 信仰仪式神歌

鄂温克族在他们的信仰世界里坚定地认为，他们的萨满都能够跟不同神灵进行没有任何障碍的直接沟通。萨满往往根据不同情况、不同需求、不同愿望，与不同的神灵进行不同程度和不同层面的交流。鄂温克族萨满在举行信仰仪式时，将针对不同神灵的不同需求用不同曲调的神歌，用不同内容的歌词唱出来，并虔诚地祈求神灵把那些正在受苦、受难、受灾、受折磨的人们拯救出来，赐予他们快乐、安康、幸福的生活。比如说，在鄂温克族一首描述信仰仪式的神歌里，萨满就如此唱道：

敲起单面神鼓
唱起虔诚祷词
在我女儿家里
祭祀我的神灵

香柱已经点燃
神灯早已照明
祭祀用的羊肉
摆满银盘敬神

智慧万能的神
圣洁高尚的灵
请降临到祭坛
享用我的祭品

很有意思的是，他们的绝大多数请神仪式是在夜间举行，同一姓氏的人基本上都来参加。鄂温克族的信仰仪式内容比较丰富，请神仪式只是其中的一个组成环节。信仰仪式的内容不同，所唱的曲调也不同，其歌词也有各自的特点和内涵。根据信仰仪式内容的不同，祭品也有较大的差异。比如，在请神的信仰仪式中，主要是用脖子上带黄毛的羊肉作为祭品。在信仰仪式的神歌中，一般都要给神灵唱出祭品的名称及请神的理由。据说，不把这些说清楚，神灵就不会下到人间帮助人们解脱痛苦。

3. 信仰集会神歌

信仰集会神歌是指在与鄂温克族信仰活动相关的集会中，萨满唱的神歌。事实上，鄂温克族萨满信仰的集会活动确实有不少，而且每次萨满信仰的集会活动中都要唱神歌。其中，最为突出或者说最为盛大的萨满信仰集会，应该是每三年一次的阴历四月十五日。届时，本姓氏家族的成员及萨满，及其相邻家族的萨满和亲朋好友都来参加。所有参加信仰集会的人，都要携带牛羊肉、糖果、烟酒等祭祀用品。而且，每次信仰集会活动持续 5 天左右。这是一个既有浓重信仰色彩，又具有娱乐性质的集会。其间，最为重要的活动内容之一，就是由该姓氏家族的老萨满领唱神灵颂歌。萨满唱的神歌内容十分丰富，曲调也很美，很有感染力、影响力和生命力。例如，其中就唱道：

> 在圣洁的祭典上
> 聚集起你的族人
> 从四面八方涌来
> 您虔诚的信仰者
>
> 他们牵来了牛羊
> 卷来蓝色的绸缎
> 他们点燃了篝火
> 一起跳起了神舞
>
> 他们竖起了神树
> 挂起了多彩绸缎
> 在盛大信仰集会
> 召唤诸神的降临
>
> 他们虔诚地感恩
> 神灵恩赐的恩典
> 他们将带着信仰
> 去创造幸福生活

每当举行如此大型的信仰集会和祭祀仪式时，他们会在已选好的游牧包正前方立一棵桦树，同时在游牧包的正中央立一棵白杨树，然后在两棵树之间拉一条皮绳，树枝上挂满五彩缤纷的绸缎或布条。接着，整个姓氏家族的人们在两棵树中间聚拢到一起，并用狼皮制成的皮绳把他们围起来，以此表达像狼一样团结一心，在天神和诸多神灵的保护和帮助下，勇敢地面对和战胜一切困难和死亡的威胁，去创造他们共同的美好生活与未来。总之，鄂温克族信仰集会及其活动绝不能缺少神歌，神歌作为重大信仰集会和祭祀仪式的重要组成部分，贯穿这些活动的始终。从某种角度讲，没有神歌也就没有这些活动，进而神歌已成为他们信仰集会及活动中不可或缺的重要内容和表现形式。

在这里还有必要提到的是，鄂温克族神歌除了极其丰富的音乐曲调和歌词之外，还有伴随神歌翩翩起舞的优美舞蹈，以及伴随神歌曲调高声诵读的诗歌。也就是说，从鄂温克族信仰神歌的整体结构来看，萨满参加各种信仰活动时，不仅仅是伴随铿锵有力、节奏明快的神鼓音乐唱诵他要向神灵表白或祈求的心愿，同时还要伴随神鼓音乐和唱诵内容跳起神舞。他们诵读的诗歌，语言精练、韵律对称，多为五至九言一行的诗句。特别是萨满及随从伴随神鼓和唱诵曲调而来的神舞，动作铿锵有力、超脱豪放、和谐自然。我们掌握的资料充分表明，在萨满的这一盛大信仰活动和信仰仪式中，萨满及其信仰者共同创造的神乐、神歌、神诗、神舞，充分体现出人类早期的音乐、舞蹈、诗歌三种艺术内涵。换句话说，在萨满神歌及其音乐、舞蹈、诗歌、艺术中，完美地融合又充分展现了人类古老文明及精神生活的重要内容和形式。

萨满唱神歌的歌曲音乐很有特色，其节奏起伏多变，但留给人的总体感觉很有震撼力和震慑力。从音乐情节来看，分为开场、祈祷、请神三个阶段。开场时音乐比较舒缓、轻松、自然、安逸；祈祷阶段的音乐要进入强烈、高昂、铿锵、粗放；请神阶段似乎又逐渐回归平和、安享、舒心、梦幻的音乐节奏。那么，所有这些都是在神鼓伴奏下完成。神鼓是萨满唯一，也是十分重要的乐器，萨满是伴随神鼓发出的音乐而唱，同样是伴随神鼓音乐诵读和起舞。可以说，倘若没有萨满神鼓及其神鼓的伴奏和音乐，萨满或许很难进入角色，并按部就班地完成唱诵与跳神舞的所有动作。再说，鄂温克族萨满神歌歌词自然流畅、不拘一格，有的是五言体，有的是七言体，也有的是九言体，还有近似散文的自由体。另外，句与句之间讲究押韵、对称。在前文，我们列举过从六言体到九言体，乃至自由体结构类型的唱诵诗句，下面我们再举一首五言体神歌歌词：

先贤已逝去

掩埋于尘埃

入土即为安

享乐在九泉

转眼二十春

一晃三十秋

一别四十载

转瞬五十年

可以看得出来，这首五言体萨满神歌，表达的是后人对于已故去几十年的老萨满的深切怀念与追思。其实，鄂温克族信仰神歌或诵读的诗句里，用五言体结构构成的诗句相对较少，多数是七言体、九言体的结构类型，或者是用自由体结构形式构成。特别是到后来，属于自由体结构类型的歌词或诗句出现得较多。对此问题，我们在下面的章节还要进行专题分析和讨论，在此就不多讨论了。

总而言之，作为我国东北地区的一个少数民族，鄂温克族有着悠久的历史文化与文明。特别是对一个没有文字，只有本民族语言的人口较少民族来说，历史文化与文明的传承主要靠口耳相传，那么在口耳相传中民歌就发挥着极其重要的作用。在他们的民歌里，保存和包含的文化内涵极其丰富。在人类文明的进程中，鄂温克族民歌一直伴随他们走过了漫长的历史岁月。无论他们遇到何等的艰难险阻与苦难，遇到何等的美好、快乐、幸福与梦想，他们的民歌始终没有离开过身边。民歌不仅见证他们的历史，同时用人类最美好的语言和歌声记录下他们的历史。也就是说，民歌中有他们走过的历史，还有他们的思想和情感，同样有他们的忧伤、痛苦、失望，也有他们的喜悦、期盼与希望。

鄂温克族是一个敢于面对一切挑战，勇于不断探索真理，乐于无私奉献的民族。他们的民歌长期以来，受到鄂温克族赖以生存的美丽自然环境、四季分明的季节、得天独厚的地理位置、丰富而优厚的生活条件，以及悠久而传统的历史文化等各方面影响，自然而然地孕育出独到的民歌味道、风格与特征。然而，由于鄂温克族各部族生存地域、环境、条件的不同，他们的民歌所反映出的曲调及其歌词内容等也有所不同。比如说，牧区民歌曲调悠扬而缓慢，反映的是呼伦贝尔大草原上从事畜牧业生产的鄂温克族牧民的生产生活，由此表现出浓郁的牧人、牧场、牧业生活的气息及风格。生活在兴安岭广袤林区的鄂温克族唱的民歌，一般都反映出居住于茂密森林，从事林间牧羊驯鹿生产活动或经营猎业生产的生活内涵与特征。他们民歌的曲调上下起伏比较突出，甚至会给人一种突然间拔高到山顶，又突然间滑落于林间小溪的艺术感受，不过更多的时候给人留下欢快又浪漫的享受；生活在农区的鄂温克族民歌，更多地与他们经营的温寒带、寒温带地区农业生产活动有关，当然也和他们的农民、农村、农耕文化有关，其曲调中更多地表现出无拘无束、豪放不羁、慷慨外露、果敢大气、自然奔放的本民族农耕文化的性格与特点。在林区、牧区、山林与草原结合区、农区、农牧区生活的鄂温克族民歌均有鲜明的特点，有十分丰富而独到的内涵。就如前文所述，他们的民歌涉及自然与环境、动物与牲畜、过去与历史、劳动与生产、思想与情感、爱情与婚姻、家庭与生活、思念与梦想、信仰与信念等诸多内容。在这里，只是分析和讨论了其中一部分，这一领域要继续探讨的话题还有很多，以后还要开展相关研究和讨论。

第六节　鄂温克族民歌歌词结构类型

鄂温克族民歌歌词最常见是由五个词构成一行的实例。不过，相比之下，三个词、四个词或由三到四个词交叉构成一行歌词的实例也有不少。另外，也有一些由四到五个词构成一行歌词的民歌，还有极少数由两个词或三个词，以及由三到五个词交叉组成一行民歌歌词的情况。总的说来，由三到四个词交叉构成一行歌词的现象最为突出。我们掌握的资料还证明，从鄂温克族民歌歌词的行数结构，也会看到更为复杂的结构性特征。比如说，从鄂温克族民歌歌词里，人们发现由两行歌词、三行歌词、四行歌词、五行歌词、六行歌词、七行歌词、八行歌词、九行歌词构成的歌词段落。不过，由四行歌词组合而成的民歌段落，在数量上占绝对多数。换言之，鄂温克族民歌虽然有以上提到的八种不同行数的区别性结构特征，但由两行歌词、三行歌词、五行歌词、六行歌词、七行歌词、八行歌词、九行歌词等构成的歌词段落并不多见，它们的出现率都比较低。这一事实充分说明，四行歌词是鄂温克族民歌行数的基本结构特征。

与此相关，鄂温克族民歌歌词在段落构成上也有较为复杂的结构关系。比如说，其中就有由两个段落、三个段落、四个段落、五个段落、六个段落、七个段落、八个段落，以及由十个以上段落，甚至是由20个以上段落或由30个以上段落组合而成的实例。那么，我们现已掌握的民歌资料里，由两个段落组合而成的歌词占绝对多数，其次是由三段落组合而成的歌词，再就是有一些由四个段落组合而成的歌词，不过由五个段落、六个段落、七个段落、八个段落及其十个以上的段落组合而成的歌词都比较少见。鄂温克族民歌歌词的段落，一般都保持在两到三个之间。其中，两个段落组合而成的民歌歌词占绝对优势。很有意思的是，在他们的民歌里，确实有20个以上段落，甚至是30个以上的多数段落组合而成的民歌，并集中出现于具有信仰、情感、教育意义的民歌之中。

我们掌握的民歌调研资料，以及在此基础上展开的分析研究充分表明，鄂温克族民歌里经常出现将同一个韵律、同一个音调、同一个节奏、同一个歌词内容重复唱的现象。而且，很有意思的是，这种重复唱法可以出现于民歌的不同位置。也就是说，该现象除了在民歌歌词首行或尾行出现之外，还可以出现于民歌歌词的中间部位。鄂温克族民歌的重复唱法，很大程度上增强了民歌的音乐感、韵律感、节奏感，在此基础上衬托民歌的核心意义和内容。

1. 民歌歌词首行重复现象。比如说，在爱情民歌《狂欢的姑娘们》的第一行和第二行里就出现下列重复唱的情况：

噔得尼　呼咿

噔得尼　呼咿

上述重复唱的现象，在民歌《狂欢的姑娘们》的八段歌词的开头两行均出现，且这一重复歌词都属于感叹词。与此相关，鄂温克族民歌开头部分的重复唱法中，也有感叹词与其他词类共同出现的现象。也就是说，民歌首重复的歌词中，人们也会看到由感叹词和核心语句共同构成的实例。

比如说，在信仰民歌《萨满之歌》开头，就出现了该结构类型的重复唱法。例如：

　　呐吁吧　　呢吁吧，呐吁吧　　呢吁吧
　　人这个生命呀

我们的资料表明，信仰民歌《萨满之歌》是由 34 个歌词段落组合而成的民歌。不过，很有趣的是在每一个段落的民歌歌词的第一行和第二行语句都用上述形式和内容进行重复唱。他们以这一形式和内容，不断强调和强化"人的生命"的重要性，同时也不断衬托出对"人的生命"的客观实在的阐释。这里还需要说明的是，在爱情民歌《狂欢的姑娘们》的歌词第一行和第二行里重复的歌词都属于完全相同的结构类型，即同一个歌词内容重复唱两遍。而信仰民歌《萨满之歌》的词首第一行和第二行里重复唱的歌词，却是由两句不同词句构成，而且第一行的重复唱法里，还出现相同歌词的重复唱的形式。所有这些，充分证明鄂温克族民歌，在自然段落的开头部分中表现出错综复杂的重复唱法，以及多样性重复现象和结构特征。不过，相较而言，在鄂温克族民歌的每一个自然段落首位出现的重复唱法，没有在自然段落结束部分出现的实例多。

2. 民歌歌词歌尾重复唱的现象。我们搜集整理的鄂温克族民歌资料，充分证明除了上面谈到的民歌歌词段落的第一行和第二行出现重复唱的现象之外，在民歌歌词段落的倒数第一行及第二行也存在重复唱的情况。而且，出现的概率要比歌词段落前两行重复的要高。比如说，由三个段落构成的爱情民歌《辉河》的每一个自然段落的倒数第一行和第二行内都会出现：

　　辉河水总是这么干净
　　好运的我们永远幸福

通过这样的唱法，突出歌词"辉河水总是这么干净，好运的我们永远幸福"的核心概念。再说，像爱情民歌《不能分离的情感》《哥哥一定要回来》，情感民歌《可怜的哥哥》《高兴吧》，英雄与人物民歌《牧马的小伙子》等歌词段落的倒数两行都属于重复唱法。另外，还有一种很有意思的现象是由七行歌词组合而成的鄂温克族民歌段落，出现 ABBA 式结构类型的重复唱法。换句话说，由七行字构成的民歌歌词段落的倒数第七、第六、第五、第四行歌词属于重复唱法。而且，其重复唱法的格式属于 AB-BA 结构类型。其中，第四行与第七行的重复唱法内容和形式相同，第五行与第六行的重复唱法内容和形式也完全相一致。比如说，在思乡民歌《我的老家》里就有刚才谈到的重复唱法，例如：

> 在异乡生活的时间好长了呀
> 讷吧喜　讷吧，讷吧喜　讷吧
> 讷吧喜　讷吧，讷吧喜　讷吧
> 在异乡生活的时间好长了呀

这一 ABBA 式结构类型的重复唱法的第一行歌词与第四行歌词内容完全相同，上下呼应地重复唱了"在异乡生活的时间好长了呀"。同时，在中间的两行内，重复唱了"讷吧喜　讷吧，讷吧喜　讷吧"由感叹词构成的歌词。用此重复唱法，强调和突出了该歌的核心歌词"在异乡生活的时间好长了呀"。再者，ABBA 式结构类型的重复唱法，在思乡民歌《我的老家》的每一个段落里都出现。我们还应该提到的是，由七行歌词构成的英雄人物民歌《山里的鄂温克》内，同样也出现 ABBA 式结构类型的重复唱法。不过，也有像民歌《去见母亲》中出现的那样，每一个自然段落的歌词倒数第一行有重复唱的形式。但是，类似重复唱法的出现概率不高。相较而言，还是在每一个自然段落的歌词倒数第一行和倒数第二行中重复唱的实例居多。我们在分析民歌资料时还发现，鄂温克族民歌的重复唱法，除了由四行构成的歌词在倒数第一行中出现之外，其他绝大多数情况是出现在五行以上多行歌词构成的民歌之中。

3. 民歌歌词出现隔一行歌词就重复唱某一歌词的现象，且被重复唱的歌词，往往是感叹词或被虚化的一些词语。比如说，由八行歌词构成的长达 19 个段落的情感民歌《跳吧》中就出现：

> 为了满足喜鹊的心愿
> 让我们欢快地蹦蹦跳跳

> 为了大家的愉快的相识
>
> 让我们欢乐地蹦蹦跳跳
>
> ……

另外，由四行歌词构成的长达 23 个段落的情感民歌《爱美的儿媳》，也同样出现隔行重叠反复地唱"讷呼楞　讷呼楞"这一感叹词的实例。属于该类结构类型的重叠反复，要比没有产生重叠反复的歌词更具活力和音乐特有的生命力。

我们在分析鄂温克族民歌的重复唱法时，还发现歌词词首或歌词词尾出现某一个词或某两个词被重复唱的实例。比如说，思乡民歌《我们唱的歌》的第一行的第一个词"三"在三段歌词中都要重复唱；还有教育民歌《我会怎样》的第一行的第一个词和第二个词"伊敏河"在两段歌词中都要被重复唱。但是，某一个词或某两个词重复唱的情况，最多的还是出现在某一段落的歌词词尾。比如说，在英雄与人物民歌《英雄哥哥》的四行三段落民歌歌词词尾，均无一例外地重复唱"哥哥"这一名词。在思乡民歌《莫和日图是我自己的老家》内四行歌词的后三行歌词词尾都出现名词"家乡"的重复唱法，在思乡民歌《我们唱的歌》的第三行歌词词尾名词"家乡"，以及第四行歌词词尾的"咱们回去"等均被重复唱。与此相关，在情感民歌《烦人的坏老头》里，每一个段落的第一行歌词词尾出现的名词"老头"也都被重复唱。除此之外，某些民歌还有不同行的末尾出现不同歌词，在不同段落中被重复唱的现象，或者歌词末尾的某一词隔行重复等情况。总而言之，鄂温克族民歌的重复现象比较复杂，多数是在民歌歌词的首尾出现。再说，在重复唱法里，出现概率最高的是名词类词，其次是虚词类词，相比之下动词类词的出现概率要低一些。

在此还有必要交代的是鄂温克族民歌歌词同样存在押韵现象，且基本上都在歌词词首的第一音节或第一字母上出现。比如说，民歌所有行首词的第一个音节均用 na-或用 ba-或用 ma-等来押韵，或用民歌所有行首词第一字母用 a-或用 e-或用 u-等来押韵。不过，也有隔行押韵的格式。比如说，在鄂温克族民歌中，就有第一行和第三行第一个词的第一音节或字母是 a-，第二行和第四行第一个词的第一音节或字母为 e-的属于四行歌词组合而成的民歌段落。其实，鄂温克族民歌词首押韵现象比较丰富，有好几种结构类型。如果我们假定，由四行歌词组合而成的民歌段落的第一行第一个词的第一音节或字母是 A，第二行第一个词的第一音节或字母是 B，第三行第一个词的第一音节或字母是 C，第四行第一个词的第一音节或字母是 D 在他们的民歌歌词行首押韵中就会出现（1）AAAA、（2）AABB、（3）ABAB、（4）ABBA、（5）AAAB、（6）BAAA、（7）ABCD 七种结构类型的押韵现象。鄂温克族民歌歌词中，如果第一段中的押韵类型是 ABCD 结构的话，以下各段落的行首押韵也均以 ABCD 的结构形式、结构原理进行。鄂温克族民歌歌词除了强调行首音节或字母要押韵之外，也有的歌词讲究行尾或段落末尾用鼻辅音 ng 或 n 押韵的现象。

综上所述，鄂温克族民歌歌词具有强盛的生命力、感染力、影响力，是他们世代相传、命脉相承的精神文化的组成部分，是他们在千百年的历史进程中，追求真善美、创造精神家园的重要内涵。鄂温克族民歌，同他们生活的优美的自然环境，跟他们的衣食住行、生命态度、婚恋关系、伦理道德、宗教信仰等均有千丝万缕而又不可割舍的内在联系。我们完全可以通过鄂温克族民歌歌词、曲调，去观察、探索、思考、分析研究其人文科学所包含的内容，甚至可以探索他们的人生观和世界观。鄂温克族民歌伴随他们的诞生而诞生，伴随他们的苦难而苦难、快乐而快乐。他们的民歌伴随他们从历史走来，走过了漫长的历程，走向更加美好的未来。鄂温克人离不开自己的民歌，也不能没有自己的民歌，他们用民歌诉说爱情、情感、哀伤、快乐、痛苦、梦想和希望。他们的民歌也离不开鄂温克族，离开了民歌，他们就会失去生活的意义和精神，民歌是鄂温克人生命、生活、生产、精神的重要组成部分。

我们认为鄂温克族民歌是该民族口头创作文学的一个组成部分，自它诞生以来始终以口耳相传的活态方式传承和发展。这些口耳相传的民歌在他们富有传统色彩的集会活动、故事会、演唱会、节日活动、婚俗庆典等活动中发挥着极其重要的作用。也就是说，在鄂温克族社会生活及社会活动中，每逢重大节日及喜庆时刻，唱民歌是必不可少的活动。民歌演唱形式多样，有独唱、对唱、合唱、一人领唱众人伴唱等，其形式根据民俗活动内容的不同而有所区别。通过不同的活动形式和内容，自然而然地把他们喜爱的民歌不断传播到鄂温克族生活的地方。故此，每一次社会群体参加的民俗民族文化活动，都会给鄂温克族民歌的传承和推广带来新的机会、注入新的活力。除此之外，以家庭形式组织的一些活动，也是民歌传承的最小的社会结构单位。他们以姓氏家族为纽带，姓氏家庭不仅是他们草原畜牧业、山林畜牧业以及猎业生产活动的基础单位，也是进行文化娱乐活动基本场所。很有意思的是，鄂温克人习惯于把个人在生活中感受的喜怒哀乐用民歌形式在姓氏家族内部表现出来，如果唱得好并得到姓氏家族内部的高度认可，就会很快在更广泛的社会组织及社会活动中得到传播。在他们看来，用大家所喜爱的民歌形式，一代又一代地传唱本民族早期历史文化及思想，更能够传承他们本民族的历史文化与文明。他们的后代通过那些有历史文化意义的民歌，不断了解或认识本民族的历史文化。这些充分说明，家庭是传承和发展民歌的重要场所，家长们将民歌潜移默化地传给子孙后代，并一代又一代地传承了下来，同时传承了本民族的历史文化与文明。

第七节　舞蹈

鄂温克族是一个能歌善舞，精神文化生活极其丰富的民族。而且，除了我们在上文谈到的精神文化生活之外，还有非常优美、雅致的民族舞蹈。根据我们所掌握的资料，鄂温克族传统舞蹈中具有代表性的是天鹅舞、篝火舞、狂欢舞、努该里舞、彩虹舞及萨满舞等。其实，除了这些还有许多与他们的狩猎生产活动有关的舞蹈，如熊舞、野猪舞、驯鹿舞，以及同他们的畜牧业生产活动有关的骏马舞、挤奶舞、牧羊舞、顶牛舞等。下面以天鹅舞、篝火舞、欢乐舞及萨满舞为例，谈谈鄂温克族的传统民间舞蹈。

1. 天鹅舞

鄂温克族的"天鹅舞"源于早期的一则传说。据说，在伊敏河的源头有一个很大很大的湖，湖边生活着许多的天鹅，这些天鹅每当春天大地回暖的时候，就从南方千里迢迢飞回老家，在湖水边生儿育女，然后每当严寒的冬天到来之前，他们带着新生天鹅离开家乡飞往南方。生活在伊敏草原的鄂温克人从不猎杀天鹅，也不去动它们的宝贝蛋，反过来还保护天鹅和它们的孩子。结果，伊敏河源头湖水上的天鹅越来越多，变成这里的一个美景。那时，就在那美丽的湖水边生活着一家鄂温克族牧民，那家生了一个美丽的女儿，小女孩自懂事起就知道要保护湖边的天鹅。这家人经常把受伤的天鹅抱回家，为它们包扎伤口、治疗伤痕，因此和天鹅建立了十分友好的关系。有一天，小女孩在湖边正在和天鹅玩耍时，一只狡猾的狐狸乘虚而入，偷偷跑过来把正在养育两只小天鹅的天鹅母亲杀死吃掉了。小女孩因此哭了三天三夜，最后把两只小天鹅抱回家里精心养了起来，到秋天时那两只小天鹅已经长大，而且被小女孩养得又白又胖，等到北国冬天的严寒到来时两只小天鹅就随着其他天鹅飞向了南方。这一年冬天，小女孩的父母和族人都被外来的强盗杀死了，小女孩骑上白色神马躲进山林才幸免于难。小女孩在白色神马的帮助和照料下，平安渡过了寒冷的冬季，迎来了温暖的春天。这一年的春天，从南方飞回北方的两只天鹅听了小女孩的苦难遭遇，伤心地流下了眼泪。从此，它们每天从湖水里叼来鱼虾，从山林里采集美味的野果和野菜送给小女孩。也是在这年的冬季到来之前，两只天鹅让小女孩骑在身上飞向了南方，再也没有回到伊敏河边美丽的湖边。从此往后，人们为了怀念美丽的小女孩和两只美丽的白天鹅就编了天鹅舞。或许正因为如此，鄂温克族的天鹅舞动作十分优雅、柔美，常常使人感动得流下眼泪。跳天鹅舞时，舞者的两腿自然地屈伸，双臂柔软地收缩和伸展，表现出天鹅的各种姿态。当双臂略收时，手腕又随同上翘，有时双臂平伸向前扇动，有时上伸扇动，同时也表现出天鹅美好的内心世界。天鹅舞一般由三人跳，一人扮小女孩，两人扮两只小天鹅；有时也由一男一女合舞或一些人群舞。他们跳天鹅舞时，还要发出"给—咕！给—咕！"的叫声。在早期，表演天鹅舞的人，身上要穿用天鹅毛专门制作的羽毛舞蹈衣，头上还戴用天鹅羽毛做的帽子，所以跳天鹅舞的人看起来特别像天鹅，跳的天鹅舞也十分逼真。

2. 篝火舞

鄂温克族把篝火舞也叫集体舞或圆圈舞，篝火舞也是他们传统的民族舞蹈。早些时候,鄂温克人经常在劳动之余,或节假活动时,在晚饭后聚到一起点燃一堆篝火,围着篝火跳起舞来。参加者一般都是成年人,小孩子们不参加,一般情况下本村寨或本姓氏家族的人都会参加,而且要围着篝火手拉手围成一圈来跳。大家喜欢边唱边跳,有时也由一人领唱大家跟着一起唱跳。据说,篝火舞曾有过极其优美而复杂的腿部动作,后来这种腿部动作越来越少,至今仅剩下三种独具特色的舞蹈动作。其中,第一种是按照舞曲音乐表演走式舞步,是一种欢快、柔和并有极强节奏的腿部舞蹈动作。表演者手拉手围成一大圈,第一步先迈左脚,第二步右脚踏于左脚前,在身体向圈里扭动的同时,左脚又做出走步的动作,如此反复地沿着顺时针方向边舞边绕圈;第二种是跳踏行步舞,从右脚开始向左跳踏行步舞,同时左腿交叉伴随而舞,每当左脚跳落地时,右腿屈膝并自然向前抬伸。跳这一动作时,手臂必须架起,男舞伴的手要托住女舞伴的手,而要双双伴随歌曲节奏顺时针方向跳踏行步而行;第三种是跳快步舞,是带有激烈、快节奏、疯狂色彩的快步舞,也是强节奏的脚步功夫舞。跳到即兴时会出现前俯后仰的夸张舞蹈动作;每当右脚踏地身体前倾时,手臂略向后摆,同时将头部伸向篝火的方向;当左脚踏地右脚离地时,上身又夸张地表现出向后仰起的舞姿,此时为了平衡身躯手臂要向前伸展。全体舞者按顺时针方向移动,跳舞的节奏伴随舞蹈歌曲逐渐加快,进而一步步将气氛推向高潮。在整个跳舞的过程中,点燃的篝火不仅不能熄灭,还要伴随舞蹈动作的不断加快而越烧越旺。对此鄂温克人解释说,篝火烧得旺不旺直接影响舞者的情绪和心情,篝火烧得越旺,舞者的兴奋点越高,跳篝火的兴趣就越高。总的说来,篝火舞纯朴自然,至今仍为鄂温克人喜爱。篝火舞一般都是在夏季或冬天的大型节日活动及信仰活动中进行,像春秋青黄不接的时候或防火季节就不跳篝火舞。毫无疑问,这跟鄂温克族强烈的环保意识有关。

3. 欢乐舞

欢乐舞也是鄂温克族早期广为流行的一种舞蹈,舞者主要由妇女组成,并且是妇女的集体性舞蹈。人数可多可少,一般都是成双成对的妇女一起跳。欢乐舞动作简单,学起来也比较容易,所以几乎所有的鄂温克族妇女都会跳。这种妇女自娱性的欢乐舞，她们叫努该里（nuhaili）、鲁日该楞（lurgeilen）或阿罕拜（ahanbie）等。实际上，这三个词均包含有"快乐""欢快""兴奋""高兴"的意思。跳这种妇女舞时，舞队前有一人领着跳，其余舞者一个接一个地紧随其后，边跳边伴随舞步节奏一起反复呼出带有些乐音的"阿罕拜""德辉打""达罕"等词语。欢乐舞动作敏捷、干净利落、刚健有力、节奏感强。基本动作为右脚跟落地后脚掌前部踏着地移动，左脚也随右脚有节奏地踏着地移动。随舞蹈节奏踏地的脚不固定于一个点，也不固定于某一个脚，而是随舞蹈进行的方向可以变换。除此以外，还有一种跺步的舞蹈动作，即左右脚交替跺舞，配以变化多样的手势和舞蹈词语，当跳到即兴时，别有情趣。独具特色的舞姿中，还有"瞭望""戴耳环"等柔和的妇女舞蹈动作。其中，"瞭望"的舞蹈动作里，有一只手自然下垂或反叉腰，另一只手的手掌齐眉做出遥望远方的舞姿。在跳舞过程中，两手可以换着展示"瞭望"的舞蹈动作，脚下协同手的动作表现出跺步的舞姿。"戴耳环"的舞蹈，有全蹲蹦跳的动作，还要两手交替做一手叉腰一手揪耳的舞姿。再者，欢乐舞主要靠特定的舞蹈歌曲，以及有节奏的舞蹈语言来完成。后来，善于创造和喜欢跳舞的鄂温克族妇女，在欢乐舞的基础上创作了美妙的彩虹舞。

4. 萨满舞

有关萨满舞在前文也谈到过一些。从某种角度来讲，萨满舞或许是鄂温克族最古老、最传统的舞蹈之一。萨满舞的舞姿应该源于鄂温克族所崇尚、膜拜的各种动物的动作，以及自然界的各种各样的变化现象等。或许正因为如此，人们可以从萨满舞生动夸张的舞姿中，看到不同动物展现的自然、优美、强劲、有力的动作。所以说，萨满舞舞蹈动作中有暴风骤雨、雷鸣闪电、江河翻滚、山岭震动，以及虎熊咆哮、鹰雕飞舞的场面。萨满舞表演的场合，一是治病，二是春节期间预祝来年丰收，三是萨满盛会。鄂温克萨满舞的基本特点为手击皮鼓（即抓鼓），腰部的甩劲不大，步伐多为走步、回旋和蹦跳几种形式。舞时，边击神鼓边念唱祷词或诗化了的咒词。萨满舞多为模仿熊、鹰、野猪等动物的各种动作，有神鹰展翅、黑熊攀绳、天鹅腾空等动作。这些简单、质朴的舞蹈动作表现了鄂温克族信仰世界丰富的情感及其表现形式，也是人类早期表达复杂多变的内心及其情感的重要方式和手段之一。总之，萨满唱诵的神歌融音乐、舞蹈、诗歌为一体。因此说，鄂温克族萨满神歌是他们古老而传统文化的经典之作，展现了鄂温克族早期信仰文化、音乐文化、舞蹈文化与诗歌文化的远古结构及内涵。

鄂温克族有着悠久历史的歌舞文化有极强的生命力、感染力、穿透力，人们不仅能从中感受生命的顽强、坚毅、超脱、无私、奉献、快乐与美好，同时也能够感受人生经历的艰辛、曲折、磨难、痛苦与悲伤，更加可贵的是舞蹈能够使人感受人和自然亲密无间、互敬互爱、相互尊重、和谐相处、深度交流及鄂温克人对大自然的崇拜和信仰。比如说，像篝火舞即是源于他们的火神崇拜，并用艺术夸张形式展示了信仰思想的有形表现。在鄂温克人的信仰世界里，火是自然万物中最为高尚而纯粹的神灵，因为有了火才有了水，有了火和水才有了万物生灵。所以，鄂温克人崇拜火，进而崇拜太阳和阳光。他们还坚定地认为，如果不崇拜火、太阳、阳光及他们的神灵，那么火神就给人类带来灭顶之灾。鄂温克人的信仰，对火有至尊的膜拜，并且还在生活中对火或者说对火神形成了许多艺术表现形式，以此来表明对火的祭礼和信仰。

在鄂温克人信仰意识里，火和太阳时常相提并论，正因如此他们把"篝火舞"也叫"太阳舞"。所以，深夜天冷的时候，想起太阳和太阳的热量，就会点燃象征火神和太阳神的篝火，然后为其信仰的火神和心中的太阳翩翩起舞。到时候，村落中所有人手拉着手形成一个圆圈，按照太阳运行的方向移动性地载歌载舞。就像前面提到的那样，篝火舞具有独特的艺术感染力，充分表现出了鄂温克族对于火神及太阳的无限崇拜，同时也表现出了他们自然、豪迈、超脱的情感。除此之外，鄂温克族的舞蹈还有"野猪舞""熊瞎子舞""黄羊舞""骏马舞""斗牛舞""风暴舞""草原舞"等。这些舞蹈都源于他们的生活，充分表现出鄂温克族"万物有灵论"的信仰及自然崇拜，以及以此为内涵的自然而优美的舞蹈艺术世界。他们的这些舞蹈，以模仿自然界的自然现象、自然物、自然界生命的动作情景为题材，其中洋溢着强健、刚劲、自然的艺术风格和表现形式。

鄂温克族的舞蹈总是和歌声融为一体，他们跳舞时总有歌声相伴。总的说来，鄂温克族舞蹈是反映其传统生产生活以及情感世界的一个特殊方式。在表现一种豪迈、大气、潇洒、坦然、刚毅、超脱性格的同时，也表现出一种乐观、自然、平和、宁静的人生情调。对此，他们的解释是生活在草原的鄂温克人，欢聚的时光显得十分宝贵，所以每每相会大家都很开心就会没完没了地唱歌跳舞，相互诉说离别后的酸甜苦辣，诉说对未来的美好愿望。

第四章　鄂温克族谚语文化

  鄂温克族传统文化中，与他们的文学与文化生活密切相关的还有极其丰富的民间谚语。众所周知，谚语源于民间，源于社会，又是归于人民群众和社会的产物。由此，谚语有着牢固的群众基础和社会基因，也是人们从鲜活的社会生活及生活实践中感悟的实实在在的道理，或者说对真善美的客观实在的认识。谚语有着浓厚和鲜明的教育意义，是潜移默化而循序渐进地净化人们的思想与情感，规范人的语言与行为的重要手段或方式之一。特别应该提到的是，谚语往往用来自生活，以及源自社会及其自然界的文学化语言，甚至是用诗歌化的语言，简明扼要、生动明了、深刻准确、客观实在地阐明事理。每一个民族的谚语有其自己的特点，而这种特点往往取决于他们生活的自然环境、社会条件、文化背景、风俗习惯、思想理念、生存哲学、人生价值取向，并反过来作用于这一切。

  生活在的北国辽阔又富饶的草原与森林的鄂温克族，在草原上和森林中从事畜牧业生产的劳动实践中，创造了属于草原和森林的美好生活，也用共同的智慧创造了无数个妙趣横生且有深刻意蕴的谚语。毫无疑问，鄂温克的谚语常常包含与他们相依为命的草原与森林，以及他们用智慧与劳动经营的畜牧业生产活动和生活。谚语是鄂温克族语言文化的精华，也是他们悠久、古老、传统文化的另一种表现形式，是他们文学与文化中不可缺少的内容。总的说来，鄂温克族谚语有很多，涉及社会生活及思想意识的方方面面，不过其中同生产生活、自然环境、伦理道德等相关的实例较为突出和丰富。

第一节　生产知识谚语

鄂温克族早期的谚语，或者说与他们的传统生产密切相关的谚语，绝大多数来自草原和森林的畜牧业生产活动。在这里所说的草原森林畜牧业生产活动自然是指，在内蒙古呼伦贝尔大草原上从事牧养牛马羊的畜牧业生产活动，以及在兴安岭的森林里从事自然牧养驯鹿的畜牧业生产活动。除此之外，他们的谚语也跟鄂温克族早期作为附属性产业来经营的猎业生产活动有关。

就像每一个民族的早期劳动中离不开猎业生产活动一样，鄂温克族先民早期也经营过猎业生产，甚至在已进入从事畜牧业生产的历史阶段以后，很长一段岁月里鄂温克人仍然把猎业作为附属性产业来经营。或许正是这个缘故，在鄂温克族谚语里保存了许多与猎业生产活动相关的谚语，其内容主要涉及猎业生产者的生活、猎业生产的技巧、猎业生产的工具、猎业生产的习俗，以及作为猎业生产对象的动物之习性、活动规律等。例如：

> 智慧的猎手从不浪费子弹
> 就像不浪费情感
> 他只要扣动猎枪
> 就能背回丰收的猎物
>
> 猎人最快乐的是有美丽的山林
> 人最幸福的是有美丽的思想
>
> 松树经多年的风寒成栋梁
> 男儿经多次锻炼成好猎手
>
> 前后排成行飞翔的鸟群
> 喜欢飞向北国美丽的湖泊
> 左右排成行飞翔的鸟群

　　喜欢飞向南国美丽的湖泊

　　迷耳动听的鹿哨
　　引来远在天边的鹿群
　　难能可得的碱场
　　招来相隔千山的鹿群

　　就是千里眼的猎人
　　倘若没有万里眼的猎狗
　　他就是森林里的瞎子
　　他就是猎物眼前猎物

　　深水里有大鱼
　　深山里有奇兽

　　这些谚语中包含鄂温克人在猎业生产中积累的经验、获得的知识、总结的道理。狩猎谚语完全来自鄂温克族的猎业生产，表现出他们对猎业生产的熟悉程度，也表现出他们细致认真地观察猎业生产活动中的诸多细节，从细节中寻找事物存在的原理、事物发展变化的规律。毋庸置疑，这些谚语均来自鄂温克族猎人的猎业生产的鲜活实践及其经验，也是他们对与猎业生产活动实践的精辟总结。这些谚语对他们交流猎业经验，传授猎业生产技巧与知识发挥着极其重要的作用。

　　伴随着人类文明历史的进程，鄂温克族步入畜牧业生产时代，开始在草原上或在森林里从事畜牧业生产活动。显然，这种生产活动的转型，自然而然地表现在与他们的生产活动密不可分、密切相关的谚语之中。很快，在鄂温克人的谚语里，涌现出数量庞大的源于大草原牧养牛马羊生产活动，以及大森林牧养驯鹿生产活动的谚语。例如：

　　牛群里的牛有多少
　　看领头的牛就知道

要想管好牛群
要管住领头牛

不要让羊照看饲草
不要让狼守护羊群

有了丰美的草原
才会有理想的牧场
有了富饶的草原
才会有肥壮的牛羊

不会宰羊的人
就吃不着羊肉
没有勇气的人
就造不了幸福

只要功夫到
奶茶自然香

只有团结的牛群
才能够战胜豺狼
只有团结的人群
才能够战胜灾难

母驯鹿的心
永远在小驯鹿的身上
小驯鹿的心
总在母驯鹿的奶头上

远走的驯鹿总有回家的时候

> 远去的孩儿总有回来的时候
>
> 森林到处是丰美的牧场
> 驯鹿满身是难得的珍宝
> 好人满心是善良的思想

可以看出，美丽富饶的草原与森林，不仅是鄂温克族经营畜牧业经济的理想牧场和乐园，同样也是他们精神生活的美好家园。畜牧业生产谚语一直为牧人提供着许多深刻的道理，而这些谚语完全来自他们的畜牧业生产活动，又直接服务于他们的畜牧业生产活动，使他们的畜牧业生产活动变得更加有滋有味，更有活力和生命力。目前，还有一半以上的鄂温克人从事畜牧生产活动，所以与畜牧业生产活动密切相关的谚语显得更有实际意义。

第二节　生活知识谚语

来自生活知识的谚语，在鄂温克族的谚语里确实有很多，其内容涉及的范围也十分广泛。不过，总的来说，与他们的生活知识有关的谚语，主要反映在他们的日常生活方面，从而传递出极其丰富的生活经验，以及丰厚而鲜活的生活知识。例如：

> 生活要靠自然环境
> 自然环境要靠保护
> 居住山林要靠驯鹿
> 生活在牧区靠牛羊
>
> 再好的生活也有难处
> 再好的日子也有烦恼
> 再好的马匹也有失蹄
> 再好的猎手也有失手

日出为东
日落在西
春去秋来
一年四季

布谷鸟叫春天到
脱掉棉衣开门窗
迎来绿草满牧场
牛羊欢喜真热闹

黄鹂鸟叫山林披绿装
大家忙着上山采野菜

无情无义的人
连牲畜都不靠近
有情有义的人
满圈牲畜围着转

艰难的生活磨炼人的意志
复杂的社会见证人的品性
华贵的日子削弱人的信念
富有的条件麻醉人的思想

　　源于生活并有浓郁生活知识的谚语，在鄂温克语里不胜枚举。这些生活知识谚语，所包含的内容也很深刻，很有教育意义。对于有本民族语言，没有本民族文字的鄂温克族来讲，那些与他们熟悉的生活密切相关，并有极强教育意义的谚语显得十分珍贵而有价值，充分体现着传统民族文化特有的生命力、影响力、感召力及其特殊性与重要性。例如：

　　没妈的孩子念母亲
　　没妈的日子如度年

好嫂子就像亲母亲

日子长了如同母女

未嫁的姑娘

油盐酱醋快用完时才懂节约

出嫁的姑娘

油盐酱醋开始用时就懂节约

上述谚语表现出了鄂温克族妇女婚姻生活的一些方面。在鄂温克族早期生活知识谚语中，同妇女有关的内容也有不少，这和鄂温克族历来尊重妇女，关心妇女的生活，以及细心观察和总结妇女的生活态度、生活理念等有关。但后来，农区鄂温克族受外来文化、外来生活观念的影响，曾经对于妇女的态度也有过一些转变，认为妇女比男人要低一等，妇女不能与男人同时用餐等。然而，受外来文化影响而出现的对妇女不尊重的一些想法很快就消失了，取而代之的是他们传统意义上的优秀文化。所以，在他们的古老而传统的谚语世界里，赞美鄂温克族妇女的优秀而纯洁的爱情观、生活观、道德观、人生观等内容确有不少。总之，鄂温克族生活知识谚语有很多，涉及生活的方方面面，有很深刻、很广泛、很生动的教育意义，从而为他们树立正确的生活态度、生活观念、生活追求发挥着应有的作用。

第三节　自然知识谚语

实际上，鄂温克族生活的美丽富饶的草原森林不只是他们的衣食父母，同样是他们认识自然万物的一本书、一面镜子。他们在草原森林里，同大自然的接触和交流中，读懂了许许多多深刻的道理，使他们的知识视野不断得到拓展、知识领域不断扩大、知识世界不断丰富。所有这些，也自然而然地表现在作为他们传统文化之一的谚语之中。从这个意义上来讲，关系自然知识的谚语产生的时间更早，其中与自然界的万事万物相关的实例确有不少，当然也有不少与他们早期猎业生产活动，以及畜牧业生产活动相关的内容。特别是在气象变化及辨别风向等与自然现象相关的科学知识有不少，其中也包含他们对于自然界的独到见解和初步解释。比如说，在鄂温克人的谚语里，依据动物生活习性或天体变化特征，来准确判断气象与风向变化的实例有不少。例如：

"额坡皮"叫冬天到
赶紧穿上棉衣裤
布谷鸟叫春天到
到处是初春美丽景色

太阳与月亮出光圈
意味着刮大风下大雨

东南方向来的雨
如同倾盆大雨
西北方向来的雪
好比连天大雪

夕阳西下天边红
明天肯定好天气
夕阳西下天边云
明天就是阴雨天

另外，鄂温克语的谚语中，也有不少与方向概念有关的例子。例如：

日月升的方向是东方
大雁秋后飞向是南方
太阳落的方向是西方
太阳走不到的是北方

北斗星指的是东北方向
三颗星出指的是东南方向

冬天的大雪来自西北

秋后的蝴蝶飞向西南

从某种意义上讲，鄂温克族先民在漫长的生活实践中，从自然界的自然物及自然现象的各种各样的变化特征及规律，总结和摸索出掌握天气变化或辨别方向等自然知识，并将这些自然知识用谚语来表示。特别是在他们的谚语里，与自然现象及自然物变化相关的例子有很多。除此之外，根据动物的叫声、动物的脚印、动物的迁移，以及树木花草的变化辨别季节或方向的自然知识谚语。所有这些，充分证明鄂温克族观察自然物及自然现象的能力，同时把这些知识用谚语形式表达出来，反过来作用于他们的生产生活实践。

第四节 伦理道德谚语

鄂温克族十分注重礼节，是一个讲究道德文明的民族。他们有约定俗成的做人处世的伦理道德，以及与此相配套的深刻思想体系，从而对该民族的文明进程发挥着极其重要的作用。毫无疑问，这些极其重要的精神文化产物，自然而然地表现在鄂温克族丰富多彩的谚语世界里，成为他们谚语的一道亮点。鄂温克语中的伦理道德谚语，在净化思想、陶冶情操、提升文明、提高修养等方面发挥着相当重要的作用。例如：

娇生惯养的教育

损害孩儿的一生

牧场风雨的经历

培育坚强的意志

再好的弓拉不紧

射不出远飞的箭

再好的人教不好

成不了栋梁之才

鹿不驯服要变生

人不教育要变坏

猎枪不擦要生锈

人不学习要落后

不进山打不到野兽

不劳动吃不着饭菜

不尊重萨满人的人

得不到神灵的关爱

不尊重老年人的人

得不到别人的尊重

尊老就是尊重自己的老年

爱幼就是爱护自己的童年

　　上述与人们的伦理道德密切相关的谚语，以鄂温克族熟悉的牧场、驯鹿、弓箭、猎枪、野兽、萨满、神灵为比喻，十分具体又生动地表达出对人的伦理道德教育。这些谚语深刻而准确地总结出，他们在生产活动实践中，以及日常生活里感悟或意识到的，与伦理道德密切相关诸多道理。除此之外，在鄂温克族谚语里，也有不少来自草原和森林畜牧业生产生活，教育或告诫人们怎样交朋友，交什么样的朋友等方面的内容。例如：

养马要养好马

交友要交好人

水草丰美鸟儿多

人心诚恳朋友多

看树要看树根

看人要看心肠

驯鹿好坏用着看
朋友好坏交着看

与其同坏人在一起
不如与好马共命运

鄂温克族日常生活中使用的伦理道德谚语有很多，表现的内容也十分深刻而丰富。其中绝大多数是告诫、提醒、教育、引导人们如何做人，如何为人处世、待人接物、尊老爱幼、对待坏人坏事，以及如何提升道德修养等方面的深刻道理。

鄂温克族的这些谚语不仅反映出他们追求真善美，渴望创造祥和、纯洁、文明、美好未来的心愿。同时也反映出，鄂温克族善于观察与思考事物发展变化的内在规律，从而不断阐释与人的生命观、人生观、生活观、伦理观、道德观有深层关系的诸多内涵和道理，而且把这些融会于教育学、思想学、伦理学、道德学之中，不断净化他们的人生、思想、生活、社会。进而，对规范人们的道德行为、培养高尚的道德情操发挥着不可忽视的重要作用。毫无疑问，鄂温克族谚语内容及包含的文化内涵极其丰厚，除上面提到的之外，还有很多内容在此没有谈到。我们可以说，鄂温克族谚语是反映鄂温克族历史生活及其文化与文明的一个重要组成部分。谚语的表现形式短小精悍，语言精辟深刻、形象生动，有其回味无尽的寓意。这些谚语同鄂温克族生活的自然环境以及与他们的生产方式、生活态度、思想意识、宗教信仰、审美价值、伦理道德等有机结合，从而具有了强大的生命力和影响力。

第五章　鄂温克族节日文化

鄂温克族的节日文化也是他们精神生活和精神文化的重要组成之一。鄂温克族有着极其丰富而独特的节日文化，而且同他们的生产活动、自然环境、季节节气、风俗习惯等密切相关。从某种意义上来讲，鄂温克族是一个节日很多，又很注重节日的民族。这完全跟他们生活在四季分明的自然地域，拥有极其丰富的自然资源，"万物有灵论"的自然信仰，以及热爱生命、热爱生活、追求幸福快乐、善于歌舞等有关。比如说，"阿雅伊宁"（1月1日的长寿节）、"布咖康伊宁"（1月5日的万神节）、"阿涅别"（2月的春节）、"欧沃伊宁"（3月的祭熊节）、"奥米那仁节"（4月的萨满节）和"罕希节"（4月的清明节）、"米阔鲁节"（5月的丰收节）、"奥卓尔伊宁"（5月动物神节）、"瑟宾节"（6月18的欢乐节或狂欢节）、"喜翁伊宁"（6月21～23日的太阳节或狂欢节）、"百纳查伊宁"（7月7日的山神节）、"敖米那冉"（8月1～5日的欢乐节或敖包节）、"米特根节"（9月9日的火神节）、"吉雅奇伊宁"（10月10日的幸运神节）、"伊满伊宁"（11月的冰雪节）、"布伽丹"（12月21～23日的感恩节或天神节）、"阿涅穆荡"（12月31日的年根节）等。在这些节日里，他们会祭神、祭天、祭祖，表达吉庆、祥和、祝福的意愿，还进行赛马、射箭、摔跤和唱歌跳舞等娱乐活动。另外，鄂温克族还要过"元旦""国庆节""劳动节""妇女节""儿童节""旗庆节""乡庆节""定居节"等现代节日。其中，最隆重且最重要的节日就是阿涅别节。毫无疑问，伴随鄂温克族生活越来越美好、越来越幸福，他们过的节日也越来越多，过节的形式和内容也越来越丰富、越来越现代、越来越快乐。

在鄂温克族区域生活的人们，或者说接触过鄂温克族的人们，或多或少都感受到他们丰富的节日生活，哪怕不是节日的日子，只是在周末，只要大家得到空闲机会或时间，他们就会相约在一起，围着熊熊燃烧的篝火，拿出大自然恩赐的丰盛食物，喝着用各种野果或驯鹿奶、牛奶、马奶等酿造的酒，一起欢乐、一起唱歌跳舞，共同度过美好欢乐的时光。所以，人们都说鄂温克族是一个自然、淳朴、快乐、爽快、包容、超脱、能歌善舞的民族。下文，就谈谈鄂温克族具有代表性的一些节日及节日文化。

第一节　阿涅别节

鄂温克语里说（anie bie）"阿涅别"或（anie）"阿涅"。其中，anie 表示"年"之意，bie 是指"月"的意思。那么，anie bie 合起来直译就是"年月"，意译是"正月"，也可以理解为"农历一年的第一个月"就是指农历的"正月"。因此，鄂温克人也把"阿涅别"，说成是"阿涅别节"或"正月节"。在鄂温克族的诸多节日当中，"阿涅别节"最具代表性、最为重要、最为隆重、最为热闹，也是历时时间上最长的民族传统节日之一。说的时间最长是指该节日一般都从正月初一的前一天晚上算起到正月的结束。整整一个月的时间，人们都沉浸在节日的气氛当中。动词"过年"用鄂温克语叫"阿涅拉然"（anielarang），也有"拜年"或"过大年"的意思。鄂温克族的"年"和汉族及北方其他民族一样，都是在农历正月"过"。这就是说，鄂温克族过"阿涅别"的日期，同我国汉族传统的春节时间完全相符。而且，整个农历正月都在鄂温克族"过年"的概念之中，他们可以从大年初一拜年拜到三十。不过，事实上，一般过完大年初五，过年的劲头就会减弱不少，并且很多人会回到日常的生产生活之中，更多的人边劳动边过年，这叫"过年和生产两不误"。再者，到了大年十五，这"拜年"或者说"过年"过得基本上就差不多了，许多人正式投入工作或生产。对于他们来讲，从大年十五到三十的这段时间，"年味"逐渐变淡，但这时往往有远亲或远离家乡生活的亲人们不远千里回家拜年。就这样，稀稀拉拉地拜年拜到农历正月三十，这个新年才算过完。这种传统的过年习俗，至今还一定程度地被保留在鄂温克族生活的呼伦贝尔辽阔大草原。

　　鄂温克族为了过好"阿涅别",几乎从入冬、下雪、地冻之后,就开始进行准备工作。从这个时候起,妇女们都在家用精美的手工缝制家人们"过年"时穿的各种毛皮长袍。其中就包括,小孩们穿的绸缎面料的毛皮长袍,也有青年男女、中年人和老年人"过年"时穿的各种颜色的布料、绸缎封面的毛皮长袍,还有在邻近村寨或牧场之间"拜年"时穿的羊羔毛皮长袍,以及给远处的村寨或牧场的人"拜年"时穿的长毛长袍等节日盛装。妇女们还要准备拜年时穿的各具特色的毛皮靴子、毛皮帽子、毛皮手套以及手工编织的又长又厚的羊毛线或驼毛线围脖等。所有这些,包括各种各样的衣扣都是鄂温克族妇女们和姑娘们用熟练的手艺一针一线缝制而成。这些"过年"穿的从头到脚的毛皮衣物,几乎要耗费她们近两个月的时间。然而,这种劳动对她们来讲,是幸福的、美好的和快乐的。她们说,自己是在缝制梦想、缝制希望、缝制无限美好的生活。另外,对鄂温克族男人们来讲,也基本上是从入冬开始就准备各种野味和拜年时使用的马匹、马车、雪橇等,他们把拜年时骑的马匹养得又肥又壮。同时,他们根据路途远近,以及老人、妇女、小孩的不同需求,动手制作拜年时用的各式各样的马车、雪橇等交通工具。这些马车和雪橇的制作工序、木料、花样、装饰都十分讲究,很有品位,看着就给人一种喜庆、幸福的享受。与此同时,男人们还要宰杀牛羊,准备过年时食用的牛羊肉。值得一提的是,他们为"阿涅别"所做的准备工作,都是在不影响日常生产生活的前提下完成。并且,所有这些节前的准备工作,都要求在腊月二十三之前做完。按照他们传统的说法,从大年初一开始到三十,至少到大年十五期间,家里的媳妇或姑娘不能动针线,说是动了针线就会把家里的福气扎穿带来晦气。同样,男人们也从大年初一到三十,至少到大年十五,不准做重体力活或去打猎,否则就会遇到意想不到的事故或大难。

　　腊月二十三这一天,鄂温克人要给"火神""天神""山神"和"祖先神"奉各种食物、烟酒等供品。过去,鄂温克人于腊月二十三还给摆满各种供品的诸神磕头,祈求平安、健康与幸福。这一天,鄂温克人也叫"过小年",当每一个人的祈福结束后,大家围坐在老人身边一起吃"过小年"的手抓牛排,在煮牛排的牛肉汤里还要煮牛肉饺子,以此表示"过小年"过得牛气十足。腊月二十三以后,各家正式开始准备"过年",男人们要着手打扫庭院，包括牛羊马圈都要清理得干干净净；妇女们要清扫房子、清洗衣物用具等。到了晚上，大家围坐在一起包过年的饺子，包过年的饺子是一个细活，要包得又小又精巧，包的饺子就像大拇指那么小。她们说，这种饺子煮起来不费时间也很方便。在他们看来，过年的时候，拜年的人多，每家每户都给来拜年的人煮自家的饺子吃。此时，人们的胃口都处于饱和状态，煮大饺子没胃口吃，煮拇指大的饺子吃个礼节、吃个味道就行了，也不浪费，经济又实惠。再者，过年在那忙活的时候，也用不着费那么大的火、费那么多的时间煮大饺子，这拇指大的小饺子一会儿工夫就煮熟上桌。对善良好客的鄂温克族来讲，包过年的饺子是一件极其快乐的事情，往往一家老少齐动手，女的和面、擀饺子皮，男的包饺子，小孩们负责将包好的饺子送到外面冷冻，冻好的饺子再放入面袋子里储存起来。一家包饺子，有时左邻右舍都来帮忙，包饺子时，老人还给大家讲故事、讲笑话，使大家包起饺子其乐融融。过年的饺子，一般都在吃完晚饭后包，而且要包到午夜，包好多冻饺子，有的人家包好几袋子，包完过年的饺子还要给大家煮上一锅来品尝。许多人家吃过年的饺子要吃到农历三月初三，吃到大地变暖，冷冻室里放不住冻饺子为止。

到了腊月二十五，鄂温克族家家户户都要炸用牛奶、奶油、野鸡蛋、白糖、面粉和在一起的糖馃子，蒸豆沙包，做野果酱馇馇，烤制稠李子饼与山丁子面包等，还要准备各种乳制食品，购买各种糖果、点心、酒水、爆竹等年货。其中，炸馃子备受鄂温克族妇女的青睐，因为这也是表现她们的勤劳，展示她们手艺的好机会。鄂温克族的节日饮食传统观念中，过年吃的炸馃子的味道好坏、花样丰富与否，直接影响着家庭生活的幸福与甜美。另外，鄂温克族在腊月二十六还要祭祀北斗星神；腊月二十八妇女们要修饰过节的发型，男的要理发、剃胡须；腊月二十九人人要洗浴，以示干干净净、明明白白迎新年。按照鄂温克族过年的传统习俗，腊月三十的一大早，家家户户用过年的食物再次祭祀所有的神灵，然后大家一起动手在房门或院门外插放绿叶茂盛的小松树或白桦树，在树枝杈上还要系彩色布条或彩纸，以此衬托出浓重的节日气氛。到后来，就变成房门和院门上贴红福和春联，屋里贴年画的习俗了。到了腊月三十晚上，也就是除夕之夜，一家人要吃顿辞旧岁的团圆饭，主要是吃手抓羊肉，喝用酸奶、肉汤、白米煮成的肉粥，并给老年人敬酒。然后，一家人到家门口燃起篝火，用酒和肉等食品共同祭祀祖先神，祈祷祖先神给他们带来幸福美好的一年。接着，燃放辞旧迎新的鞭炮。在他们看来，除夕之夜吃手抓羊肉，会在即将到来的新的一年里家庭和睦、牧场兴旺。大年初一，天还没亮，孩子们穿好新年服装到家族中的长辈家里拜年，孩子们祝老人健康长寿，老人给孩子们象征吉祥和祝福的洁白毛巾以及保佑孩子们安康的神偶。鄂温克人认为，新年的曙光到来之际，要是得到老人或长辈们的祈福和保佑神，孩子们就会在这一年里幸福安康，免除一切灾祸。当孩子们从老人那里拜年回来后，一家人才可以吃丰盛的早餐，甜甜美美地开始新一年的生活。初一晚上，男女老幼聚集在一起，尽情地欢乐、跳舞、唱歌，直到深夜。鄂温克族还认为，这天是一年的开始，处处要以美好而善良的心情相待，以免遇到不吉利的事，就会在一年当中遇到不顺心或不顺利，所以从初一起无论哪一家都不许打骂孩子，对来拜年的人一定要好好招待；到了大年初二，鄂温克族青年骑着膘壮的骏马或乘坐华丽喜庆的雪橇、马车，到远方的长者或亲戚家拜年；初三是中年人相互拜年的日子；初四是老年人相互拜年的时间；初五，村寨或牧场上的人们围着篝火唱起祝福新年的歌曲，跳起欢快、烂漫、狂喜的集体舞，人们手拉手围成一圈自左向右翩翩起舞，舞间休息时，大家还相互敬酒祝福，以此表达他们共同的美好祝愿；初六，基本上开始日常的生产活动。大年初一到初五期间，是鄂温克族相互拜年的日子，他们相互拜年时，要相互说：

mendu! anie bie ayahan gi?
安在　　年　月　好　　吗

您好！过年好！

大人们相互问安问好之后，还要相互敬烟敬酒。对到家里拜年的亲友，还要用肉汤煮冻饺子吃，用事先准备的酒菜来热情款待。初五以后，相互拜年的人就少了，只是特别要好的人家之间相互宴请。很有意思的是，这种家庭和家庭，亲友与亲友之间的相互宴请，往往要延续到正月十五。鄂温克族认为正月十五的这一天是天神和诸神到家拜年的好日子，为此他们会放弃一切活动，家家户户都要煮美味的肉汤饺子吃，还要以奶粥和乳制品供奉诸神，供给诸神用剩下的奶粥等还要让男人们吃喝，以此象征男人们以后更有力量和智慧，能更好地保护妻子、孩子和家园。到了正月十六这一天，村寨或牧场上搞"抹黑脸"游戏。在这一天，人们用锅底黑灰碾制而成的黑料水互相抹脸，抹得越多越黑越吉祥，以此表示在新的一年里避邪消灾。从正月十五日至三十日期间是远走的孩子们，远嫁的女儿们回家拜年，以及远处的亲戚及远亲之间相互拜年的日子。用鄂温克族传统习俗来讲，在过年的时候，无论是相隔万里的孩子，或者是嫁到远方的女儿，都必须回家给父母拜年，否则会被人们说成是不孝子女而遭冷落。再说，远处的亲戚或远亲之间也一定要相互拜年，否则会被认为是切断血肉联系，或者被说成是疏远亲缘关系的人而被冷眼相待。因此，远走的孩子们，不管住多远，不管有多大的困难，无论如何要在正月里回家给父母拜年。远处的亲戚或远亲也是如此，也要千里迢迢相互来拜年。再说了，鄂温克族拜年时，还要摆上各种家宴，宴席中总是离不开手抓肉、冻饺子、各种野味、各种炒菜，以及奶酒或其他奶制品。

拜年对于鄂温克族来讲，不只是为了烘托节日的气氛，相互之间走走看看或寒暄应酬，相互之间摆摆酒席吃吃喝喝的事情，更为重要的是相互之间加强往来，强化亲属和血缘关系，交流感情以及一年来的收获与家庭的变化等。所以，他们通过一年一度的过年和相互拜年，基本上都会知道谁家的孩子结了婚，谁家新生了儿女，谁家的老人故去，谁家里出了什么事或发生了什么变化，谁家的牛羊增加了等事宜。男女青年甚至会抓住相互拜年的机会，谈情说爱，大人们探讨新的一年的生产生活等。从这些方面来看，鄂温克族的"阿涅别"是一个很重要的节日活动。

21世纪的今天，鄂温克族的"年味"也发生了很大变化，有的人家拜年时使用上了轿车、电动雪橇、摩托车，吃上了丰富多样的海味、蔬菜、水果，穿上了西服、羽绒服、太空保暖衣，喝上了啤酒、葡萄酒、香槟酒和各种饮料。人们也不像过去挨家挨户地拜年了，会打电话拜年，其他时间就围坐在家里看春晚和春节期间的丰富多彩的节目。过去那种围坐在一起热热闹闹地包冻饺子、炸馃子，拉家带口地一起拜年，大家围着篝火翩翩起舞等传统习俗越来越淡，只留下辞旧迎新的爆竹声和人们对于无限美好生活的祈盼。

第二节　瑟宾节

鄂温克语"瑟宾"（sebing）一词据说表示欢乐祥和的意思，所以说"瑟宾节"自然是指"欢乐祥和节"或"自然祥和的节日"。据说，鄂温克族从很早时候就过这个节日。早期，每逢瑟宾节，人们就会聚集到一起进行娱乐活动，由萨满负责安排各种活动，到了晚上还要点燃篝火，大家围着篝火边歌边舞，并在萨满的主持下祭祀诸神，接着还举行盛大的篝火宴，常常是边吃边喝边唱边跳，一直玩到第二天的黎明。从历史的角度讲，瑟宾节是鄂温克族最为远古而传统节日。那时，每逢春暖花开的季节，按照上一年部族联盟会议的决定，每个部族族长带领族人从四面八方来到事先约好的中心地带，并在部族联盟首领的主持下，举行盛大的瑟宾节庆典活动。届时，首先由部族联盟首领宣布本次节庆活动时间、形式、内容、程序等，然后由最具权威的萨满领着各部族的萨满举行各种祭祀仪式，感谢神灵在过去的一年里给予他们的恩赐，祈求神灵在以后的日子里一如既往地保佑他们，给他们带来更多的安宁与幸福，使他们的生活更加繁荣昌盛。紧接着，参加该项节日活动的所有人，在各自族长的引领下，通过萨满向诸多神灵表述各自内心深处的祈盼、愿望。这些信仰仪式结束后，各姓部族长在部族联盟首领的召集下召开每年一度最为重要的族长联席会议，重新商讨、调整、布置各部族牧场、猎场、迁徙路线、迁徙地，以及与生产生活密切相关的重大事宜，还商定下一年度举办瑟宾节的具体地点等。有时，部族联盟的会议第二天接着还要开，长的时候要开好几天。不过，每当到了晚上，点燃篝火，不同部族的人们各自拿出山珍野味及拿手的美味佳肴供大家食用。等吃喝到差不多了，大家就围着篝火边歌边舞，老人们或部族长们就会边吃边谈放牧的经验或收获、分享狩猎的感受与心得，到了婚配年龄的青年男女借此节日集会缔结恋爱关系。另外，不同部族的族人或族长之间，还各自拿着最好的猎物或精心加工的各种皮毛制品、手工艺品等互相赠送加深交往和情感。后来，鄂温克族这一传统节日活动，成为部族间定期互访并加强内部往来和团结，加强民族认同意识的主要纽带。节日期间，鄂温克族基本上都以特定部族为单位参加各种活动。不过，在我们进行田野调研时，也有的鄂温克族老人对我们讲"瑟宾节"是后来的人们根据鄂温克族传统节日"喜翁伊宁"（太阳节）的说法，新认定的一个节日。

如今瑟宾节是在内蒙古自治区鄂温克族研究会广泛征求本民族同胞的意见基础上，依照鄂温克族民众的要求和愿望订立的。在该研究会第三届会员代表大会上一致通过了"瑟宾"为本民族节日名称，时间定为每年的6月18日，同时定"彩虹"为节日主题歌舞。1994年6月18日，在鄂温克族自治旗巴彦呼硕敖包山，举办了首届瑟宾节庆祝活动。此后，每年6月18日全国各地的鄂温克族都以歌舞、游戏、民族体育比赛等方式欢庆本民族法定瑟宾节，鄂温克族自治旗旗委、旗政府也将瑟宾节的节庆活动作为良好时机，展示本民族传统特色的体育、歌舞、娱乐、服饰、饮食、居住、礼仪、手工艺制品等。瑟宾节成为保存和弘扬鄂温克族优秀传统文化、增进民族间的交流、加强民族内部交往与联系、振兴民族物质文化与精神文化及文明的重要节日，也是繁荣发展地区性、民族性特色文化事业及其旅游文化产业，不断对外宣传本民族优秀传统文化及扩大知名度的一个重要途径。如今，到鄂温克族自治旗观看瑟宾节的特色民族文化活动与表演，参与丰富多彩的节庆活动已成为呼伦贝尔草原旅游的重要内容之一。

第三节 喜翁伊宁和奥米那仁节

鄂温克族的喜翁伊宁节是该民族最为古老而传统的传统节日之一，喜翁伊宁节的"喜翁伊宁"（shiwung ining）的 shiwung 在鄂温克语里指"太阳"，而 ining 是说"日子"，那么"喜翁伊宁"的意思就是"太阳的日子"，意译的话就是"太阳节"。鄂温克族的"喜翁伊宁节"要在每年的6月21～23日太阳日照最长的日子里举行。那时，生活在北极圈的鄂温克族先民，在太阳日照时间最长的那几天几乎看不到夜色，用他们的话说，所谓的夜晚就在眨眼工夫一晃而过，人们就在白天的感觉中度过一天的24小时。极昼时就是到了晚上人们也没有什么睡意，这时大家就会从家家户户走出来，一起欢庆喜翁伊宁节，一边吃喝一边唱歌跳舞。或许为了一种喜庆，或许为了避免阳光的暴晒，在太阳节狂欢的时候，不论男女老少都要在脸上涂抹各种颜色涂料载歌载舞。狂欢一般举行三天一直持续到 6 月 23 日，这其中有谁如果实在累了或困了就会眯瞪一会儿，很少有人在狂欢期间睡大觉。随着鄂温克族先民离开北极圈，迁徙到内陆地区，喜翁伊宁节被渐渐淡化，所以现在生活在我国大陆的鄂温克族已不过节日了。对于他们来讲，这或许是一个遥远的回忆。

鄂温克族在每年四月四日举行萨满信仰集会，该节日被他们称为"奥米那仁节"。节日一般进行四天，不过也有进行八天的时候。奥米那仁节的"奥米那仁"（ominaran）一词主要表示"祭祀""祈祷""祷告"等意思。在奥米那仁节期间，鄂温克族萨满要天天举行信仰活动，信众也跟着萨满日夜歌舞，在显示该信仰节日的隆重、神圣的同时，还要表现出热烈、轻松、欢快的氛围。不过，据他们讲，各地鄂温克族举行奥米那仁节的时间有所不同。虽然绝大多数地方的鄂温克族选择四月四日这一天，然而也有在四月五日或六日进行的，持续时间上个别地区的鄂温克族会进行 3 天至 8 天不等。这种以信仰活动为核心的节日庆典，一般都要在最有影响力的萨满家里进行。到时候，在萨满家的院内或家门口会立一棵直径约为 10 厘米、高约 4 米的白桦树，同时在萨满的屋内还要立一棵同样直径的杨树或柳树，接着在两棵树之间系一条麻绳，然后在树枝和麻绳上面挂满由信仰者奉献的五颜六色的布条或绸缎，以此表示他们虔诚的信仰。特别是那些曾经受到萨满帮助、关怀、安慰，以及在肉体或精神上遇到磨难时得到过有效治疗的人们都会来参加。一些信仰者，拉家带口地搬到萨满住处的旁边，一直住到活动结束。在此信仰活动期间，主要是资深萨满或者是说最有威望的老萨满给新萨满传授信仰知识，新萨满也根据不同信仰者的需求显示自己所学的本领，给那些在肉体或在精神上受难的人们进行治疗。当他们的治疗不到位，或者出现问题时，老萨满就现场给予指导，使新萨满在具体信仰活动及其治愈肉体和精神方面受难者的实践中不断提高自己的本领和技术。对于信仰者来说，新老萨满集会的机会也是给自己各种病态反应进行治疗的好时机，因此他们不远千里来此参加奥米那仁节，接受肉体或精神方面的治疗，接受萨满对他们幸福美好生活的祈福等。与此同时，他们为了表示对萨满的谢意，还要根据自己的经济条件献给萨满一些牛羊马或珍奇野兽肉、毛皮等。庆典期间每天上午，老萨满给新萨满传授信仰知识和有关治疗人的肉体或精神痛苦的方法、技巧、手段等；每天下午，萨满给人们治疗肉体或精神方面的痛苦或疾病，并以诸神的名义为那些信仰者祈祷和祝福。另外，在奥米那仁节期间，萨满还要检查人口增减、社会发展、经济收入、产业发展等方面的情况。通常由某一家族姓氏的老人或代表性人物到老萨满那里进行汇报。

奥米那仁节期间，不论萨满用何种方式方法给谁治疗痛苦，那些信仰者都要围坐在一起跟萨满一起唱信仰歌，有时还同萨满一起跳舞，并目睹萨满用信仰方式方法给不同患者进行治疗的经过。到了中午，信仰者就会集聚到一起，边吃喝边唱歌跳舞边交流信仰方面的各种认识和知识。到了晚上，大家还要点燃篝火，一起度过美好时光。他们认为更加可贵的是，在晚上的娱乐活动中，萨满也以普通人身份来参加，这使他们的娱乐活动变得更有实际意义和内容。有时，萨满也同信仰者一起唱歌跳舞。鄂温克族的奥米那仁节，往往由某个大的姓氏家族为核心来举办，同时邀请其他姓氏家族的萨满来参加，所以每次过该节时新老萨满人数达到四五名，多的时候要到十名左右。不过，在举行重要的信仰活动时，必须由一名本姓家族的老萨满同一名请来的其他姓氏家族的萨满共同完成。他们的信仰舞也叫萨满神舞。这一以信仰内容为核心的节日活动快要结束的时候，或者说开展到最热闹的时候，还要进行赛马、射箭、摔跤和歌舞等娱乐活动。不过，20世纪60年代中期以后，鄂温克族的奥米那仁节几乎就不再举办了。21世纪以后，伴随我国各民族传统文化的不断繁荣发展，已处于消亡状态的鄂温克族奥米那仁节在草原牧区又有了新气色，但在规模、形式和内容等方面都已有所变化。

第四节　印姆嫩节

印姆嫩节是从事畜牧业生产活动的鄂温克族的特定节日，也就是牧场上人们统计牛马羊头数的节日。在鄂温克语里"印姆嫩节"的 immuneng（"印姆嫩"）是指"给牲畜身上留记号""给牲畜身上做记号"或"给牲畜身上打印"等意思。事实上，这是畜牧业经济领域的重要的生产活动之一，一般都在五月下旬，根据天气变化选择较为理想的日子进行。到时候，主办者把周边牧场的人们都叫来，帮助他们统计本年度新增的牛马羊的数目，同时给牛马羊做记号或身上打印记。新增加的羊是在耳朵上做记号，新增的牛马是在身上打印子，打印时基本上都要选择后大腿部。因为每家都有牧场和牛马羊，因此无论给羊耳做记号，还是给牛马身上打印记，都要有区别标记。相比之下，牛马还好辨认一些，何况牛马善于辨别自己的主人。但是，给羊做记号就没那么容易，因为羊的数量多，毛色基本上都是白色，羊辨认自己主人的能力也很低。正因为如此，给羊做记号的时候尽量同其他牧场的羊群记号相区别，否则自己的羊群丢失或走散了就很难再找回来。实际上，给牛马羊做记号或打印是一项重体力劳动，羊的数量多，牛马力气大，只是自家牧场的劳动力往往不够，因此常常请周边牧场或亲朋好友来帮忙。

在时间上，不能够同周边牧场的印姆嫩节相冲突，尽量相互错开，结果该劳动与节日相结合的活动常常要从 4 月 18 日左右开始直到 20 多号才结束。无论是谁家过印姆嫩节，大家都要从早晨一直忙到下午，给牛马羊统计完新增头数之后，牧场主要摆上事先准备好的丰盛的饭菜和酒水，招待大家。这时，人们完全醉心于牧场主丰收的喜悦之中，大家频频举杯祝贺牧场主通过辛勤劳动获得的丰收，并预祝未来的日子获得更加理想而丰厚的收成。牧场主也举杯向大家表示诚挚的谢意，感谢大家来帮忙。就在这样的节日气氛中大家度过美好、快乐、幸福的时光。大家吃喝到差不多的时候，就会点燃篝火一起又唱又跳，把节日的气氛推向高潮。节日活动通常进行到午夜才结束。当牧场上的印姆嫩节结束的时候，牧场主还会给每位来帮忙的亲朋好友送上新鲜的牛羊肉作为礼物。从严格的意义上讲，鄂温克族牧场上的印姆嫩节是一个以家庭为核心，并有一定规模，时间也拉得较长的群众性社会化节日。正因为牧场上的每家每户都要举办印姆嫩节，所以有的牧人，尤其是那些青壮年牧人几乎要参加十个以上牧场主举办的该项劳动与娱乐相结合的节日活动。有的牧场主还要进行摔跤、赛马、歌舞等娱乐活动或歌舞演出等。

根据我们的调研资料，米阔鲁节也是从事畜牧业生产活动的通古斯鄂温克族牧民欢庆丰收的传统节日，其中的"米阔鲁"（mikoro）是通古斯鄂温克语的译音，主要表示"庆丰"之意。从事畜牧业生产，随季节逐水草而迁徙的牧民有着丰富的草原生活经验，也有很强的自然适应性，在马背上长大的他们几乎从摇篮时期就受到环境的熏陶，有的人还不会走路时就学会了骑马，以后逐渐参加赛马，学习套马、驯马的本领。我们在这里所说的米阔鲁节的举办日期是一个大概的时间，要根据实际情况或天气的变化及时调整举办节日的日子，有时提前一两天或拖后一两天进行，但最多的时候还是在 5 月 18 日举办，或者说在五月下旬选择一个春光明媚、风和日丽的日子，作为接羊羔等工作的结尾时间，牧场主们从四面八方汇聚到约定好的牧场，共同庆贺接羊羔的工作顺利结束。

就在五月下旬的这几天，碧绿如茵的草原上，到处可见白云般的羊群和忙碌的牧羊人，到处是牧羊人充满幸福的笑脸。据说，通古斯鄂温克人每年的五月下旬，都为新生的羊羔和羊群的丰收而欢歌笑语，他们身着鲜艳的节日盛装，亲朋好友互相帮助，给牲畜拔坏牙、打烙印、剪鬃、打耳记。穿着靓丽盛装的牧场姑娘们，双手忙着抓羊羔，抱在怀里抚摸着，沉浸在丰收的喜悦之中。彪悍的小伙子矫健地跨上最好的"杆马"，挥舞着长长的套马杆追套烈马，草原上腾起阵阵尘烟。每当套住烈马时，强壮的骑手们便一拥而上，跳上马背，拉住马尾，握紧马耳，刹那间将马摔倒在地，开始剪马鬃、马尾。若是有刚刚进入成年期的生马，还要在它的臀部打上烙印作为标志。整个过程非常紧张而有趣，这是牧民们大显身手的好机会。入夜，包括青年男女牧民大家一起环绕篝火，手拉手自左向右转动，一人领唱，众人相和，载歌载舞。舞步刚健有力，节奏感强，具有草原的独特风格。他们还要准备丰盛的手扒肉、美酒和其他美味佳肴，宴请所有参加生产活动的客人，热闹非凡。

通古斯鄂温克人的米阔鲁节也同印姆嫩节一样，主要是进行给马烙印、除坏牙、剪耳记、剪鬃毛及羊割势等一系列的畜牧业生产活动。那些体壮力强的小伙子们，从马群里套出二岁小马后首先将它放倒，这时有人就会用事先准备好的剪子剪鬃、割尾梢，有人则用刀子割耳做记号。这时牧场主把自家的畜印烧红，在马的右胯上烙印。牧场主还把剪下的马鬃和割下的耳块都收起来，作为清点牲畜头数的实际数量保存好。这一活动中有本姓氏家族的萨满会应邀来参加，牧场主要从刚刚打过马印马匹中选出一匹白马献给萨满，同时对选给萨满的白马进行剪耳时，牧场主拿起盛满奶酒的木碗，将奶酒从白马的两耳中间直洒到尾根部，然后将献给萨满的白马交给萨满或放回马群，萨满需要这匹白马时可以随时过来牵走，也可以永远放在牧场主的马群里牧养，就是萨满不拿走的前提下别人也不能骑用。

在通古斯鄂温克族的米阔鲁节上，牧场主或牧场里的老人也给外甥、侄儿、女儿等赠送小羊羔或小马驹，祈福晚辈们拥有更多的羊群和马群。在举行印姆嫩节或米阔鲁节的晚宴时，按照鄂温克族先茶后酒的饮食习惯，先给大家献上喷香奶茶，然后才敬上浓香的奶酒。在晚宴上，牧场主郑重向大家宣告在新的一年里幼畜的繁殖数量，并向大家前来帮忙表示诚挚的谢意。大家也向主人道喜，祝他"牲畜旺盛，烙印割势的数字与岁俱增"等。有时，他们从这一家吃喝到另一家，一直欢庆到午夜或第二天早晨。

第五节　敖包节

敖包节也是鄂温克族最为古老而传统的节日，也是同他们信仰世界密切相关的节日之一。"敖包节"的"敖包"（obo）一词是在阿尔泰诸语里经常使用的名词，所表示的意思相当于汉语的"土包""凸出地""小山包"等。"敖包节"是一个有很强群众基础的节日活动，也是一个规模很大、涉及面很广、内容很丰富的节日。"敖包节"的来源，在鄂温克族里有一则这样的神话传说，其中就讲道：

> 很早以前，在一个夏日的深夜，一位乘坐小马车的披头散发的女人出现在鄂温克人生活的村庄，她哭哭啼啼地大闹个不停，她的哭闹声招来了可怕的暴风骤雨，使整个村庄变得人心惶惶，不得安宁。就在那一年的冬天，人们到冬河上冰洞里打水时，在冰洞口发现了一个披头散发的女人头，这把人们吓得丢下水桶慌忙往家跑。然而，意想不到的是，过会儿突然又刮起了天昏地暗的暴风雪，这使人们又一次感到了极大不安。为了搞清楚究竟，村庄里的人请来

9 位萨满，希望通过他们神力解决人们遇到的可怕疑惑。9 位萨满弄清了这是一位女妖闹腾的事情。也就是说，夏天赶着小马车来村庄的以及在冰洞里出现的披头散发的女人头都是女妖的化身。接着 9 位萨满用高超的神力抓住了这位在村庄里作怪闹腾的妖女，并把她埋在西面山坡，并用石块和土堆重重地压在上面，由于石头和土压放得太多，此处就变成了一个小山包。用鄂温克语讲，就成了一个名副其实的"敖包"。不过，人们还是不放心，唯恐日后女怪从小山包地下跑出来折腾，给他们的生活带来阴影或麻烦。因此，村里的人经常到这里在小山包上添上石头和土，除了村里的人，只要路经小山包的人都要放上几块石头。如此时间久了，小山包就越变越大就形成了一个大敖包。尽管如此，被女妖吓坏了的人们，没有彻底消除担忧和恐惧的心理。因而，大家商定，选择五月底或六月初春暖花开、风和日丽、牛羊肥壮的季节定期祭祀"敖包"。从此往后，鄂温克族就有了祭祀"敖包"的节庆活动。

草原上的鄂温克人看到，祭祀敖包的活动有驱魔赶鬼、镇恶压邪、祈求安宁、招福为民、祈求牛羊肥壮和天下太平等内涵，所以他们的每一个姓氏家族都有了各自祭祀的敖包。再后来，每一个嘎查、索木或浩署也有了祭祀敖包的活动。而且，为了让不同村寨或姓氏家族人都能来参加，他们把各自祭祀敖包的日子都相互错开。正因为如此，草原鄂温克族的祭祀敖包时，往往选 5 月底到 8 月之间的好日子举办。由于在这个季节，难能预测草原上的天气变化，所以很难把祭祀敖包的日子定死。一般来说，各姓氏家族的敖包祭祀活动基本上从 5 月底到 6 月间进行，嘎查或索木的敖包祭祀活动在七月间进行，而浩署的敖包祭祀活动一般在 8 月 1 号到 8 号期间举办。无论敖包活动的大小，参加者都要祈求诸神给他们带来风调雨顺、四季平安、牛羊肥壮、牧场丰美的幸福生活。

另外，我们调研时发现有的牧区鄂温克族祭祀的敖包是他们姓氏家族的萨满死后埋葬的坟地，即该姓氏家族里最早而德高望重的萨满死后埋葬的地方，该萨满的弟子们和他的信随者们，每年择六月的某一天到此进行祭祀，这样的敖包他们叫"千丹敖包"。届时，他们选择好祭祀的日子，大家都来到祭祀萨满神灵的敖包前，首先祭祀萨满神灵，接着祭祀天神、山神、水神及诸神。不过，像嘎查、索木、浩署的敖包，就由该嘎查、索木、浩署的所有人共同来祭祀。祭祀用的祭品大家各自带来，祭祀完后大家一起吃喝或娱乐的费用也由大家分担。祭祀敖包时，先由萨满举行信仰仪式，然后大家献上各种祭品。他们把最好的祭品叫"扎斯"（重大祭祀品）指的就是牛羊肉，甚至是整只羊肉。敖包的祭祀活动结束后，大家围坐在敖包周围一起吃喝娱乐，还要观看摔跤、赛马比赛等。后来，举办敖包的规模越来越大、内容越来越丰富，甚至各种娱乐活动和商贸活动内容等都参与进来。为满足更多人参与该项节庆活动，把时间移到了8月，因为8月是草原最热的时候，再说在此之前，牧场上本年度前半部分工作已经完成。比如说，接羊羔、剪羊毛、给牛马羊打印、让牛羊马长膘、搭建各种过冬用的棚舍等工作已经都结束，留下的就是打牧草和过冬前的各项准备工作了。草原上的人们充分利用牧场工作的空档办敖包，大家祭祀敖包的同时参加各种娱乐活动，购买各种生产生活用品，年轻人还抓住时机谈情说爱。如今祭祀敖包，依旧由某一姓氏家族的老者或有威望的人主持活动并负担费用，萨满展示神力，向神灵祈求平安、幸福，进行赛马和摔跤比赛等还是延续着过去的形式和内容。他们说，生活越美好越应该好好祭祀敖包，敖包是他们传统的物质文化和精神文化的重要载体。

第六节　布伽丹节

与"喜翁伊宁节"（太阳节或者说夏至节）密切相关，鄂温克族还在每年的12月21~23日举办"布伽丹节"。"布伽丹节"的"布伽丹"（bugadan）主要表示"天神"之意，而bugadan是在名词buga"天""地"后面接缀从名词派生名词的构词成分-dan构成派生名词。很有意思的是，在鄂温克语里，将"天"和"地"都叫"布伽"。不过，此处"布伽"一词自然是指"天"，不表示"地"的意思。那么，"布伽丹神"就是指"天神"。极夜期间，生活在北极圈的鄂温克族几乎看不到太阳，一天24小时均在黑暗与严寒中度过，特别是赶上可怕的暴风雪天，这种暗无天日的天气还要延续一些天。生活在北极的鄂温克族先民，在极夜期间会遇到许多意想不到的灾难。一些人家，尤其是那些家里缺少劳动力，或者由老幼病残者组成的家庭，常常由于食物或燃料的短缺，以及没有做好充分的保暖准备工作而冻死或饿死。那些经验丰富的白发老人们，会把事先准备好的食物和燃料放在驯鹿雪橇上，送给那些需要帮忙的家庭。更加可贵的是，白发老人们常常以布伽丹神的名义给那些需要帮助的人送去温暖和食物。这使那些得到白发老人们的帮助的人们，在感谢白发老人的同时，也感谢布伽丹神送来的温暖与关爱。

后来，生活在北极圈的鄂温克族先民，为感恩在白雪皑皑的严冬赶着驯鹿雪橇给受难者送去食物和燃料的白发老人们，在每年的冬至都要举办布伽丹节活动。在他们看来，在风雪交加的严寒中，是他们信仰的布伽丹神派来白发老人给自己送来了食物和燃料，在冬至的这几天，他们就会点燃熊熊燃烧的篝火，以萨满为首先祭拜布伽丹神，感恩德高望重、雪中送炭的白发老人们。这些仪式结束之后，他们大家围着篝火吃肉、喝酒造的奶酒，还要载歌载舞，共同在节日欢乐的气氛中度过漫长的冬至之夜。到这时，他们的布伽丹神的祭祀活动自然结束，人们在那白雪覆盖的北极，又开始忙碌的牧养驯鹿的生产生活。

至今，在鄂温克族生活的村赛还保留着在每年的冬至，也就是 12 月 22 日左右祭祀布伽丹神的习俗。不过，对此节日的说法或解释都有所变化。比如说，有的人认为，所谓的布伽丹神是指太阳神，而太阳神实际上就是火神。在冬至这几天火神要回家休息，所以白天很短或没有白天，反过来也变得很长直至占有了白天的时间。因此，祈求火神赶紧回来，给严寒和饥饿中煎熬的人们带来光明和温暖。为此，鄂温克人在自家门口搭上简易的生火用的炉子，在简易炉子的南、西、东三竖起几乎与炉子一般高的木架，并在炉子正面放上一个矮小木桌，桌上摆满各种祭祀天神的供品。与此同时，在炉子四周点燃蜡烛，在炉子边的木架和矮木桌上挂满各种颜色的布条。另外，在炉子正面的矮小木桌上还要放上整只羊胸，以表诚心。然后，才将炉火点燃，大家跪拜在炉火前面，祈求火神给严寒中的人们带来更多的阳光与温暖，各自还把双手并于胸前，闭上双目向火神许愿。等这些活动结束后，他们会把矮小木桌和路或周边竖立的木架连同蜡烛、彩色布条、各种祭祀品一起点燃，这时大家异口同声地大声反复说"呼日耶""呼日耶"……，最后大家还要向火神跪拜叩头。鄂温克人坚定地认为，虔诚的祭祀仪式会感动火神，所以火神马上就会回到他们中间，给他们带来光明和温暖。

第七节　伊满伊宁节

生活在寒温带或寒冷地带的鄂温克族还有"伊满伊宁节"。鄂温克语的"伊满伊宁"是由名词"伊满"（imandi）和"伊宁"（inin）合二为一的名词，它们的合成原理应该是 imandi inin > imand inin > imaninin "伊满伊宁"。其中，imandi > iman "伊满"是指"雪"，而 inin "伊宁"表示"日"。"伊满伊宁"的直译是"雪天"，意译是"白雪节"或"冰雪节"，现在一般都叫"冰雪节"，约在每年的 11 月底或 12 月初举行。有人也把"冰雪节"说成是"冬季那达慕"。众所周知，每年 11 月中下旬之后，鄂温克族早期生活的寒温带或寒带地区已白雪皑皑，这时在厚厚的雪地上，雪橇、雪板、滑雪板和驯鹿成了唯一的交通工具，由于马和牛的蹄小在雪地上走路很费劲，鄂温克族能用驯鹿就尽量不用牛与马。从历史和传统的角度来讲，生活在寒冷地带的鄂温克族等到白雪完全覆盖所有高山、草原、大堤、冰河的时候，才举行白雪节。白雪节由不同的部族轮流承办，主办单位还是部族联盟会。届时，人们从四面八方汇集到事先约定好的地点，也就是在上一年的白雪节部族联盟会共同商定的场所，举行各种庆祝活动，包括驯鹿雪橇、马拉雪橇、牛拉雪橇、骆驼拉雪橇、狗拉雪橇、滑雪板滑雪、冰板滑雪等比赛活动。还要进行，冬季服饰、各种动物皮毛货物、冬季生产生活用具、冬季饮食品、冬季艺术品等方面的贸易交流。晚上还要举办隆重而热烈的篝火晚会，大家围着篝火参与各种娱乐活动。

现在，只有生活在内蒙古呼伦贝尔鄂温克草原的鄂温克族在每年的 11 月底举办白雪节，即所谓的"冬季那达慕"。至今，在鄂温克草原明珠巴彦浩署已经举办六届了。从第一届到第六届，参加的人数逐年增加，活动内容也越来越丰富。现已有了由身着本民族华丽冬装的马队、骆驼队、驯鹿雪橇队、牛拉雪橇、马拉雪橇、骆驼雪橇、华丽马车组成的入场仪式，也有了电雪橇比赛、抢枢比赛、摔跤比赛、冬季服饰表演、冬季歌舞演出等。人们发自内心歌唱今天的美好生活，衷心祝愿未来的日子更加幸福安乐。白雪节也成为鄂温克族加强民族团结、广交朋友、促进民族经济发展的一个重要桥梁和纽带，也成为做大做强鄂温克族冬季旅游事业，全力打造"银色鄂温克"，充分展现鄂温克族丰富冬季冰雪旅游资源的一次盛会。通过举办白雪节盛会，鄂温克族的传统文化，特别是冬季文化及其民俗得到进一步挖掘和抢救保护，白雪节已成为鄂温克族地区冬季旅游事业发展的新的经济增长点。

除了以上重点介绍的节日，鄂温克族还有 1 月 1 日的"阿雅伊宁"（aya nin，长寿节），1 月 5 日的"布咖康伊宁"（bugakanin，万神节）；2 月 2 日的"穆独日伊宁节"（mudurinin，龙抬头节），这天鄂温克人都不干活，不能动用任何劳动工具，包括刀枪等，否则会惹怒龙神而遭殃；3 月 3 日"欧沃伊宁"（祭熊节），这天鄂温克人将对熊骨进行祭祀活动；4 月 5 日的"汉西伊宁"（xiwuninin，清明节），主要祭祀死去的先人，还要用菜、酒和乳制品、肉食品向先人亡灵进行祭奠；5 月 1 日的"敖卓尔伊宁"（ojoor inin，祖神节）；5 月 5 日的"木伊宁"（muunin，水神节），认为从这一天起水有了生命，因此在这一日天亮之前起床，以纯净的河水洗澡，洗去往日带来的污垢及疾病，然后在头上插白蒿来辟邪；6 月 6 日的"库玛汉伊宁"（kumahaninin，驯鹿节），是鄂温克族传统节日之一，届时进行骑驯鹿、驯鹿车、套驯鹿比赛，吃驯鹿肉，喝驯鹿奶酒，进行驯鹿皮毛制品交易，交流牧养驯鹿经验与知识，重新划定各部族间的驯鹿牧场，商定雄性驯鹿相互交换的问题等。鄂温克族的这一传统节日，在历史上自然成为不同姓氏家族间定期相互交流牧养驯鹿经验，以及加强不同部族间的往来和团结，加强民族认同意识的主要纽带。

鄂温克族基本上以部族为单位举办或开展各种节庆活动。比如，7 月 7 日的"百纳查伊宁"（baynaqanin，山神节），是给山神磕拜；8 月 8 日的"布拉日宁"（bolnin，立秋节）；9 月 9 日的"米特根节"（mitegen，火神节）；10 月 10 日的"吉雅奇伊宁"（jiyaqinin，幸运神节）；11 月 23 日的"米特尔伊宁"（miterinin，小雪节）。鄂温克族认为从 11 月 23 日这天起天气逐渐进入严寒，同时也是人们带来了自然存放冻肉及其他冻制品的好时期。所以，他们就宰杀过冬度春用的牛羊，在仓库或储藏车里储存牛羊肉、冻饺子、冻蔬菜、冻水果等，还在这一天决定冬季出卖的牲畜。鄂温克族家家户户忙碌一天后，摆上宴席庆贺小雪节的到来。有的牧场上，还要几家合在一起庆祝，举行唱歌跳舞等娱乐活动。当然，那些条件好、牲畜多的牧场主，会举行规模和形式上更大些的小雪节庆典，邀请左邻右舍或亲朋好友来参加，到了晚上还要搞篝火晚宴，弄得也很热闹、很有节庆味道。

不过，同上面较为全面介绍的节日相比，这些节日在鄂温克族看来都属于小型节日，其活动范围或形式比较有限，绝大多数人都是小规模或在亲朋好友之间，以及在家庭范围内举办一些象征性的庆典。

第六章　鄂温克族信仰文化

鄂温克族信仰"万物有灵论"。在他们的信仰世界里,坚定地认为自然界的万物都有灵魂,而灵魂是永恒不死的,万物的灵魂都有各自的神来保护和管理,受到人们虔诚的崇拜。人有灵魂,人的灵魂也是永恒而不灭的,人的灵魂由太阳神和天神来保佑和管理。所以,在他们看来,太阳神和天神最伟大、最神圣。除此之外,还有"祖先神""婴儿神""山神""火神""动物神""驯鹿神""蛇神""地神""海神""河神"等。

从某种角度来讲,自然物崇拜是鄂温克族信仰世界中产生时间最早、包括的对象最广、延续时间最长的信仰,是鄂温克族信仰历史上最远古、最传统、最丰富的信仰形式和内容。在鄂温克族的自然信仰中,自然界中出现的自然现象,自然界中存在的自然物,自然界中动植物的灵魂及其主宰灵魂的一切神,控制着人和自然界万事的生命。人们必须以最虔诚的内心膜拜、崇奉、信仰它们,要与它们和谐相处,用心灵和真诚与它们进行接触和交流。鄂温克人认为是大自然养育了他们,是大自然的一切神灵保佑着他们,因此他们也在力所能及的情况下,爱惜大自然的一切生灵,否则就会得到来自大自然和神明的惩罚和报复。这种信仰,表现在鄂温克族早期生活的方方面面,可以说涉及他们生活的各个领域。所以,他们每天都十分谨慎、规矩而严谨地生活着,唯恐在哪一件事情或哪一方面不小心犯了错误,得罪了哪一个生命的灵魂及其他神灵,就可能得到应有的惩罚甚至招致灭顶之灾。例如,在草原上、山林里、河水中不随丢弃垃圾或废弃物,这样会伤害草或草原、山或山林、水或江河的生命,结果受伤害的灵魂就会去找各自的神灵,这时草神或草原神、山神或山林神、水神或江河神就会来教训、报复、惩罚那些犯了错误,伤害自然界生命及其灵魂的人。正因为如此，他们用充满信仰的心灵尊重和保护自然界和自然界的一切生命，并和自然界的一切生命和谐相处。由此，他们有理由告诉人们，是鄂温克人用虔诚的自然信仰保住了今天美丽富饶的呼伦贝尔大草原和兴安岭的绿色森林。

从鄂温克族信仰世界的产生和发展的角度来看，他们的信仰似乎是经历了自然崇拜、图腾崇拜、祖先崇拜、萨满信仰几个过程。后来，也一定程度地受到佛教、东正教等的影响。不过，在他们信仰世界的深处，始终坚定地认为神秘的大自然充满着各种各样的神灵，是充满神灵的博大而富有的大自然养育了鄂温克人，给予他们丰富的情感、无尽的财富、神奇的智慧和力量。因此，鄂温克人对大自然中的万事万物十分崇敬，进而信仰大自然和大自然的一切神灵。事实上，鄂温克人信奉的萨满，集自然崇拜、图腾崇拜、祖先崇拜之大成，以万物有灵为信仰思想的根基。以下，我们重点阐述鄂温克族有代表性一些信仰文化。

第一节 天体崇拜

1. 天神崇拜

鄂温克族的天体崇拜中，日月星辰都是他们崇拜和信仰的对象，他们特别崇拜太阳，他们坚定地认为太阳就是太阳神的化身，太阳神是万物之神中至上的神，是至高无上的神灵。鄂温克人解释说，他们的神鼓就象征着太阳，神鼓的声音就象征太阳神的声音。他们用神鼓的声音，唤醒那些将要死亡的生命，拯救那些灾难深重而遇到不幸的生命，呼唤人们的美好生活，庆贺他们在生产生活活动中得到幸福与收获。所以，鄂温克人的任何信仰活动都离不开萨满的太阳神鼓，他们能够用太阳神鼓的声音，或者说在太阳神鼓的声音中，同太阳神和其他一切神灵进行交流，祈求太阳神和其他诸神的保佑和帮助。在过去，每一个鄂温克族家庭都挂有象征太阳神的偶像。偶像用红铜制作，是一个有厚嘴唇、笑眼、颧骨凸出、鼻孔翘起的，直径约有30厘米的秃顶男人的头像。鄂温克人把太阳神挂在游牧包或屋子里，就是希望太阳神每天每时每刻保佑他们，使他们免遭不幸或灾难。在鄂温克人的自然信仰中，太阳神是最大、最强、最厉害的神，甚至认为太阳神支配着其他一切神或神灵，没有太阳神就没有一切生命和灵魂，也就没有其他一切神灵。他们还形象地解释，太阳神是一位由巨大的火团形成的老人头，但他没有胡子和头发，也没有身体和生命的其他肢体。他们说，每天太阳神都是微笑着来到他们中间，用带着微笑的圆圆的大眼睛看着他们，看护和保佑着他们的一切。在他们看来，他们将天神就叫"布嘎达"（bugada），其中"布嘎"buga-表示"上天"，"达"-da 是指"根""源头""领导""管""首领""皇帝""王""神"等意思。那么，将名词"天"（buga）和从名词派生名词的构词成分"王""神"（-da），就会表示"天之王"（天王）、"天之神"（天神）等语义。在鄂温克语里，不同级别或层次的行政划区名称后面，接缀由名词派生名词的构词成分-da，从而派生出表示同级别的行政划区官员的称谓。

gaqa 村	+	-da ⇒	gaqada 村主任
somu 乡	+	-da ⇒	somuda 乡长
hoxu 旗	+	-da ⇒	hoxuda 旗长
aimag 盟	+	-da ⇒	aimagda 盟长
hotun 市	+	-da ⇒	hotunda 市长
moji 省	+	-da ⇒	mojida 省长
gurun 国	+	-da ⇒	gurunda 国家首领
boga 天	+	-da ⇒	bogada 天王（天皇、天神）

由此可见，鄂温克语名词构词成分-da 的使用价值及其实际表现出的词义。特别是在早期，鄂温克族出于尊敬、敬慕、敬仰，在所信仰的概念后面，使用该构词词缀的现象比较多，天神"布嘎达"就与此密切相关。据牧养驯鹿的鄂温克人讲，1986 年 10 月他们在山林中举行"祭天仪式"时，穿好萨满服、戴好萨满帽、手拿椭圆形单面鼓的主祭萨满纽拉牵来一对公母白色驯鹿，并把它们拴在祭祀用的白色树干上。然后纽拉萨满用右手拿神鞭击神鼓唱萨满神歌，其神歌歌词主要涉及祭天神的缘由与目的、祭品的种类、内容和颜色等。紧接着就拿一对公母白驯鹿的鲜血和肉祭祀天神，在他们的信仰理念中祭祀天神要以白色事物或白毛色的动物为主，以此表示他们虔诚而洁白纯洁的信仰。在他们看来，天神生活的上天是最

为纯洁、最为干净、最为洁白的世界，为此他们祭祀的事物只要有一点黑或污物，天神就不会接受他们的祈求，也不会从天上下到人间帮助他们，解决他们面临的问题或困难。鄂温克人祭祀天神时，要么选择住地的最高处或高大的树，要么找一个山坡或者山顶。因为，高处、山坡顶、高树、高山均与天神生活的家园要接近些，特别是山顶上的高大的树直入云霄、直通上天，所以在高山上、高树下祭祀天神，天神可以更加清楚地听到人们的哀求与祈求声，可以清楚地看到人们虔诚地祭祀天神的仪式，从而能够接受人们献祭祀的物品和祈求。祭祀天神时，萨满穿上神圣的萨满服，敲起神通天地、威慑邪恶与鬼魂、振作精神和正气、呼唤神灵与光明的神鼓，跳起威武、庄重、神奇、夸张、质朴的萨满神舞，伴随神鼓声和舞步用充满仰慕、意蕴深奥、韵律整齐、节奏起伏、言辞丰美的诗歌来唱颂天神。以此述说和表达对于"布嘎达"天神的信仰，祈求天神永远保佑他们。当然，鄂温克人用他们的信仰创造的神服、神鼓、神舞、神歌、神诗充分体现对天神崇拜的最高精神境界，这也是他们崇拜自然界万物，以及万物有灵论信仰世界的核心内容之一。

纵观鄂温克族天崇拜的历史，它是伴随人类社会的发展进程及人的思维空间的不断拓展而形成的精神活动产物。而且，根据分布地区、自然环境、生产方式、社会背景等方面的不同，天神及其祭天仪式也有不同。比如说，生活在呼伦贝尔大草原莫日格勒河流域，从事畜牧业经济的通古斯鄂温克族的心目中，天神是至高无上的神灵，慈爱宽厚的神父。天神具有超人的神力和智慧，能够战胜自然界的各种灾难和消除一切危机，从而给人类带来幸福与平安。在他们看来，上天不仅有天神，除此之外还有其他神灵，但天神是一切神灵的主宰者。通古斯鄂温克人还认为，天上最厉害的神叫"恩都力布嘎康"（endur bugakan）或"恩都力布嘎"（endur buga）或"恩都力布喀"（endur buka）等。他们还解释说，它主管人世间的旱涝灾害等。每当人间发生大旱、大涝、大灾、大难时，人们就会跪拜在"布嘎达乌尔"（bugada ur）——在神山脚下向至高无上的天神祈求保佑，祈求它赶走一切灾难与罪恶，给鄂温克人带来幸福与安乐。通古斯鄂温克族把天神高度人格化，把它看成或想象为智勇双全的男性，它体形高大魁梧，身上佩戴着神奇的宝剑，性格超然刚烈。进而，他们把天神比喻为人类的神父。他们认为，人类倘若失去了上天神父的厚爱与保佑，就会失去生存与繁衍的机会与条件。从通古斯鄂温克族对天神的神秘看法，以及对于天神的奇妙阐释，都能够了解他们对天及天神的虔诚膜拜。还比如，生活在兴安岭敖鲁古雅河流域，从事自然牧羊驯鹿生产的鄂温克族举行祭天仪式时，要在距居住地区较近的山林的高处举行。届时，先在山顶的树林中搭一简易圆锥形"仙人柱"及祭台。这时主祭者萨满穿好神服、戴好神帽、手捧神鼓，在祭台上放好祭品，并说明祭天的原因、祭品的种类与颜色及象征意义等。紧接着萨满就敲起神鼓、跳起舞、唱颂起神词，请求天神每时每刻永远保佑他们。这种祭天仪式，往往要进行到深夜。

说到鄂温克草原的鄂温克族，他们举行祭天仪式的地点，一般在离住处较远的山坡上或山顶上。到时候，他们会临时性地支起一个简易游牧包，然后在游牧包中间和游牧包南面各埋一棵枝叶茂密的白桦树，在两棵树之间拉3根绳子。然后，分别在绳子上系红、黄、蓝等彩色的布条，以示各种复杂的信仰理念及内涵。他们还要用羊肉、羊血等祭天神。紧接着穿上神父、戴上神帽、手拿神鼓的萨满上敲起神鼓、唱起神歌祭祀天神，请求天神保佑牧民人畜平安，反映出他们对天神的崇拜、对大自然的依赖。每逢佳节聚餐时，大家举起酒杯先用右手的第四指蘸上杯中的酒弹向天空，以此表示对天神的膜拜，他们还请求天神保佑人们的幸福与安康。敬完天神后，大家才能开始吃喝。千百年来，在大自然怀抱里繁衍生息的鄂温克族，以他们自己独有的精神活动方式、审美标准与生活习俗虔诚地从内心深处敬仰苍天之灵。对于他们来讲，祭天或天神仪式是相当神圣且严肃的信仰之一。其中的每一程序、每一环节都有非常独特的意蕴和讲究，凝聚着鄂温克族对天及天神的至诚至敬的感情和信仰。就像前文所说，他们祭天或天神的地点基本上都选择高处和树林茂盛的地方。因为，他们认为，巍峨的高山可与上天相连，山上的树林更是高耸云霄，直接通上天。祭天或天神仪式是鄂温克族对天神崇拜的具体表现形式，也是鄂温克族对天神崇拜的一种升华，是鄂温克族自然崇拜中的重要内容之一。

在远古的过去，天神崇拜渗透鄂温克族生活的各个方面，他们还在此基础上孕育出感人又传奇的神话与传说，描述天神的超人神力和气魄的内容。比如说，在鄂温克草原上流传的神话《西博山》就讲道："开天辟地的时候，呼伦湖旁拔地而起的千丈高山挡住了天神进出的天道。由此，引起了天神愤怒，他就抽出身上佩戴的锋利宝剑，将冲天的高山拦腰砍成了三截。这一来，那座阻挡天神出入的高山，再也不会阻挡天神的天路了。"这则生动而具体的神话传说，使鄂温克族更加尊重天与天神。

2. 太阳神崇拜

生活在草原上的鄂温克族的精神世界里，太阳有其特殊的意义与内涵，它不仅能够给人类带来光明与温暖，还能赐给人类所需的一切食物，使人们过上富裕美好的生活，使牧场有丰盛的牧草，使他们的牛马羊长得又肥又壮。因此，鄂温克人信仰太阳，太阳是其精神赖以生存的永恒所在。每当遇到痛苦、艰辛、磨难、灾难的时候，他们就会来到"博嘎达"山下，虔诚地祈求太阳神保佑，把他们从灾难中挽救出来。有的人把太阳神亲切称其为"精神世界的伟大母亲"，把阳光视同于"母亲温暖的关怀、博大爱心温暖与关爱"。农区的鄂温克族，在农历正月初一时，还要摆上熟肉、糕点、糖果等，大家跪拜在太阳神神偶前，进行祭祀活动，请求太阳保佑今年粮食丰收。过去，鄂温克族老人每天清晨都要举行迎太阳神到家的仪式，到黄昏时还要举行送太阳神回家的仪式。同时，他们严格规定，包括孩子们在内，不能随意用手指划太阳神，更不许对着太阳神大小便或倒垃圾。

古时候，鄂温克族认为冬天太阳离他们很远，所以天气十分寒冷；春天和秋天太阳向他们走近，所以觉得温暖；到了夏天，太阳给他们的关爱最多也是和他们最亲近的季节，所以感到特别热。很有意味的是，在草原鄂温克族神话中，有一则有关太阳神的神话生动又感人，其中讲道：

> 太阳是一位母亲，有好多好多的孩子，那时他们生活的世界没有太阳，所以孩子们生活在黑暗、寒冷、苦难中，只靠篝火微弱的亮光和热能，靠吃野菜维持生活。这种艰难贫困的生活，还经常受到妖魔

鬼怪的骚扰和伤害。这时母亲听天神说，在遥远的东方有一座高山，高山顶被一块大石头压着，那座高山里深埋着一个永恒不灭的火球，只有把山顶上的石头推开，把火球挖出来他们生活的世界才会获得光明和温暖，才能过上没有妖魔鬼怪的安宁且幸福生活。听了天神的话，白发苍苍的老母亲给孩子们准备了充足的燃料和食物，就走向东方的那座高山。她不知走了多少年，好不容易走到东方的那座山顶，并在天神和风神的帮助下，推倒那块压在山顶的石头。又不知挖了多少年，才挖出了用石体抱着的火球。并在天神的帮助下，砸开了那一把火球包得厚厚的石体，把火球解救了出来。就在此时，白发苍苍而历经磨难的母亲同火球一起渐渐地升到天空，而火球越烧越旺、越来越大，最后照亮了母亲的孩子们生活的世界，母亲却再也没有回到孩子们的身边。从此孩子们过上了充满阳光、温暖而没有妖魔鬼怪的幸福生活。当然，在这以后，孩子们就把太阳视同为无私、博爱、伟大的母亲神，进而虔诚地崇拜。

这一有关太阳神来历，以及鄂温克族对太阳崇拜的神话，足以见得鄂温克人把太阳看成人类的母亲神，也视作世间万物造福之神。与此相关，在草原鄂温克族民间流传这样一则美丽感人的神话传说：

太阳是一位年轻勤劳的姑娘，名字叫希温·乌娜吉（xiwen unaa-ji），意思是"太阳神姑娘"。她是太阳神的小女儿，有一颗善良纯朴的心灵。她想为宇宙和人间做一点好事，就央求父亲给她一个差事做，父亲起初不同意，说一个女孩出去东跑西颠，吃不了苦。可小姑娘却说，她愿意每天为人间和万物送去光明和温暖。父亲无奈答应了小女儿的请求。她非常高兴，每天早早就起来，按时给人类和万物送去光明和温暖。她走过高高的大山，跨过无边的大海，穿过茂密的森林，越过生长万物的大地。太阳要去的地方，均被冰雪覆盖、极度寒冷，人们不断被冻死。为了早一天给那些在冰天雪地里生活的人们送上光明和温暖，她每天起早贪黑地忙碌着。可没想到的是，她起早贪黑的劳动，激怒了给太阳神守门的门神，守门神打心眼里不愿意给太阳神姑娘开门。有一天，她又早早起来，就去叫守门神。宝勘（bokan）是把守东天门的门神，可宝勘还没起床。她小心翼翼地叫他，宝勘却装作睡着了不起床。她就站在门神身边衰求地唱道：

尊敬的守门神啊
尊敬的宝勘大人啊
请您快点开门吧
我要去最黑暗
最寒冷的地方
将光明和温暖
送给那里的人们
请您早一点起身
把封闭的东天门打开
我会用最纯洁的心灵
永远感谢您高尚的品质

尊敬的守门神啊
尊敬的宝勘大人啊
森林的灰鼠需要我
草原的小鸟期盼我
大地的人们呼唤我
他们需要我的恩赐

我想给那些
黑暗和寒冷笼罩的世界
痛苦和呻吟的一切生命
送去生命的光明与温暖
还有那火一般赤诚的心
在那个残酷的人间
要我做的事情太多
恩请宝勘门神赶快拉开门鼻

　　宝勘门神听了，十分敬佩太阳神的博爱和奉献，就起身给她开了东门。太阳神姑娘谢了宝勘门神，走出了东天门，走到那些黑暗寒冷的地方，把光明和温暖送给了世间万物，并将他们从死神手中挽救了回来。她忙碌了一天，劳累万分，到了傍晚才回到天宫。这时，把守太阳神天宫西天门的蛮盖克倘（mangektan）门神，看太阳神姑娘回来得太晚，把西天门紧紧地锁住，无论太阳神姑娘怎么叫也不肯开门。反过来，蛮盖克倘门神和妻子饮酒取乐。太阳神姑娘向西天门的门神唱道：

　　　尊敬的守门神啊
　　　尊敬的蛮盖克倘大人啊
　　　请您快点开门吧

　　　我去了最黑暗
　　　最寒冷的地方
　　　将光明和温暖
　　　送给了那里的人们
　　　请您早一点起身
　　　把封闭的西天门打开
　　　我会用最纯洁的心灵
　　　永远感谢您高尚的品质

　　　尊敬的守门神啊
　　　尊敬的蛮盖克倘大人啊
　　　森林的灰鼠向您问好
　　　草原的小鸟向您致意
　　　大地的人们向您感谢
　　　他们需要我们的恩赐

　　　尊敬的守门神啊

尊敬的蛮盖克倘大人啊

我已经以上天的名义

给黑暗和寒冷笼罩的世界

给那些痛苦和呻吟中的生命

送去了光明与温暖

我忙碌了一天

已累得疲惫不堪

回来得实在太晚

我诚恳地请求您

千万不要大发雷霆

快快打开紧锁的门鼻

尊敬的守门神啊

尊敬的蛮盖克倘大人啊

我把生命的光和热

全部无私地恩赐给

黑暗和寒冷中的一切生命

在这寒风刺骨黑夜

我仅有的一点热血

将要成为一条条红色的冻流

我的身躯已冻得僵硬

我已冷到无可忍受的地步

倘若您狠心地不给开门

我就会冻死在西天门外

尊敬的守门神啊

尊敬的蛮盖克倘大人啊

不是我不懂事

不是我不守天宫的规矩

更不是我私自去游山玩水

> 我是为造福世间万物
>
> 为拯救苦难深重的人们
>
> 忙碌到这么晚的时间
>
> 由此耽误了您宝贵的休息
>
> 但您应该宽容
>
> 应该给予理解
>
> 给我打开西天门吧

可是，狠心的西天门的门神仍和妻子喝酒狂欢，不理睬太阳神姑娘的苦苦哀求，拒不开门。太阳神姑娘冻得快要不行的时候，感到西天门的门神欺人太甚，气极了的她用尽最后的力气，一脚踹开了紧闭的西天门。看到太阳神姑娘，吓破胆的西天门门神为了不让她认清自己是谁，就变成了一把砍刀，他妻子变成了一个槽子，躲在一边。聪明智慧的太阳神姑娘，将这一切都看在眼里，记在心里，并将这一切告知了父亲，让父亲严厉惩处了黑心肠的西天门门神夫妇。从此往后，太阳神姑娘无论早出东天门，还是晚归西天门，再没有人敢为难和阻碍她了。她每天都按时为人类生活的世界，以及世间万物带去光明和温暖，拯救受灾受难的人们。由此，人们生活的世界就有了阳光和温暖。正因为如此，人类和世间万物都非常感激和爱戴太阳神的小女儿，把她奉为太阳神姑娘。

该神话里太阳神姑娘被人格化为一位年轻、善良、漂亮的姑娘。她兼具神性和人性，她的性格有喜怒哀乐等多种特征。她为人类的幸福，每天早出晚归带去光明与温暖。神话是人类认识世界和解释世界的精神活动产物，是人类精神活动最为原初的根基和起点，也是人类早期信仰世界的特殊表现形式和手段。鄂温克族先民，在特殊历史条件下，创造了诸多有关太阳神的神话故事。与他们的太阳崇拜相关，远古时期的鄂温克族还过"太阳节"，日子定在每年的 6 月 26 日至 28 日，这几天是在一年中日照最长的日子。他们说，这一天太阳神姑娘要从天宫降临到与人间最近的地方，所以天会变得很长很长，甚至 24 小时内天一直都亮着。这几天，生活在北极的鄂温克族要穿上节日的盛装，脸上涂抹用各种自然物做成的颜料，一连几天狂欢，以此表示他们对太阳及太阳神的崇拜。

3. 月亮神崇拜

鄂温克族对月亮的崇拜也十分虔诚、神圣。他们赋予月亮人的思想与感情，有时称月亮为吉祥的姐姐。他们之所以对月亮有如此特殊的情感和来自信仰的认识与理解，与他们远古时期经营的狩猎业生产有关。那时，他们在夜间行走或从事狩猎生产活动，完全依赖月亮的光亮来识别方向、选择猎场、获取猎物。在他们看来，倘若没有月亮的帮助与支持，没有明亮的月亮，他们在夜间就很难进行狩猎生产活动。然而，夜间是从事狩猎生产的最佳时间，因为在夜间那些被狩猎的野生动物的视觉、感觉、反应都会比白天有所减弱，而它们夜间同样能够出来觅食，但没有月亮，猎人就没法狩猎。鄂温克人与月亮的接触与交往中，逐渐意识到月亮对其生产与生活的重要性。同时，他们把月亮时缺时圆、时有时无等现象，从信仰理论的角度进行观察和解读，认为月亮是有灵性而神圣不可得罪的自然与精神的产物，进而将月亮人格化为一位美丽贤惠而善良聪明的姐姐，因为它始终像姐姐一样温柔可亲。但是，谁要是对她不礼貌，谁如果得罪了她，她就会伤心地把脸捂住，她将脸捂得越大，月缺就越厉害，夜晚就会变得越黑，如果把整个脸都捂住，那么月亮的光亮会全部消失，夜色就变得一片漆黑。所以，他们禁止用带锋利、尖刺或难看的东西，或用脏手指指她、向她的方向泼脏水、对着她说脏话，必须恭敬而真诚地膜拜她。鄂温克人在信仰的意念中，始终相信月亮神姐姐的光亮能够给他们送来丰富的猎物，以及幸福的生活。因此，每当他们在月光普照的山林中捕获不到猎物时，就要面向月亮神姐姐跪拜祈求。另外，每当农历正月十五，信仰月亮神姐姐的鄂温克人都祭拜月亮。更为奇妙的是，他们的服装及生活用品中，都有象征月亮神信仰的装饰品和艺术图案。其中，凝聚着他们对月亮信仰的精神活动及其内涵。

4. 星神崇拜

鄂温克族不仅崇拜太阳、月亮，而且他们对天空中闪闪发光的星星也十分敬仰。不过,他们对天空中不同星星的崇拜程度似乎有所不同,他们最崇拜天空中的启明星和北斗星。在他们看来,在没有太阳神和月亮神恩赐的光明时,只能靠天上微弱的星光来从事夜间的生产活动。他们认为离他们生活最近的星星是最会关爱人类的、最伟大的星星。进而,鄂温克人把启明星人格化为北斗星的丈夫,而把北斗星人格化为启明星的七个妻子。他们是为了人类的幸福才天各一方,用微弱的亮光照亮着人类生活的世界,等到天亮时启明星和北斗星才回家相聚。鄂温克族以其独特的信仰心理和精神活动来阐释星神崇拜,并赋予北斗星和启明星丰富的生命色彩和神圣的信仰观念。与此同时,农区鄂温克族还认为,北斗星是长寿星,因而每年除夕夜全家人都要祭祀北斗星,祈求北斗星赐予人们美好的光景和安康的身体。对生活在茫茫草原和林海的鄂温克族来讲,北斗星给那些危难中的人们指明方向,使他们走出生命的误区,走向幸福美好的生活。启明星告知人们夜间天气的变化或即将来临的自然灾害,使人们避免夜间的风暴、风雨、风雪及其他灾难。他们根据启明星的各种光泽,可以推理出夜间不同的自然变化或灾害。多少年来,鄂温克族一直尊崇启明星和北斗星,对这两颗星的崇拜在星神崇拜中具有突出地位。在他们看来,启明星和北斗星是幸福、吉利、祥和、宁静、安逸的象征。鄂温克族萨满,在其神服上都挂有象征启明星和北斗星的饰物,以此表达他们对启明星和北斗星及其他星星的崇拜之意,同时渴望它们能够给人类带来更多吉祥、驱走更多灾难。

5. 彩虹神崇拜

众所周知,彩虹是雨过天晴后,在天空中出现的七彩颜色的瑰丽景象。当然,只有空中的水雾或地上的水经日光照射发生折射,或者是产生反射作用的前提下,才能在空中划出一道七彩的光线。草原上从事牧业生产的鄂温克族对彩虹有独特的情怀和膜拜,特别是在辽阔的草原上,白色的游牧包前,出现那红橙黄绿靛蓝紫七种颜色交织在一起的彩虹时,简直构成一幅光彩夺目的亮丽画卷。这耀眼生辉的自然风光,在草原鄂温克族心目中,赋予了无限美好的幻想与享受。然而,这一切很快融入他们的精神生活,并被赋予了特定的信仰内涵,进而占据了特殊的地位。在他们的信仰世界里，彩虹的七种颜色意味着真诚、忠厚、纯洁、善良、博爱、美好、幸福。他们认为，这是上天给人类发出的特殊信号，它预示着人们将要获得新的、更加美好幸福的生活。也有人把它解释为上天为人间搭建的走进美好生活的天桥。不论怎么说，在鄂温克族的信仰世界里，彩虹的出现是吉祥的预兆，是新的美好幸福生活的开始。因此，在美丽的草原，每当雨过天晴后，在天空中出现彩虹时，鄂温克族都要向它敬奉奶酒、奶茶或新鲜的牛奶，以此表示对彩虹的膜拜。

总而言之，在早期的猎业生产和畜牧业生产中，鄂温克族对天上的一切都十分崇拜。光芒四射的太阳、皎洁清秀的月亮、闪闪发光的星星，都是天空中十分引人注目的天体，均为他们的崇拜对象。鄂温克族先民在历史的进程中，在漫长的社会实践及探索中，不断深化、提炼、完善来源于物质世界的一切思想意识，进而不断丰富精神文化世界。毫无疑问，他们对天体的认识、崇拜与信仰也是如此。他们对天体及天上的许多自然现象首先感到陌生、恐惧、新奇、神秘，进而神化为精神活动和精神享受的产物，最后作为信仰对象融入精神世界。与此同时，他们同天上的一切生命建立了源于精神世界，回归精神世界的交流方式、交流规则，拉近了他们和上天之间的距离。

第二节　风雷雨神崇拜

风雷雨是自然界固有现象。然而，这些变化多端的自然现象，同鄂温克族精神生活及其精神活动具有十分复杂又深刻的内在关系。这使他们在特定的精神世界里营造了极其丰厚的思维空间，以及相互交流和沟通的极其神秘的思想通道。他们在这特定的精神世界里，通过不同通道分别和所崇拜的风神、雷神、雨神等进行深度交流和沟通，从而将自己从物质世界的痛苦中解救出来，去不断地战胜磨难、痛苦、曲折、艰辛，不断迎来生活的快乐幸福与美好。

1. 风神崇拜

辽阔的草原和无边的森林里，风一年四季刮个没完，风何时开始何时结束，风来自哪里走向何方，事实上和他们没有太多的关系，有关系的是对于风本身的认识和理解。在他们看来，不同季节刮不同的风，不同的风有不同内涵。比如说，春风柔和温暖，融化冰冻的江河湖海，吹醒大地，吹绿草木，吹来春雨；夏风赤热而干烈，吹来百花盛开的草原，吹来树木茂盛的山林，吹来大浪翻腾的江河，吹来绿色连天的农场；秋风凉爽而舒适，吹来成熟的季节，吹来瓜香果甜的果园，吹来五谷丰登的农场，吹来牛羊遍地的牧场；冬风严寒而凛冽，吹来冰冻三尺的大地，吹来冰封浪涛的江河湖泊，吹来白雪皑皑的雪原，吹来星光闪烁的寒夜。另外，鄂温克人还认为风有好坏善恶之分，它们虽然给人类带来幸福、快乐、梦想，同时也会给人类带来痛苦、悲伤与灾害。进而，他们还解释说，种种不同的风均由不同风神在控制和操纵，因此他们对和善吉祥的风及其他的神灵十分敬仰和膜拜；对那些邪恶不祥的风及其他的神灵十分厌恶和愤恨。比如说，初春或干渴又炎热的夏季，带来雨水的风就会受到他们的崇拜；而对龙卷风或带来暴雨或水灾的风或风神，他们就发自内心地反感与恐惧，认为这些是魔风、鬼风、妖风，是由妖魔鬼怪支配的邪恶之风。由此，他们祈求一切罪恶之风远离他们，不要给他们带来风灾风害，希望主宰风界的一切和善吉祥的风及风神给他们带来风和日丽、和风细雨的生活。所以，在远古时期，鄂温克族每年都要举行隆重的祭风神仪式，祈求风神保护人畜平安，使万事万物乘吉祥之风顺心遂意、兴旺发达。

在草原鄂温克族的传统信仰神话传说中，风神是一位人格化的白发苍苍的老奶奶。平日里，她总是把头发梳得整整齐齐、一丝不乱。更神奇的是，她的头发具有法力，要是他遇上不道德、不人性、不好的事情，就会看不惯或者生气，然后她使劲甩动头发，世间便会刮起漫天大风，把一切罪恶、不幸、假恶丑的事情一扫而光。同时，当人世间遇到干旱等自然灾害时，她听到人们的呼唤或哀求，就会轻轻一甩头发，世间就会下起毛毛细雨，从而滋润干涸的大地，把人们从灾难中拯救出来。所以，他们敬仰这位风神老奶奶。他们祭祀她时，一般是在出现干旱等自然灾害时，而且全村或全体成员都要参加。届时，要杀三只鸡或鸭子等，作为祭献风神来奶奶的祭品，并跪拜在祭坛前祈求她，给他们带来生命的雨水。要是连续几天几夜刮大风或有风雨、风雪、风沙时，他们也会拿出丰盛的奶食品及奶酒来祭祀风神，跪拜祈求风神老奶奶将灾难驱走，给他们带来风和日丽的生活。对此，在农区鄂温克族中间还流传这样一段神话：

> 传说，在遥远的过去，世间除了人以外，还有主宰风的风神。风神就是在世间入口处手拿大簸箕静坐的一位老奶奶，老奶奶高兴了就会轻轻地抖动簸箕，这时世间就会刮起轻风。倘若老奶奶对世间的某一事物不满，就要使劲抖动手中的簸箕，那么世间就会刮起暴风或暴风雨、暴风雪。每年农历二月间，一旦空中的火星和月亮挨得太近时，风神老奶奶就会在世间刮起大风，为的是不让火星和月亮挨得太近带来麻烦。很有意思的是，就在这非常时机，世间会出现一种叫"德洛勾"的野生动物。该动物平常总躲在洞穴里睡觉，很少走出洞穴，只有遇到可怕的暴风或风灾时才走出洞穴。因而，见它走出洞穴，人们就会预感到风暴的来临。为此，就抓紧时间敬拜主宰风的风神老奶奶。让她尽量扼制风灾或与此有关的灾难。

总而言之，鄂温克族信仰世界中的风神就是一位善良可敬又可畏的老奶奶，他们信仰她，又敬畏她，时刻在精神世界里，谨小慎微地接触或膜拜她。

2. 雷神崇拜

远古时期，大自然中震耳欲聋的雷声，将厚厚的满天黑云随心所欲劈开的闪电，及其所带来自然灾害、生命威害、资产损失令人畏惧三分，进而在精神世界的深处产生极大恐惧，甚至神化为一种信仰。在鄂温克人的信仰世界里，把震耳欲聋的雷声、划过黑云或天空的闪电均归结为雷神所为。不过，在鄂温克人的精神世界里认为是人们不尊敬雷神，得罪了雷神的意愿，才会遭到如此可怕的灾难。因此，鄂温克人对雷神十分虔诚的崇拜，在具体的生活中处处小心，唯恐触怒雷神而遭到报复和不幸。与此同时，他们也解释说，每当风雨来时，伴随而来的雷声会赶走一切罪恶与灾难，劈死罪恶的生灵或一切妖魔鬼怪，给人们的生活带来雨过天晴后的安宁与祥和，使他们的牧草长得好，农场的农作物丰收。

鄂温克人同样把雷神高度神化和人格化。在他们看来，雷神是在天上生活的神灵，他也是一位一脸白须，一头白发、手持一面白鼓，身穿白褂的老爷爷，他掌管天上所有的雷与闪电。他每敲一下白鼓，天空中便会响起雷声，敲得越使劲雷的响声就越大。在特定的信仰世界里，鄂温克族对雷声有特殊的理解与阐释。每年的春季，当听到第一声雷鸣时，他们就会举行祭拜仪式，并意识到雷神从遥远的宇宙回来了，回到了他们的身边。祭祀活动中，首先在他们的住处前铺上白色帆布或毡子，紧接着长辈念颂祭词，随后给雷神献上各种飞禽肉、白色奶制品等。很有特色的是，家里的长者要用新鲜牛奶将住房浇洗一遍，以求雷神保佑人们的安宁与吉祥。除此之外，牧区鄂温克族还有给雷神敬献白马的习俗。不过，敬献给雷神的白马，事先也要用新鲜的牛奶清洗一遍，然后让白马从点燃的篝火上跳过。最后，在白马的马鬃上系上几种颜色的彩色飘带，这就意味着将白马呈献给了雷神。而且，举行这种仪式的地方，被他们视为人与雷神进行交流的吉祥神圣的场所。祭祀活动结束后，这匹白马则成为雷神的神马放回大自然，从此往后无论是谁都不许碰它，更不能骑用。

鄂温克族不仅对雷声非常崇尚，还对雷击物也十分重视，他们把雷击过的各种树木、石块等制成小弓箭、小动物等各式各样的儿童玩具，有的还在上面涂上红色染料，有的人家还把它佩戴在孩子身上。他们认为，佩戴雷击过的物体可以免去病灾、邪恶。更为奇妙的是，有的人把被雷击过的石块拾到家里，摆放在室内正中央来祭祀。他们说，这样做可以除掉家里的不幸或灾难。也就是说，在鄂温克族的一些精神世界中，雷击过的事物在他们心目中是祥和、安宁的象征。所以，有小孩的人家，还把雷击物拴在婴儿摇车上，让其保佑孩子，使其无忧无虑地幸福成长。鄂温克族出于敬畏心理，严禁食用雷击而亡的一切野生动物，也禁止家畜到雷击过的地方吃草等。事实上，这一切都充分说明，鄂温克人对雷神崇拜的多重复杂的心理。

3. 雨神崇拜

下雨本是一种自然现象。然而，鄂温克族先民认为雨是天上龙王身上洒下的水珠。天上龙王身上的每一页鳞片都是无尽的水源。然而，龙王身上的鳞片数也数不清，当它稍微一动就会洒下点点滴滴的雨水，当它生气的时候，浑身就会冒起雾气，当它使劲甩动身子时，天上就会下起可怕的暴雨。这就是天上时而细雨霏霏，时而暴风骤雨、阴雨连绵的根本原因所在。另外，从事山林自然牧养驯鹿产业的鄂温克族，给雨神赋予了许多神秘色彩。比如说，多日不下雨而山林遭遇干旱时，大家走到高处或山顶举行祭祀雨神的仪式。届时，他们将猎获的啄木鸟放入木盆中的奶水里清洗干净，然后挂到笔直高大的白桦树上，这时的啄木鸟会发出奇妙的声音。据说，此时啄木鸟发出的声音，雨神能够听到，并通过它的声音能够感知大地干涸的状况，从而给干涸的大地降下雨来。与此有关，农区鄂温克族每到干旱季节，大家一起来到敖包前，举行祭祀雨神的仪式，以此虔诚地祈求雨神给他们降雨水。他们说，祭祀敖包时，在冲入云霄的笔直而高大的白桦树树枝上挂满红色布条，同时还要拿出鸡鸭鹅鸽等的肉进行祭祀。祭祀活动结束后，人们要互相泼洒奶水。这是因为，干旱季节里人发干皱褶的皮肤，得到奶水的冲洗后会发出一种特殊味道，这种气味升腾到天上龙王的鼻孔里，他就会感知天下人遭受的干旱，就会慢慢甩动身体，天上就会下起滋润大地的雨水。所有这些，充分展示了鄂温克族对雨神龙王的崇拜之心。那么，遇到雨水之灾时，他们就会把某一茂盛的松树枝砍下来朝下挂在树干上，再在薄木片一端串出小孔系上钱币使劲摇动，发出清脆的响声。以求雨神收回过量的雨水，把人们从雨水之灾中解救出来。鄂温克族求雨、止雨的信仰仪式是他们对雨神的精神依赖与依靠，也反映出他们对雨神既崇拜又畏惧的内心世界，他们企盼雨神保佑他们拥有风调雨顺的岁月，以及五谷丰登、牛羊满原的富裕生活等多种复杂的精神活动内涵。总之，他们中的绝大多数人把雨神奉为龙王膜拜和敬仰。

第三节　山林河神崇拜

鄂温克族同样十分崇拜自然界中的山林江河。他们认为，人类必须尊重养育一切生命的山河，要与山河和睦相处，否则人类难以生存和繁衍。或许因为这一缘故，鄂温克族对于山河有着特殊的膜拜，并有各自约定俗成的信仰禁忌和仪式活动。

1. 山神崇拜

鄂温克族的山神崇拜历史已久，他们还将山神人格化为一位白发老人。在他们看来，兴安岭就是一座连绵起伏的高山。山上有一位山神爷，名叫"白纳查"（bainaqa），意思是"富有的老翁"或叫"富有的父亲"。鄂温克族民间里，关于山神爷的传说故事确有不少。其中，最具代表性的传说讲道：

> 据说，很早以前，还是在人们以狩猎生产活动为主生存的远古时期，有一位鄂温克族部族首领带着本部族的猎民在一座很高很大的山上进行围猎，当围猎范围缩小到一定程度，并接近尾声的时候，部族首领让大家估摸这次被围猎的野兽头数及种类。大家虽然七嘴八舌地猜了起来，但是对各自的猜测没有什么把握。正在他们就此问题舆论纷纷的时候，面前突然出现了一位白发苍苍的老人，哈哈笑着对大家讲述了这座大山上被围困的所有野兽的种类和具体数字。大家你看我，我看你，都觉得不可思议。更有意思的事，谁都不认识这位面带和善、微笑满面而又充满智慧的白发老人。大家正准备请白发老人就座的时候，白发老人就像人间蒸发似的立马消失得无影无踪。猎民们分头四处去寻找，最后连影子也没有见到。第二天围猎结束后，核对所有猎获的野兽种类和数字时，发现同那位白发老人讲的完全相一致，猎人们都瞠目结舌、惊叹不已。后来，这件事越传越远、越传越广。结果，所有的人都知道了此事，后来大家才明白这位白发老人就是兴安岭主人，也是山林万物的保护神，名叫"白纳查"，是山神或者说就是山神爷。

从此，鄂温克族就有了山神崇拜。在信仰世界里，他们坚定地认为，兴安岭中的所有飞禽走兽都是山神爷的私人财产，受他的管理和支配，无论是谁绝不能随心所欲地捕杀或猎取。在这以后，他们无论何时何地狩猎，都要先选定一棵又粗又直的大松树，把朝阳方向离地面约有一米距离处的粗糙外皮削下来，并在上面画出或雕刻出象征山神的头像。然后，大家向山神献祭兽肉、野果等食物，并祈求山神恩赐他们应得的猎物。他们甚至认为，兴安岭山林间的美丽如画的高山、神秘莫测的山沟、奇妙艺术的岩石、直冲云霄的粗大笔直的树木等，均是山神生活过的地方。人们经过这些地方时必须特别小心，不能吵闹喊叫，不仅不能放枪也不能用枪口对准这些地方，还不能骑在马背或驯鹿上走过，一定要轻轻地牵着马或驯鹿走过去。否则，将会惹怒山神，这样不仅打不到任何猎物，还会遇到很多想象不到的麻烦。另外，人们在山林里从事狩猎生产过程中用餐时，都要用双手把食物高高地举起，并由年长者高声地说："我们的山神，我们的山神爷，我们已经向您表示了最为衷心的祈祷。请您允许孩子们用餐吧！我们已经饿得饥肠辘辘。我们不会违背您的意愿，随便猎杀山林间的一切生命。"然后，每人从食物中拿出一点祭祀山神，所有这些信仰活动结束后才开始吃饭。他们还说，狩猎时，猎获到任何飞禽走兽，都归功山神，是它赐予他们的礼品或食物；如果打不到猎物，则认为他们在某一件事情上惹怒了山神，由此所有的飞禽走兽全部被山神叫走保护起来了。

　　一直以来，鄂温克人把山林作为人类早期生活的理想摇篮，没有山林也就没有人类早期的生活，同样没有人类的今天。并且人类的早期生活中，以及漫长的山林生活的岁月里，都跟山神或山神爷打过交道，从而在精神世界的深处留下深刻印记。鄂温克族先民对山林中的一切都十分熟悉，包括物质的或精神的产物几乎可以说了如指掌，从而结下无法从精神世界里删除的深厚情感。至今还有一小部分人，以山林为家，生活在美丽富饶的兴安岭，从事着自然牧养驯鹿的畜牧业生产。这里的巍峨高山，直冲云霄的参天大树，珍奇的飞禽走兽，漫天遍野的万紫千红，乃至自然界的一切生命和生命的一切，都被赋予了特殊的情感与信仰内涵，认为均与他们信仰的山神有关。与此同时，他们也认识到，山林中充满着艰难险阻，各种不幸与恐惧，甚至也受到毒草和凶残野兽的伤害。鄂温克人认为，人的力量与智慧无法战胜这一切，只有求得山神爷或神灵的帮助，只有按照山神爷或神灵的意志去办事、去生活，才能获得美好的生活。由于约定俗成或者说传承下来的信仰与精神活动，使他们每天谨小慎微地生活着，恐怕在哪一事情上得罪了山神及山灵，就会引来麻烦、造成不可预测的灾难。所以，他们在从事狩猎生产时，从不损坏山林中的草木，哪怕是树木的枝杈也十分珍惜。他们真要用木料的时候，首先向山神、树神祈求，然后才可以使用。他们烧火用的木柴，从来都是山林中自然淘汰的树木，从不为了烧柴做饭砍伐活着的树木。如前所述，他们在山林中野餐时，先敬山神及山灵，然后才开始吃喝。他们禁止在山中大喊大叫或说脏话，否则山神或山灵会来惩罚他们，他们会什么猎物也打不着。

鄂温克族为了表示对山神的虔诚膜拜，还要去祭祀山神生活过的各种各样的山。在祭祀时，他们首先会选择某一代表性的高山，其次在山顶或山脚下再找一棵参天大树作为祭祀点，上面系上许多彩布条。凡是路过此地者，都要向它敬酒、敬肉、敬食物，并行叩拜之礼。每年春回大地，冰雪融化的美好季节，他们都会选择某一个阳光明媚、风和日丽的好日子，举行祭祀活动，祈祷山神爷保佑族人的安康与生活。到了晚上，大家还坐在一起，一边吃喝一边唱歌跳舞，以此表达对美好生活的向往，也表达对山神的忠诚与崇拜。

2. 林神崇拜

鄂温克族先民在漫长的山林生活中，对树林或者说对山上那无边无际的林子产生了极其特殊而奇妙的想象。在他们看来，只要有林子的地方就会有林神，也就是有树林之神，也有的人称其为树神。当然，也有的人认为，林神或同于树林之神，但不同于树神，树神有自己的神灵解释和说法。所有这些，要根据鄂温克族生活的地区来定，有些地区有着更多更细的说法，有的地方没有什么区别内涵。不过，他们认为只要是有山有林的地方，就会有林神。他们在信仰世界里人格化的林神，同样是一位满头白发、满脸白须的老人。在他们的信仰意识中，林神有其特殊的嗓音，近似于树叶树枝被风吹而发出的声音，林神能够听懂林中所有树木的语言。要是人们的祈求没有获得林神的许可就砍伐林木，他就会愤怒而发出震耳欲聋的、十分古怪又可怕的声音，从而将人从林中赶走。很有意思的是，鄂温克人还认为，林神能模仿人的声音，会说人的语言，而且说得和人极相似，特别是看到人们精心护养林子时，他会高兴地唱出美妙动听的林子之歌。他们祭祀林神时，会在林子里找到最为高大笔直的树，给它祭新鲜奶渍、食物等，还要给它的枝杈上系上一些彩色布条等。鄂温克族老人常说，茂密的林子充满诸多灵魂，但这些灵魂中最大的神灵叫"马伊·马亚

纳伊"（mayi mayanayi），也就是林神。它是林中一切树木之灵魂，它给困
难中的人们提供燃料、木材、各种生活用品以及野果，让人们的生活充满
温暖与甜蜜。

3. 河神崇拜

鄂温克族繁衍生息的草原山林，到处是由东而西、由北向南滚滚而去
的江河，还有星罗棋布的湖泊泡潭，其中孕育着丰富的淡水鱼虾，从而给
那些生活在这里的人们带来无穷的快乐与生活享受。在鄂温克人的信仰世
界中，所有的湖泊与泡潭的水源，甚至是奔流而下的江水，都由大小河流
提供。也就是说，河流之水是草原山林一切水的本源。倘若没有大小河
水，就没有大江和湖泊，也就没有岸边幸福美好的生活。所以，鄂温克人
信仰河神，认为渔民的一切都是河神恩赐给他们的礼物。同时，河神始终
保佑着他们的生活，并赐给他们无尽的生活智慧与勇气。比如说，生活在
伊敏河畔的鄂温克族，把伊敏河作为"圣水"来敬仰。在他们看来，没有
伊敏河就没有伊敏河流域的丰美牧场，他们的欣欣向荣的畜牧业生产和美
好生活也就会失去。这不仅因为伊敏河水清澈、甘纯，它滋润着草原，使
土地肥沃、花草茂盛，让牧场饲养的牛羊肥壮、肉质鲜嫩，还在于伊敏河
水具有消炎、治愈伤口的神奇医疗作用。在过去，伊敏河两岸的人或牲畜
身上有伤口，只要到伊敏河里泡泡澡，或者用伊敏河水冲洗几遍，过不了
几天伤口就会愈合。由于伊敏河水具有如此神奇的作用与功能，生活在河
畔的鄂温克人对伊敏河十分尊敬。每年春季，他们都用奶酒、奶米粥祭祀
伊敏河的河神，希望伊敏河神保佑他们美好生活，保佑鄂温克草原。鄂温
克人十分敬仰河神，河神在他们信仰世界里占据重要地位。很有意思的
是，他们的神话传说中还有不少有关河神的内容。例如，有一则传说中讲
道："在遥远的过去，有一位很有智慧的猎手，他外出打猎使用弓箭射伤
了一头梅花鹿。那头梅花鹿拖着受重伤的腿没跑多远就跳进了滚滚流动的
伊敏河。没多久，那头梅花鹿就游到了河的对岸，当它再走上河岸时，竟
然恢复了原来的健康状态，只见它抖了几下身子，飞一般地跑入河对岸的
树林。猎人这才明白，原来伊敏河是一条神水河，是河神生活的神河。"
这则传说，从另一个角度，阐释着鄂温克人对河神的信仰。

第四节　火神崇拜

　　火对于任何一个生命来讲，都是不可或缺的产物，它可以创造万物，也可以毁灭万物。在鄂温克人的意识中太阳就是一团火，是一个极其庞大的火球，是世间万物的生命之火。在他们的信仰世界里，也将太阳解释为火母，所有星星都是火子，而闪电是火母的神灵。很有意思的是，包括鄂温克族在内的通古斯诸民族几乎都将太阳叫 xigun＞xiwun＞xiun＞xun＞sun。事实上，他们这些都是指称"阳光"或"光""光线"，而不是指太阳本身。那么，太阳究竟怎么称呼，却有不同的说法，有的说"帝"（di）、"帝拉"（dila）、"帝拉查"（dilaqa），有的就叫"那"（na）等。但是，现在像"帝"（di）、"帝拉"（dila）以及"那"（na）等太阳的称谓基本上不怎么用了，像"帝拉查"（dilaqa）还在被使用，更多的时候用 xigun＞xiwun＞xiun＞xun＞sun 来表示太阳。这或许跟人类同作为火球的太阳之间的距离太远，所直接触摸或感悟得到的就是火辣辣的阳光。人类使用的语言表现出的意义的迁移、变化、更替，以及语言所表现出的物质本身要产生变换是一种自然法则，对此没有必要更多地进行解释或论述。不论怎么说，鄂温克族几乎从接触火、认识火，与火打交道之后就崇拜"火"，认为火是一个有生命且有灵性的产物，火是一个神圣而不可忽视的信仰。他们还解释说，有了火才有了水，有了水就有了万物，火就是火神的形体，火神是火的主宰者，火的灵魂就是火神，火神的灵魂只有在信仰的世界里能够感应、能够和它进行心灵深处的交流。火以及火神，对于信仰者而言，它是他们的保护者和他们生命的依靠以及希望；对于敌人来讲，则是一种灾难。那么在他们的信仰世界里，谁是火或火神的敌人呢，就是那些不尊重火或火神的人或动物，对此他们解释道：

　　　　传说，在很早以前，有一位不懂规矩又没有信仰的坏猎人，他从不信火神的存在，更不信仰火神。所以，从不尊敬火，更不接受对火的各种禁忌。有一次他出去打猎，走了一整天什么猎物也没有打着，晚上回到"仙人柱"里想烧火做饭并取暖。结果怎么也点不好火，从好不容易点着的一点点火苗里还没完没了地蹦出"噼里啪啦"的火星，使他根本没有办法靠近火堆做饭或取暖。看着这个火堆，他一气之下拿出猎刀，向微弱的火苗乱捅乱刺，结果把火完全弄灭了，后来再怎么努力也没能点着火。就这样，又饿又冷的他活活冻死在"仙人柱"里。

对此他们进一步解释说，这是因为猎人不仅不信仰火神，还用猎刀刺伤火神神灵，最后冻死乃是自食其果。对于火神，鄂温克人里还流传这么一则故事：

很早以前，有个爱玩火的小孩玩火时不慎被火灼伤了手，孩子他妈一气之下就用长长的家用猎刀将火堆乱捅乱刺一阵，没想到燃烧的火立马熄灭了，到了晚上想把熄灭的火点燃做饭，可是不论怎么努力，换了好多燃料，最终还是未能点着火。无奈之下，第二天她到妯娌家想点火做点饭吃，可是仍然没有点着做饭的火。这时，身边的妯娌劝她说，回到自己家里看看烧火处有没有余火。于是她就赶忙返回到住处，只见她没有能点着火的地方一堆火正在熊熊燃烧，火旁还坐着一位满脸血肉模糊的老太婆。妇人前去问老太婆："您是谁？从哪里来？脸上的伤痕又是怎么回事？"老太婆生气地说："是你昨天用长长的家用猎刀把我砍成如此惨状的呀！"这时妇人才恍然大悟，原来她是火神，她为了给孩子出气把火神的脸刺伤了。她知道问题的严重性后，赶紧跪下来磕头求饶。火神化身的老太婆严厉地斥责了她，告诫她以后不许再这样对待火和火神，否则将会大难临头。这次看在孩子还小的份上，就免去对她的严厉惩治。然而，火神消失后，妇人发现自己右手的大拇指不见了。她懂得这就是火神对于她的一种惩罚，若不是看在孩子的份上火神会更加严酷地惩罚她。

正因为如此，鄂温克人十分敬仰火神，他们严禁任何人玩弄火，从不用带刺、带尖、带韧的工具捅火或弄火，禁止人们用脚踩火，不让人们往火里吐痰、便溺、泼脏水和扔脏东西，也很少烧四处迸火星的木柴，不允许人们从火上跨越或走过，禁止人们对着火说脏话。新来的媳妇要敬拜火神，每逢佳节甚至是每当吃好东西的时候必须从食物中拿出一小块敬火神，喝酒的时候也要敬火神。在他们看来，不论是谁若是不尊重或不信仰火神的话，就会遭遇许许多多的麻烦和不幸，也可能由此遇到灭顶之灾。他们至今还较完整地还保留着对火神的各种献祭内容。例如，就像刚才所说的那样，他们在进餐时总忘不了要祭祀火神，以此表示对火神的崇拜和敬仰。他们说，只有这样，火神才会永远保佑他们，他们永远不会被饿死或冻死，永远不会短缺食物，家里的香火才能越烧越旺。

鄂温克人搬家或迁徙时，必须等到家里烧的火全部自然熄灭后，将火灰一粒不剩地埋入事先准备好的土坑里，再用土埋得干干净净之后才能动身离开。在这里还有必要说明的是，他们在家里的火熄灭之前，必须要留下火种。据鄂温克人讲，他们不允许家族的火种熄灭，为了保存家族的火种，他们每当搬迁时，将桦树坚硬而油性菌类厚厚的涂抹在松木棒上点燃带走。有的鄂温克人还认为，每户家的灶火都有他们的祖先灵魂，甚至说火主就是他们的祖先。对此还有一则传说：

> 据说很早之前，一个数九严寒的深夜，火神"索伦达"（solon-da）出现在牧养驯鹿的鄂温克人生活的山林里。那是一个格外寒冷而宁静的夜晚，围着篝火早已进入睡梦的人们突然被"索伦达"发出的美妙而悦耳的歌声唤醒，大家睁开眼睛看到的是火光四射，在空中腾飞的"索伦达"。看到大家醒来，"索伦达"感到很高兴也很兴奋，她用歌声叙述着自己就是鄂温克人的祖先，她是为了挽救那些还在黑暗和严寒中生活的人们才离开了家乡，今夜在这极其严寒的冬至抽空过来看看子孙后代们。接着她又快乐而幸福地继续在山林的天空中自由地飞翔，她的身后伴随着无数点点闪闪的星火，以及用美妙语言和曲调唱出的感人肺腑的歌声。与此同时，从她那神奇的手指和脚趾的尖端不断飞出光辉灿烂的火星，火星以优美的弧线一个个划过夜空，飞向那无边无际的宇宙。人们被这一梦幻般的夜色和情景所感染，同时也为远古的祖先过来看望他们而感到兴奋不已，他们不由自主地起身手拉着手，围着越烧越旺的篝火共同跳起了欢乐的"鲁日该楞"（lurgeilen）舞。

　　从此以后，鄂温克人才明白了火神就是自己的祖先，也是从此往后再也没有离开过火神。在他们远古的信仰意识中，火神就是一位名叫"索伦达"的女性神偶，也是一个用火光形成的神灵，她不但充满智慧又有神奇的力量，她还会讲能与宇宙沟通的语言，她还有美丽动人的舞姿，她没日没夜地创造着天上的星火，天上的星火就像鄂温克人一样都是她的孩子。所以，鄂温克人崇拜火神，甚至把火神视为自己的祖先。

　　生活在山林里、从事自然牧养驯鹿的鄂温克族的信仰意识中，坚信火是家庭的保护神，家中的火种意味着子孙繁衍、人口兴旺，所以不能熄灭。倘若火种熄灭，家庭将后继无人。在他们看来，火圣洁而不可玷污，它能除掉一切污秽之物，还具有消灾除害的特殊意义。过去，他们在出猎前一定要用火举行净化精神的仪式，包括猎手，还有他们使用的猎马、猎犬、猎具都要从燃烧的烟火上面过一下，以此净化。他们还对不同的火有不同的解释和说法，指出不同的火有不同的精神内涵。在过去，鄂温克人还觉得火石打出的火是十分珍贵而神圣的，还期盼新郎和新娘在新房里第一次点燃的火必须是用火石打出来的火星。据说，早年举行火神祭祀仪式时，所用的火也要使用火石取火，并把火石冒出的星火叫"阿雅古戈图"（ayagugtu），说是火神的另一种说法。他们对火神的崇拜中，强调炉火的纯洁性和永恒性，强调炉火的好坏标志着一个家庭的存亡与兴衰。这样说来，谁家炉火旺盛，就预示这一家兴旺发达。他们还非常重视篝火，每家从除夕夜一直到初五都要燃起篝火，篝火燃得越旺就越吉祥。届时，每当天亮或天黑之前，家人还要一起给加燃料的同时用肉、奶、糖果祭祀篝火，还跪拜祈求保佑。还有，牧区鄂温克族对于刚成家的新婚夫妇，要求首先拜家里的炉火，再去拜火神，还给炉火敬献三杯酒。

　　鄂温克族对火的崇拜，后来变得更加具体化、人格化。草原鄂温克族认为，火神是有意志的，是能够自由行动的生命体和精神体。他们指出，在每年阴历十二月二十三日晚是火神要回到天上的日子，于是所有的人都要举行隆重、庄严的祭送仪式。到时候，在火盆的南、西、东侧铺上褥子，并在火盆正面放一木制方桌，摆上各种供品，火盆的四周摆上供盘，盘子里预备下五种布条，然后在火盆四周搭一个火架。在火架里，用木条有层次地搭成木框，中间放进布条，木框上放整只羊的胸骨，骨外再包盖一层羊油，生火把木条框堆燃起，并把各种供物投入火中，同时主祭的人要念赞颂火神的祭词，接着大家都向火神叩头。他们认为如此祭拜，火神能够给他们带来好运。从信仰角度来讲，火神在鄂温克族的精神生活中，以其特有的内涵发挥着极其重要的作用。用鄂温克人的信仰语言来讲，火神是他们精神世界永不熄灭的光明、温暖与希望，进而受到他们至高的膜拜与推崇。

第五节　动物神崇拜

鄂温克族的动物神崇拜包含有两层意思，一是对他们牧养的家禽的崇拜，二是对野生动物的崇拜。毫无疑问，动物崇拜在他们的精神活动中，或者说在他们的信仰世界里，占据极其重要的位置。甚至可以说，几乎所有的动物在他们看来都有神灵，都由它们的神保护和管理。所以，过去他们无论是猎取野生动物，还是宰杀自家养的牲畜，都要十分虔诚地向它们的在天之灵以及向天神、动物之神祈求宽恕和谅解，并允许他们这样去做和如此生活，然后才去打猎或宰杀牲畜。就像刚才所说，他们敬仰一切动物的神灵，在这里，我们选择性地谈谈其中一些富有代表性的动物崇拜。

1. 牲畜神崇拜

鄂温克族有牲畜神崇拜，把它称为"吉雅奇"（jiyaqi）或"吉雅西"（jiyashi），即"有福的"或"福神"的意思。他们供祭牲畜神时，在一块方形布或毡子上，用不同家族种马的鬃尾，绣成一男一女两个象征牲畜神的人偶，在它们两侧还要缝两个布口袋，里面要放卖出或宰杀的牲畜之鬃毛，然后将牲畜神挂在游牧包的北侧。据说，他们每年秋季宰羊时，要把羊的肩胛骨挂在牲畜神下方，将羊耳朵挂在两旁，从煮熟的羊胃割下一小块放在牲畜神两旁口袋里。还有，每年正月十五或六月份牲畜膘好时要祭牲畜神，供品基本上是稷子米或大米粥。祭供牲畜神留下的米粥，大家要把它吃得干干净净。但是，必须让本家未出嫁的姑娘先吃，然后大家才开始吃。他们对此解释说，牲畜神是所有家畜的管家，人类的全部牲畜都是它赐给的产物，人要饲养好这些牲畜，否则对不起牲畜神，更为重要的是，他们的后代，也要饲养好家里的一切牲畜。为了一代又一代饲养好牲畜神给他们的牲畜，他们必须让未来生养孩子的女孩在未出嫁之前就懂得感恩牲畜神，并将这种感恩通过母亲传承下去，这样牲畜才能更好地繁殖，他们富裕的生活才能延续千万年。

2. 鹿神崇拜

鹿在鄂温克语中叫"玛鲁"（malu）。从严格的信仰层面而言，鹿神是在山林间自然牧养驯鹿的鄂温克族对野鹿之神的崇拜。当然，现在人们也把鹿神解释为所有鹿的神灵。或许是这个缘故，他们每当打到野鹿或犴之后，先要搭一个能够摆放猎获的整只野鹿或犴的木架，并把野鹿或犴头朝新搬家方向，这意味着迁徙到新猎区还能猎到野鹿或犴。与此同时，牧鹿人在帐篷内供奉的鹿神神位前还要铺一种叫"奥格堂"（oktan）的柳树帘。紧接着将分解后的野鹿或犴的头、食道、心、肝、肺等，从帐篷外的木架上拿进帐篷内的鹿神神位前，并把野鹿或犴的头放于右端，紧挨着野鹿或犴头放置其他内脏，大家还向它磕拜，祈求它永远保佑他们牧养的驯鹿。然后，用驯鹿鞍上的苫皮盖好，不让在祭祀物品上落下一点灰尘。第二天，牧鹿人从神袋里还要拿出其他神偶摆放在鹿神旁边，再掀开盖在祭祀物品上的苫皮，将野鹿或犴的心脏切开，用其心血涂红每一个神偶的嘴，还要再举行一次祭祀活动。这时，将野鹿或犴的头切成四瓣，同其他内脏煮进锅里，煮熟后又放回原来的神位前。完成这些祭祀活动后，将心脏肉切成若干小块，上面放燃烧的炭火与肥肉块，以及有极强香味的"卡瓦瓦"草，使肥肉烧焦的味道与"卡瓦瓦"草的香味美妙结合。此时，家主双手拿起鹿神神位在其香美的烟雾上挥动三下，再把鹿神神位放回原处。紧接着，从煮肉的锅里舀出一些肉汤洒在神位前，还要把野鹿或犴的头、肝、肺等切成若干块同切好块的心一起分给大家食用。按照他们的说法，鹿神平常放置在帐篷外的特定位置，搬家前必须要把它用"卡瓦瓦"草的烟雾熏洗，放入桦树皮盒子里由健壮魁梧的"驯鹿王"驮着走。总之，这些祭祀活动，充分反映出他们借助万物富有的智慧和力量去创造幸福生活的美好渴望。

3. 驯鹿神崇拜

驯鹿在鄂温克语中叫"阿隆"（oroon），该词应是鄂温克语名词"驯鹿"。用汉字转写的时候，把舌尖中颤音 r 发音为 l 音，结果把"敖荣"发音为"敖隆"，再把"敖隆"发音成"阿隆"。事实上，汉字转写的"阿隆神"的"阿隆"是指鄂温克族牧养的驯鹿。说白了，"阿隆神"就是指"驯鹿神"。从他们信仰的角度解释的话，就是指"保护他们牧养的驯鹿之神"。在鄂温克人看来，牧养驯鹿的山林牧场上就有尾部相连的双鹿头神灵，它始终保护着山林中自然牧养的驯鹿群。而且，其象征物是由弯曲的白桦树或落叶松制作。制作时，先从林中选择呈"又"字形的白桦树或落叶松枝杈，并去掉所有棱角或多余枝杈，弄成光面干净平滑的"又"字形树条，然后放入水中浸泡晾晒，接着在两头的枝端分别雕刻出相背的二头驯鹿头形。驯鹿头造型没有角，却有十分清楚的五官，造型简明、生动、形象、逼真。它就代表驯鹿之神，保佑驯鹿的生命。特别是保护驯鹿不得病、不走散、不被凶恶的肉食动物吞食。在山林牧养驯鹿的鄂温克人，每当牧养的驯鹿发病或感染某一疾病时，就会向驯鹿神祈祷，紧接着将驯鹿神挂在患病的驯鹿脖子上，以此驱走驯鹿身上的病魔。据他们讲，有时这种做法很管用，祈祷后把驯鹿神挂在有病的驯鹿脖子上，患病的驯鹿就会自然而然地好起来。不过，由于林中这种呈"又"字形的白桦树或落叶松枝神木很难找到，所以没法给每头驯鹿的脖子上都挂上驯鹿神，只能挂在强壮的驯鹿王或魁梧健康的驯鹿脖子上，有时也挂在走在最末尾的驯鹿脖子上。在早期，对于在山林间自然牧养驯鹿的鄂温克人来讲，驯鹿患病而死的事虽然不是太多。但偶尔出现时，驯鹿的死亡率都较高，对此他们很伤心也无能为力。不过，在信仰意识中，他们坚定地认为驯鹿神能够将患病的驯鹿从病魔的折磨或死亡中解救出来，给他们和牧养的驯鹿带来健康与幸福。所以，鄂温克人渴望借助驯鹿神的神力祛除病患、征服病魔。每年春季，他们还举行祭祀驯鹿神的活动。

对于在山林间自然牧养驯鹿的鄂温克族来讲，兴安岭是驯鹿生长的天然乐园，这里的气候、植物特别适宜驯鹿的牧养与繁殖，成群的驯鹿成为他们生活的重要依靠。他们在漫长的牧养驯鹿的生产活动实践中，充分认识到驯鹿的价值与意义。在他们的心目中，鹿是吉祥的象征，它不仅是鄂温克族生活中重要的衣食之源，也是他们精神生活的重要内容和依赖。他们吃驯鹿肉、喝驯鹿奶，用驯鹿皮缝制各种服饰。由此，鄂温克族对驯鹿有一种感恩心理，这种感恩渗透他们的信仰世界。他们还把驯鹿的头盖骨和脚趾骨集中在一起，挂在树上或放置于林中搭建的木台上，还从驯鹿的各种内脏中各割下一小块用驯鹿头皮包好放入木柱上的小盒中供奉。据说，这意味着走好运。鄂温克人说，无论是野鹿或驯鹿的骨头，都有特殊运气，把它们保护好了，驯鹿神就会赐给许多好运。另外，他们不允许从牧养包或帐篷的前门拿进来，而要从后面的入口拿入房内。同时，也不准妇女烹饪驯鹿肉。因为，鄂温克人觉得这样会影响他们对驯鹿神的信仰。

4. 马神崇拜

马是鄂温克族传统畜牧业生产活动中不可缺少的重要内容，是他们的重要交通工具，也是重要的生产工具和畜牧业生活伴侣。马的特殊功能具有其他家畜无法比拟的作用，马所拥有的智慧与灵性，都是鄂温克族对其膜拜的重要因素。马伴随鄂温克族走过漫长的历史岁月，无论是在他们的物质生活还是在精神生活中，都发挥着十分积极的作用。鄂温克族对马的秉性有深刻而全面的了解和把握。他们无可怀疑地认为，马有超越一般的灵性和悟性，完全能够听懂人的语言、揣摩人的心灵和思想，为主人不惜牺牲自己的一切、全力以赴地服务。也就是说，当主人处于危难时，它能舍身相助。所以，鄂温克族特别珍爱和崇拜马。他们不仅认为马有灵魂，进而还认为马的灵魂由马神来保护和支配。每年的五月，鄂温克人还举行祭祀马神的信仰活动。与此同时，还规定禁止打马的头部，禁止用马笼头或缰绳打马，不允许在马圈内倾倒垃圾或赃物，不能让狗等动物进入马圈等。他们认为，这样做会伤害马的感情，影响马的智商和灵性。他们用自己的爱心全力地呵护它、敬仰它，当马身体衰老，不能再为主人做事的时候，就会把马放回马群里养起来。鄂温克族一方面把马作为人类的亲友、富有灵性的动物，另一方面也把马作为祭祀天神的圣物。他们祭祀天神时，将某一匹白马选为神马奉献给天神，而作为神马奉献给天神的白马，从此往后不许任何人在任何情况下骑用，甚至不许随便触摸它。不论是谁都要尊敬它。特殊而神秘的自然环境和生存条件，赋予鄂温克族许多特殊而丰富的精神活动内涵以及独特的信仰理念。

除了以上谈到的牲畜崇拜，鄂温克族对野生动物也有着诸多崇拜。在过去，他们的生产活动跟自然界的各种野生动物产生密切关系。就是从事农业生产的鄂温克族也是如此，由于他们的农场基本上都在山林草原之中，经常受到来自各种野生动物的骚扰、侵害、毁坏，所以他们对野生动物有诸多复杂矛盾的心理。生活在草原深处，经营畜牧业生产的鄂温克族也是如此，他们的牛马羊经常受到虎狼等猛禽的伤害。对于自然牧养驯鹿的鄂温克族来说，像熊、虎、狼的侵害更为严重。所有这些，使鄂温克族深刻地认识到，祈求家禽之神来保护他们的牲畜，以及同那些猛兽之神和谐相处并求得它们帮助的重要性。鄂温克人深知，面对自然界猛兽的侵害，人的力量几乎无法反抗，只有借助野生动物之神的力量才能够解决。反过来说，鄂温克族在漫长的生活中，与各种动物结成了不同程度的亲密关系、交流方式。从某种意义上说，鄂温克族离开了各种野生动物，他们的生活就会失去某种内涵和意义。野生动物对鄂温克族的存在和发展，发挥着来自另一个方面的积极作用。鄂温克人对于野生动物，特别是对于那些猛兽产生恐惧、敬畏的同时，还充满一种神秘感和依赖感。在过去，他们善于猎取野生动物，食其肉、穿其皮，以此作为生存延续的主要依靠。处于这种矛盾重重的心理，他们不仅认识到野生动物除了有超越人本身力量的优势之外，还具有特殊的灵性和悟性和人格化。进而，把野生动物加以神化，赋予神奇的力量与灵感，甚至要人性化，这使他们从内心深处更加崇拜。

鄂温克族对野生动物的信仰与他们生存的自然环境有着千丝万缕的内在联系，也是自然界留给他们精神世界的丰富内涵与深刻感受。鄂温克人信仰野生动物，经常和它们进行精神交流。他们信仰的野生动物中，包括兴安岭中的熊、蛇、鹰、天鹅等，并在鄂温克人的精神生活与活动里占据相当重要的位置。比如说，由于熊的行为动作中有一些与人类近似的方面，所以他们把熊高度神秘化和人性化。从某种意义上讲，熊崇拜是鄂温克族远古时期的信仰内容之一，还拥有不少与此信仰相关的禁忌和祭祀活动。

5. 熊神崇拜

如上所述，熊神是鄂温克族最为古老的崇拜对象之一，也是他们图腾崇拜的一个重要内容。在鄂温克人早期的信仰中，熊的直立行走、熊用两个前掌拿东西食用、熊的眼睛、熊用前掌遮光远眺等，诸多生理结构和行为动作都跟早期人类十分相似，所以鄂温克先民认为，熊就是还未进化过来的人类早期的祖先。由此，出现了熊图腾崇拜。对此，他们在一则神话里如此叙述：

> 很早很早以前，上天看到世间各种动物互相残杀与吞食的情景十分生气，就让力大无比的熊吃上它亲手制成的灵丹妙药变成人来治理世间，让那些相互残杀和吞食的动物们停止一切罪恶的行为，听从人的安排按照人的意志和平安宁静地生活。然而，就在那时，有一些年岁大的熊懒得跑到上天那里去吃灵丹妙药，没有从熟睡的洞穴里出来。结果这些老年熊错过了做人的机会，永远按照原样毛茸茸的生活在世间，而吃过上天灵丹妙药的其他熊都变成了人。

因而，鄂温克人把熊视作人类的祖先，或者说祖先的一个组成部分。

在鄂温克族的熊神崇拜里，熊与人类之间建有血缘关系、亲属关系的神话传说有很多。其中还讲道："熊原来就是人类的祖先，因为熊触犯了上天的意愿，偷吃了上天的神果，上天就把熊从两条腿走路的人变成了四条腿走路的兽。"鄂温克族的神话传统里，人类与熊之间建立各种关系的内容有很多，也很丰富、很浪漫。对比我们在前面分析熊神话时也谈过不少、可以参阅。总之，鄂温克族认为熊和人类祖先有关，甚至认为它就是人类祖先的另类延续。在鄂温克人的信仰世界里，十分崇拜、敬畏熊。要是你见到他们问"是否猎杀过熊？是否吃过熊肉或熊掌？"他们会什么也不说。知情人说，他们的熊神信仰起源于人类还生活在远古的草原与森林时代，或者说产生于远古狩猎生产时期的特定文化背景下。那时，他们的一切精神活动，无一不关联着作为狩猎生产活动对象的一切野生动物。那时，鄂温克人生活的美丽、富饶的兴安岭是一切野生动物生存、繁殖的天然理想乐园，鄂温克族在空旷的空间和极其富有的自然界中，同各种野生动物结下了奇特而神秘的深层关系。

在那些神化了的野生动物中，鄂温克人最崇拜熊。他们一方面猎熊，分吃熊肉，一方面又把熊高度神秘化，并制定了许多严格的禁忌和祭祀活动。例如，在早期，他们把公熊叫"额提肯"（eteggeng），意为"老头""老翁"或"祖父"；母熊叫"阿提坎"（atiggang），意为"老太太""老太婆"或"祖母"；打死熊后，不能说"打死了熊"或"熊死了"，而是说"熊已经睡觉了"或"熊趴下了"；把打死熊的枪不能叫"枪"，要说成"什么也打不死的破玩意儿"；吃熊肉用的刀也不许直呼为"刀"，而要叫"什么也切不动的钝家伙"等。他们还进一步解释说，不论谁吃熊肉，绝不许出声，更不能说在吃熊肉。所有这些，都是鄂温克人熊崇拜的表现形式，或者说熊崇拜精神活动的一种行为准则。在他们看来，万一被熊神、山神、天神知道他们猎熊或吃了熊肉，神灵就会来惩罚他们。由此，他们就会遇到飞来横祸，或者遭遇到想象不到的天灾。还有，他们剥熊皮时，必须先割掉熊的睾丸和苦胆挂在树上，然后才能动手剥熊皮。这样做的目的，就是为了让其他活着的熊，看到挂在树枝上的熊睾丸及苦胆后变得老实，没有勇气来袭击或报复人。鄂温克人还按照信仰习俗，剥完熊皮后就把熊头、熊喉、熊舌、熊鼻，连同熊颈部的骨头，以及脚上的各小节骨，左右肋骨各三根等，用柳树条捆绑好悬挂在两棵树间举行风葬。另外，无论是谁，猎获到熊后从不告知他人，也不会相互问是谁猎获了熊，大家只会默不作声地吃完熊肉，将剩下的熊肉各拿一份回家。

在远古的过去，鄂温克族还有过熊图腾崇拜，这与他们早期赖以生存的自然环境、熊的形体特征等多方面因素有关。就如前文所述，有关熊与人类有血缘、亲属关系的神话传说，以及熊的直立行走、用前掌抓握食物送入口中、站立起来用掌遮光张望等，同他们先民的熊图腾崇拜都有必然联系。再者，这也跟他们对熊的畏惧、依赖及敬慕心理有关。在遥远的岁月，森林中生息的熊体魁梧健壮、力大无比，人的力量根本没法与之相提并论，这使人的生命时时面临威胁。但鄂温克人懂得，只要不违背信仰戒律，不仅可以避免来自熊的威胁和伤害，还能得到熊神的帮助与保佑。由此，在他们的神话传说里，往往把熊刻画成充满情感、温柔善良、执着憨厚、懂得语言、有人的思维、富有人性的生命，进而把熊高度人格化。再说，高度神化了的熊与人成亲，生育后代，使神秘的森林充满更多神秘家庭生活的气氛。在他们的神话传说里，人与熊的结合中似乎含有自然、合理，又神奇的生活气息。事实上，在远古文明时代，人与不同动物间成亲的神话传说有很多，这都是人类在童年时期，在那特定历史条件、自然环境、生存空间、思维意识中产生的不可回避的精神活动与精神生活的产物，也是他们在远古时代对自然界及其自然界万事万物的原初感应、自我情感的阐释。

6. 蛇神崇拜

鄂温克族对蛇也非常崇拜，他们认为蛇也是一个有灵性的野生动物，它也能听懂人的语言，它的灵魂由蛇神来管理和支配。他们将蛇神称为"舍利"（xeli），并认为蛇神长着人脸，头上有两支角，能通各种语言，还与上天交流，能给人治病。蛇神被如此神化后，被赋予了人格化和神化的双重性格，由此受到鄂温克人的特殊崇拜。鄂温克人每当在蛇类出没多的地方猎获野生动物时，就会从其肉中切下一小块，来祭祀蛇神。

在民间传说中，有关鄂温克族对蛇的崇拜有这样一则传说：

> 不知多少年前，有个叫古尔丹的年轻人。他从生下来就没见过父亲，一直和母亲相依为命，就在他16岁那年，母亲患上了重病。从此无论儿子如何跪在母亲面前哀求，她什么东西也不肯吃，眼看着母亲一天天消瘦下去。古尔丹为了治好母亲的病，把母亲委托给一位亲戚照顾，自己带上弓箭，给母亲找药去了。他骑着白马白天黑夜地向东走。不知走了多少天，人都瘦成皮包骨了，马也跑瘸了腿，身上带的食物早已吃光，就靠野果来维系生命。走着走着，他走到一个不知名的大湖东岸。这时天已大黑，路上什么也看不清，他把白马拴在湖边一棵粗大的白桦树上，眼一闭就那么和衣而睡了。大约到了半夜，他被"哗啦啦……"的湖水声惊醒了。当他睁开眼睛，借着昏暗的月光向湖面一看。啊呀，有一条两丈来长、一副人脸模样，头上长着犄角的怪蛇露出湖面。他吓得一骨碌站了起来，抓起弓箭勇敢地走向怪

蛇。这时，那条怪蛇轻轻地晃晃头、摆摆尾，张了张嘴说道："你不要伤害我，我是从天上来的蛇神。你如果能找到一位萨满，我就会把肚子里的药吐在你手里，你拿回去给母亲吃就会治好她的重病。"由于古尔丹急于给母亲治病，也就相信了所谓蛇神的说的话。他骑上白马飞驰而去，没多久碰见了一位萨满，并把来意告知了萨满，那位萨满听后就上了他的白马，又回头驰向那一望无际的大湖。第二天一大早，他和萨满一起来到与怪蛇约定好的湖边。萨满和那条大蛇说了些什么，他一点也没有听懂，只见那怪蛇在他手里吐出一块箭头大小、闪闪发光的东西，然后晃动一下身子就不见了影踪。古尔丹把那块闪闪发光的东西千难万险地拿了回家，让母亲吃了下去。说也奇怪，没等两天母亲的重病就完全好了。古尔丹为了永不忘记这条长着一副人脸和犄角的大蛇，就用桦木照那蛇的样子刻了一条木蛇，然后用狍皮包起来，每逢打猎回家就用猎获的各种兽肉祭奠它。后来，那木蛇就成了他们供奉的"舍卧刻"神像。

由此可知，蛇神崇拜在鄂温克族信仰世界里具有的特殊地位和内涵。在他们看来，蛇神是最厉害的神之一。他们一般用薄铁制作蛇神偶像。在牧养驯鹿的鄂温克族中，还分雄蛇神和雌蛇神两种，雄蛇神有三个角，雌蛇神有两个角。他们解释说，蛇神是十分特殊的神灵，必须要非常虔诚地祭祀它，不能让它伤心或恼怒，否则它就会给人带来疾病。因此，他们十分虔诚地信仰蛇神。

在远古的过去，动物是狩猎采集者生存的基础，猎取动物是他们谋生的重要手段。各种动物和自然力，在鄂温克族以狩猎为生的社会中起着重要作用。鄂温克族先民崇拜大自然中的万事万物，从动物到植物，从天空到大地，无一不在他们的信仰世界之中。纵观他们多神崇拜的信仰世界，充满着众多的神灵。这些神灵观念，以鄂温克族先民奉行的万物有灵之信仰理论为基础，扩散到一切有生命的物质世界及精神世界。在这信仰之源，那些自然物、自然力被赋予了超人的灵性、情感与力量，使人的淡薄、稚嫩、脆弱的精神获得依靠、力量与勇气。

7. 天鹅神崇拜

生活在草原上的鄂温克族，还有天鹅神崇拜。对此，在鄂温克族中，还流传这么一种说法：

> 传说在清代，朝廷为加强中俄边界的防务，从雅鲁河一带派遣一千多名鄂温克族官兵，到呼伦贝尔戍守边疆。结果，在一次残酷的战场上，鄂温克官兵被敌军团团围困，在这极其危急时刻，远处突然传来震耳欲聋的"给咕、给咕"的声音，听起来就像千军万马奔腾而来。敌军误以为鄂温克族官兵的援军已到，顿时四处狼狈逃窜。后来才知道，这是成群的天鹅遮天避日地从天边飞来，结果被敌军围困的鄂温克族官兵转危为安。当时，鄂温克族官兵熬了一锅香喷喷的奶茶，以最高礼节慰劳那数也数不清的天鹅及其神灵。

对此，鄂温克人从信仰的角度解释说，这是为了把他们从灾难和死亡中拯救出来，善良、智慧、博爱的天鹅神派来了成千上万的天鹅。从此往后，鄂温克族就有了天鹅神崇拜，还有了用鲜牛奶或奶茶祭祀天鹅神的信仰习俗。这种祭祀，从古至今从未间断过。久而久之，在鄂温克人的心目中，天上高高翱翔的天鹅成为一种吉祥的预兆与象征。为了表达对天鹅的敬拜，每年春、秋季节更替之际，成群天鹅从鄂温克草原上空飞过时，鄂温克族家家户户都要熬上香喷喷的奶茶洒向空中，以此祭祀他们心中的天鹅神，并祝飞翔的天鹅一路平安，同时祈祷天鹅神保佑他们远离灾难，过上吉祥如意的生活，使奶茶飘香的草原永远充满快乐与幸福。

初春季节，用新鲜牛奶祭祀天鹅神是鄂温克人的精神生活中的较大活动之一。鄂温克族除了这一祭祀活动之外，在日常生活中遇到一些麻烦事时，也会用牛奶或奶茶祭祀上天和天鹅神。他们通常以家庭成员为主，从事类似的祭祀活动。届时，清晨起床后，大家在家中老人的主持下，用刚刚熬好的热气腾腾而香喷喷的奶茶和奶酒来祭祀天神和天鹅神。祭祀完毕后，大家返回游牧包，坐在一起喝奶茶吃早餐。由此我们也可以看出，鄂温克族的各种祭祀活动中像牛奶、奶茶、奶酒等占有相当重的分量，尤其是在天鹅神信仰中，奶茶和牛奶是他们不可或缺的祭祀物品。

8. 鸟神崇拜

鄂温克族信仰的鸟神是指一种小鸟，是广义上的一种概念，没有特别在狭义上指出是哪种小鸟。鸟神的象征物是用白桦树或落叶松树木料制成的小小的木鸟，他们叫"乌麦"（wumai），是保护婴儿生命安全的保护神。他们制作鸟神的神偶时，先将白桦树或落叶松木料雕刻成一个小鸟的轮廓，然后还给它穿上事先缝制好的小皮衣，还要给它安上用皮子剪出的小鸟的翅膀与尾巴，最后用黑墨绘出小鸟的嘴和眼睛，这样就把象征小神的神偶完整地创造出来了。从事畜牧业生产的鄂温克族从信仰的角度认为，小孩得重病是灵魂离开孩子肉体的缘故。因此，必须举行祭鸟神的活动，祈求鸟神到另一个世界将孩子的灵魂请回肉体。这样才会将孩子从病魔的折磨中解救出来，孩子才能恢复健康。

9. 鹰神崇拜

鄂温克族认为鹰具有矫健的身姿，是大飞禽家族中无与伦比的勇猛鸟类。鹰有高超的飞翔本领，它既能展翅翱翔于天空、直冲云霄，又能长时间地在空中定位停留，还会从万丈高空直冲大地。鹰的飞行迅速、敏捷、灵活，能够准确地扑击各种动物，是鄂温克族早期狩猎生产中不可缺少的理想助手。鹰的这些本领和独特的飞行技能，使鄂温克人对它充满了惊羡和崇敬，并成为鄂温克族先人极为崇拜的圣物神鸟。在他们的信仰世界里，鹰与萨满有亲密的血缘关系。比如，从事牧养驯鹿生产活动的鄂温克族的传说中就讲道："萨满是鹰的后裔，鹰是萨满的祖先，也是萨满在天的神灵。"这种信仰意识的出现，或许同他们生存的特定自然环境有关。众所周知，鄂温克族生活的山林草原，辽阔无边、森林茂密、重峦叠嶂、河流密布、气候寒冷，人烟罕迹。山林草原上到处是各种野生动物，河流湖泊中的各种鱼虾，所有这些都给鹰的生存、繁殖提供了理想而丰厚的食物和良好的生存环境。鹰也成为鄂温克族物质生活与精神生活中的重要组成部分。

从他们远古的生产方式来看，狩猎生产无疑是早期主要的谋生手段，自然界养育的鹰成为鄂温克族猎获小体形野生动物的主要手段之一。鄂温克人经过长期观察、接触、思考，对鹰的习性、特点、用处等有了深度认识和把握。鹰具有各种技能及智慧，使他们对其产生了无限膜拜与敬仰。进而他们对鹰产生一种特殊的情感，紧接着把猎获的鹰驯化成狩猎生产的得力助手。他们还把鹰尊崇为万能神奇的生命，视作人与神之间的使者，赋予它神性和人性。在他们看来，鹰可以飞入天宫，与天神沟通。因此，它具有超凡的神性。鹰是神的化身和使者，在鸟类中凌驾于众鸟之上，神威无比，备受敬崇。

鄂温克人对鹰还有独特的祭祀仪式。而且，祭鹰仪式一般是在自家的院落中举行。具体讲，先在院落正中放置一张方桌，然后把野兔、野鸡、野鸭等小动物的肉及内脏切成小碎块放在桌子上的木盘内，请鹰神享用祭品。鹰神飞降在祭祀品上享用时，他们禁止任何人来回走动，也不能大声说话，更不能吵闹或喊叫，老人们还静静地坐在鹰神前祈祷，祈祷它带走一切灾难或不幸，带来一切幸福和快乐，使他们的生活永远美好。他们甚至认为，鹰神享用的祭品越多他们就越幸福。

总之，鄂温克族对鹰、天鹅等飞禽的崇拜，是他们生活的特定历史条件和独特的自然环境所赋予的信仰内涵，是鄂温克族萨满信仰万物有灵论的另一种体现。鸟类崇拜是他们崇拜的野生动物中，不可缺少的重要内容之一。当然，在他们的飞禽崇拜中，除了上文提到的，还有对大雁、喜鹊、鹦鹉、布谷鸟、乌鸦、啄木鸟等的崇拜与不同的祭祀活动。简言之，他们十分崇拜在天空中自由飞翔的各种鸟类。不过，鄂温克人最尊敬的鸟还是鹰和天鹅。

第六节 萨满信仰

鄂温克族认为世间万物皆有灵魂，虽然万物之物质生命会死亡或消失，但万物之灵魂永恒于世。同时，万物的灵魂均有超然的智慧和力量。萨满就是代表人与诸多神灵进行交流的特殊智者，从而在鄂温克族信仰世界里，享有特殊而崇高的威望和地位。鄂温克人信奉的萨满，集自然崇拜、图腾崇拜、祖先崇拜之大成，以万物有灵论之信仰理论为基础。萨满信仰作为鄂温克族远古精神活动内容，以及传统文化的重要组成部分，渗透他们的物质生活及精神生活的方方面面。我们在前面讨论鄂温克族信仰时，也不同程度地涉及萨满信仰。下文，着重探讨萨满信仰的产生、萨满神服、萨满的功能及作用、萨满仪式、萨满信仰活动等。

1. 萨满信仰的产生

鄂温克族的萨满有世袭关系，每个家族都有自己的萨满，萨满还可结婚、生儿育女。萨满有男性，也有女性。一般是老萨满死后，通过家族会议，从其直系亲属中选定继承人，也就是新萨满。倘若从死去的萨满在直系亲属中找不到合适的人选或接班人，也可以从旁系亲属或在同一家族中选定新萨满。基本上是老萨满死后的三年内一定要选定新萨满。在他们看来，老萨满死后新萨满产生时间越快越好，不应该拖很长时间，最长也不得超过三年的期限。用他们的话说，被家族会议选定的新萨满，应该具备一些特殊的要求与标准，他（她）出生时就应有奇特的表现，或者是长期处于不同于一般的生理反应或生命感应之状态，甚至应该有一系列被常人视作怪异的行为动作、言谈说笑。或者在生命某一阶段，突然产生极其鲜明而奇特的变化，使人压抑不住精神世界里产生的强烈反应而不停地自语或大声喊叫或不停地舞动，甚至会跟水、火、雪、风、雷以及见到的一切自然现象进行交流。鄂温克人认为，这一切是祖先神灵降临到了他（她）身上产生的激烈反应，对此应该加以保护及特别关照，并在其他老萨满的引导下使其成为新萨满，进而视其为祖先神灵的代言人，把大家的心愿不断传送给神灵世界的智者。例如，牧养驯鹿的鄂温克族人格列西克由于神功超然，在17岁时就当上了萨满，为大家的幸福美好生活而不知疲倦地工作，由于过度劳作而较早离世。从那以后，他14岁的妹妹纽拉的生命中就产生了许多常人不可理解的特殊精神反应，不论吃什么药都不管用，不论怎么治疗都无济于事。相反，她的生命变化、生理反应，以及精神感应却越来越大、越来越明显和突出。当时，家人就请萨满来梳理她失常混乱的精神世界，结果萨满透过她的肉体看到了精神世界里产生的特殊智者的变化，以及她和诸多神灵能够交流的特殊技能和智慧。这使萨满放弃了对她进行精神治疗与梳理，停止了跳神舞、唱神歌、敲神鼓。同时，庄重地告诉族人纽拉身上已经降临了祖先的神灵，她已经具有了萨满的技能和智慧，她唯一的出路就是当萨满而摆脱凡人的磨难。就这样，纽拉从 15 岁开始师从布利托田家族有名的女萨满敖力坎，经过 3 年的指导和苦心修炼，18 岁的她正式入道成为一名萨满。

鄂温克人说，新萨满胜任仪式大都在春暖花开的季节举行。他们还解释说，鸟语花香、万物复苏、山河焕然的季节举行萨满就职仪式显得寓意更加深刻。届时，在其他家族老萨满的主持下，新萨满完成跳神舞、唱神歌、咏神词等一系列程序后，就会胜任萨满这一神圣的职位。值得一提的是，在萨满神歌和神词中主要涉及（1）作为本家族萨满行使一切神灵旨意；（2）萨满要给全家族成员带来一切精神享受和美好生活的期盼；（3）新萨满上任后，对于家族成员所遭遇的各种肉体的或精神的痛苦给予精神治疗，同时也进行特殊的物质治疗。从此，新萨满就可以独立主持信仰活动和有关的祭祀仪式，为本家族或其他家族的成员驱灾造福。

在鄂温克族早期生活的特定社会组织里，萨满的职能是多方面的，甚至在生产生活的各个领域都可以发挥作用，始终为自己族人的生活安宁与幸福忙碌。例如，说和夫妻吵架的家庭、教育不听话的孩子、改造心灵有缺失的人、帮助生活困难的人、挽救思想迷茫的人、协助找回丢失的家禽等。萨满还根据祈求者的需要举行不同内容与形式的祭祀活动，代表世间的人们向天上的神灵转告或传达祈求，或者向其他神灵表示某种夙愿或企盼。他们强调，鄂温克族萨满不像有人说的那样，只会跳神舞赶鬼魂或招神仙压邪恶，对解决家庭矛盾、社会问题、重大事件均发挥着十分积极的作用。再者，一些人所说的跳神舞赶鬼魂，以及招神仙压邪恶等，事实上就是萨满用边说边唱边跳的形式进行精神治疗的一种手段，他们用说唱形式的语言，对身体或精神受难者进行一些有针对性的诊疗。当然，也有精神安慰、精神鼓励、精神治疗的话语。萨满对患有重病、怪病、急病的患者，首先进行精神安慰和治疗，当这些办法失灵时他就会根据患者病情开药方，进行药物治疗或采取其他物质手段的医疗。比如说，从身体的某一处放血、拔罐子、用骨针刺激神经、踩背、踹背、顶背等。许多患有精神的或肉体疾病的患者，就这么经过萨满的救治，恢复了健康。

2. 萨满神服

鄂温克族萨满，基本上都依据各家族的需要，缝制各具特色的萨满服。因此，萨满服没有完全相同的样子。一般来讲，鄂温克族萨满都有神服、神帽、神鼓及神鼓槌等。神帽上都有驯鹿杈角，神服上或多或少地挂有铜镜和绣的图腾造型物。其中，萨满服上的图腾造型艺术充分地反映其远古时期万物有灵的观念。女萨满的神服是用柔软的鹿皮缝制而成的，由神帽、神衣、神披肩、神护胸兜、神裙等组成，配有众多的毛穗和皮飘带，以及铁制的各种神偶器件和大小铜镜，分别挂在神服的特定位置。每一套萨满神服的缝制，包括各种饰物，需要将近三年时间。并且，缝制萨满服的时间有严格的规定。神服要在每年春季布谷鸟鸣啼后开始缝制，要在秋天白桦树的叶子掉落时停止。他们说，缝制萨满神服要集众人之手，至少应该九女参与缝制，另请九男参与打制铜铁器件。制作萨满神服剩余的皮角、线头、铜铁碎末等不得随意丢弃，待神服完全缝制完后集中一起销毁。在萨满半圆形神帽上，有一对左右对称的铜或铁制的鹿角杈。很有意思的是，神帽上的鹿角的杈数取决于萨满的等级。初当萨满者戴 3 杈神帽，取得一定资历后戴 6 杈神帽，资历高、神通广大的萨满戴 9 杈神帽。用鹿角的杈数象征萨满资历与鄂温克人早年牧养驯鹿的生产活动有关。众所周知，鹿角的杈数随着鹿的年龄增长而增多，萨满的资历也随着时间的推移而增高。在早期，牧养驯鹿的鄂温克族萨满帽子的造型及其装饰风格，是他们远古时期牧养驯鹿之生产活动的产物。那个时代，他们以牧养的驯鹿为衣食，还要伪装成驯鹿进行狩猎生产。就在那个特殊的岁月，自然而然地形成了萨满信仰，萨满神帽有着特殊的象征意义。从这个意义上来讲，早期的牧养驯鹿的生产活动，以及伪装成驯鹿来进行的狩猎生产的活动，演绎了萨满神帽的造型艺术。在早期的狩猎生产活动中，牧养驯鹿的鄂温克人还戴一种又有鹿角、又有鹿耳的帽子。在鹿角杈帽子的后侧还挂 18 根布条或皮条，象征天神的九女九男。他们还身穿毛朝外的鹿皮衣，伪装成鹿的外形，进行围猎和接近猎取的野生动物。这都是萨满神服产生的历史背景和文化基因，同时也表现出他们早期鹿神信仰的某种印记，展示出萨满像鹿神一样机灵、敏捷、智慧、勇敢、超脱与奉献。

萨满神衣的款式特点。比如说，有的萨满神衣的衣领有棱有角，有的衣领则属于圆形。然而，多数神衣是紧袖对襟式短衫，腰摆较为宽大，用加工好的动物皮缝制。类似萨满短皮衫就是以动物各部位骨骼为依据缝制而成。在这种神衣双袖的下方缝有一排皮穗饰。他们将这视作动物身上的毛，这种装饰完全来自毛有灵性之说。这样做的目的，就是为了便于沟通人间与神界。萨满神衣后背上，还有一条窄长的到袖口的活叶披肩，上面挂有各种偶像模型，集中反映了萨满的职责和使命，突出表现了鄂温克族牧养驯鹿生产活动时期的信仰文化。萨满披肩上，缝制的红、黄、蓝三色布带或皮带象征彩虹。萨满称彩虹是天桥，上界的神灵要通过彩虹降到人间。所以，神服上的主要神偶都悬挂在象征彩虹的三色布条上。披肩上还悬挂着排列成行的各种铁片神偶。其中就包括象征太阳、月亮、启明星、雷公、雷母、蛇、天鹅、布谷鸟、鱼等铁片神偶，每一个神偶都有约定俗成的说法。比如说，布谷鸟神偶意味万物复苏，天鹅神偶代表自由善良，太阳神偶表示光明与力量，月亮神偶象征柔情与梦想，蛇神神偶以示应对一切邪恶，启明星神偶象征驱赶黑暗，雷神神偶表示震慑妖魔鬼怪，挂的36条小鱼神偶象征繁衍发展，护胸兜上的两排共36只天鹅神偶代表神界众多仙女为萨满助长神威，带有饰物的披肩整体意味着人类生存的山林草原等。

　　萨满神裙由裙腰和飘带两个部分组成，均以处理好的动物皮缝制，其裙腰上有红、蓝交替的长宽不等的条线装饰。前后两层飘带的正面，饰有距离相等的红、蓝两色交替的横道式彩线装饰，这种造型为蛇背纹饰，也有彩虹吉祥之意。在飘带间，又加饰两种反差较大的用皮毛缝制而成的筒形造型，末端也饰有皮穗，与大萨满胸前所饰的蛇神造型相一致，显得极为古老。神裙上同样挂有各种铁片动物图腾造型，有鲁吐鸟和齐卡库鸟等鸟类及熊、狼、野猪等走兽类。另外，还有柳叶形鸟瞰式呈鸟背造型的鱼神等。对上述动物类的崇拜，与萨满信仰产生时期从事的渔业生产、猎业生产活动等有密切联系。比如说，狼也是山林的残暴野生动物，常常伤害驯鹿，为使驯鹿不受其害，他们就敬狼神。为此，将象征狼神的神偶挂在神裙上，以此达到威慑狼的作用。神裙上的野猪神偶表现出通过猛兽崇拜而获得超人的神力的美好愿望。很有意思的是，神裙上还挂有两把剪刀造型的器件，在代表妇女神妙的缝纫技巧的同时，还表示萨满用其从患者身上剪断各种病魔的意愿。萨满用的神鼓鼓面多用狍皮、鹿皮、犴皮缝制。在他们看来，神鼓是最为古老的生产工具之一，神鼓可以指挥猎人们围攻野兽，还可以用神鼓声恫吓猛兽。神鼓后来用于萨满信仰仪式，从而成为呼唤神灵的工具和震慑妖魔的法具。对于神鼓，他们还解释说："神鼓能传递音信，萨满从神鼓声音能听到神灵语言，神灵也从神鼓声中获悉萨满的需求。"

综上所述，鄂温克族萨满神服上佩饰的各种造型，不论是天体、动物还是人体器官的造型，总合起来将近有 60 种，种类繁多、内容丰富，集中反映了鄂温克人在远古生产生活时期对大自然和对各种动物的崇拜。从传统的意识形态的角度分析，鄂温克族萨满穿的神衣，头上戴的神帽及披肩、神裙及各种造型，突出反映早期游猎民族在历史上自然形成的对自然界万物依赖膜拜的信仰心理。

3. 萨满的功能及作用

过去每当有人患病久治不愈、病魔长期纠缠不休、患上难以治愈的怪病、长时间打不到猎物、驯鹿走失找不回来、孩子不听话、夫妻吵架、妇女不生孩子、小偷偷东西，以及飓风、暴雨、大雪、山洪、火灾等莫大痛苦、不幸、灾难的时候，鄂温克人总是求助萨满和神灵，请萨满用神语、神词、神歌、神舞同上天的神灵进行沟通与交流，从而获得上天之神的帮助，去战胜一切不幸与灾难，迎来新的美好而理想的生活。同时，他们渴望通过萨满的智慧，向诸多神灵表示忏悔，虔诚地希望诸多神灵给予宽恕，把他们从灾难中拯救出来。

跳神舞是萨满信仰中的主要内容之一。鄂温克族在万物有灵论及灵魂不灭论等信仰思想的深刻影响下，相信萨满能够同诸多神灵进行沟通。基于此，他们深信作为凡人不能和神灵进行交流，只有通过智慧超越凡人的智者——萨满才能与神灵沟通与交流。他们认为萨满是用神语、神词、神歌、神跳的形式和内容，与诸多神灵进行沟通和交流。同样，用神语、神词、神歌、神跳的形式和内容，与世间的人们进行沟通与交流。萨满的神语及神词十分丰富与美妙，很有感染力和生命力；萨满神歌曲调强劲有力、节奏感强，很有感召力和影响力；萨满神舞夸张、超脱、自然，很有威慑力。萨满整个信仰仪式极其古老而传统，其中包含有请神、降神、神灵附体、神灵交流、神灵归去等内容和过程，还表现出驱赶一切罪恶与灾难，呼唤一切安宁与幸福等信仰内涵。

4. 萨满仪式

鄂温克族中有人得了重病，就会请萨满过来举行信仰仪式。萨满举行仪式时，一般都要杀一只羊或一头白色驯鹿。也有用野生动物替代羊或驯鹿的，还可以用牛、马鹿、黄羊、鸭子、鸡等代替。到时候，先在住处东南角搭建一个有四根柱子的木架，接着萨满的助手就动手宰杀祭祀物，给祭祀物剥皮时不能用刀碰祭祀物嘴的下部和四肢内侧处，还要把祭祀物的心、肝、肺、食道、头等放在木架上。祭祀物的头要向日出方向摆放，其他的部分煮熟后，献给"玛鲁"神。鄂温克人认为，患重病是因为人的灵魂离开了肉体，去了另外一个遥远的世界，请萨满把人远去的灵魂召唤回来。类似信仰活动要在夜间进行，萨满在进行该信仰仪式之前，必须事先准备黑白各一头驯鹿或马鹿、犴作为祭祀物。萨满开始跳神舞时，杀一头黑色驯鹿，这意味着萨满去另一世界请回人的灵魂时要骑黑色驯鹿。萨满跳一阵神舞后，把祭祀活动中用的篝火全部熄灭，接着要在屋内向逆时针方向边跑边跳神舞，象征去寻找降临在屋子里的神灵，当萨满示意见到神灵，并与它进行了沟通与交流之后重新点燃信仰仪式的篝火。这时，萨满请大家看萨满神鼓正面有无患者的头发，有就意味着患者的灵魂已经回到他的肉体。患者若是男的，其父亲把鼓面上的头发用一块洁白的布包起来放在腋窝里，同时要紧紧地束好腰带；患病的如是女性，其母亲把鼓面上的女儿头发同样用一块洁白的布包好放在屁股下面。这样做，是为了留住患者的灵魂，怕其再跑掉召唤不回来。到了第二天，要杀另一头白色驯鹿，以此祭祀神灵，感谢神灵的帮助。如果患病的是孩子，他们就会祭祀"乌麦"神。他们还坚信，倘若孩子医治无效死亡，"乌麦"神就会飞回天上。

鄂温克族生活在草原与山林，从事着草原畜牧业生产和山林自然牧养驯鹿的产业，所以经常遇到牲畜跑丢的情况。有的牲畜跑丢后几天几夜不回来，甚至派人出去找也找不回来。当他们实在找不到跑丢的牲畜时，就去请萨满，希望他能与牲畜之神灵进行沟通，渴求在神灵的帮助下找回跑丢的牲畜。这时，萨满首先问清牲畜跑的大概方位。其次，萨满的助手取出飞龙的心、肝、肺和食道、舌头等一起祭祀牲畜之神。再次，萨满还用柳树条编制象征跑丢的牲畜形体，放在神灵之前。紧接着，萨满穿好神衣，手拿神鼓，说唱神词与神歌，还要跳神舞。有时，萨满身边的助手和其他人也随着萨满边唱边跳，其神舞动作主要表现去找寻或赶回丢失牲畜之内涵。最后，萨满给丢失牲畜的人，指出丢失的牲畜所在的地理位置，以及如何去找的路线等。他们说，一般情况下，按照萨满指给的地点去找，都能找回已经丢失多日的牲畜。

对不同患者，以及对不同痛苦与灾难，鄂温克人做不同内容和形式祭祀仪式，祭祀不同的神灵。所有信仰活动或祭祀仪式萨满都要参加，并且主持这些信仰活动和祭祀仪式。

鄂温克族的年轻萨满，每隔数年举行一次祭祀自己神灵的重大仪式，他们叫"奥米南"（ominan）活动。在这一重大的信仰活动中，新萨满向老萨满学习信仰世界的重要信条等。届时，在德高望重的老萨满的主持下进行一切祭祀活动。首先，在萨满住处外面竖立称为"神柱"的两棵白桦树和两棵落叶松树，接着老萨满从住处中央位置的立柱上取一根叫"斯提木"的细皮绳，向顺时针方向绕住处一圈走后将两棵白桦树和两棵落叶松树连起来。这时，新萨满把祭祀用的兽肉切成细条挂在皮绳上，将祭祀用的兽头煮进锅里，用其炊烟和锅里冒出的蒸汽祭祀上天之神。还要将祭祀用的兽皮毛朝外铺在白桦树和落叶松树立柱之间，上面分左右两行各摆9个桦树皮碗，象征所祭祀的九女九男的萨满神灵。这18个桦树皮碗中，盛有祭祀用的兽物之血，然后才开始萨满的"奥米南"信仰仪式。每举行一次"奥米南"仪式，萨满神帽上的驯鹿角权要增加1个。但是，将神功发挥好的萨满一次要增加3个驯鹿权，据说有的萨满举行3次"奥米南"仪式，神帽上的驯鹿权就会由3权增至9权。他们说，在过去"奥米南"这一信仰活动每次都搞得既隆重又热闹，新老萨满围着白桦树和落叶松树的"神柱"跳三天三夜的神舞。通过此形式，老萨满向新萨满传授各种信条、信规、信法等。"奥米南"也是鄂温克族姓氏家族共同的祭祀活动，是体现家族团结合作、共创美好未来的精神生活的载体，从而进一步加强家族成员的信仰意识，以及进一步加强参与萨满信仰活动的诚心度和积极性。

鄂温克人共同参与的"奥米南"萨满信仰活动，对他们家族理念和信仰意识的强化发挥着十分重要的推动作用。萨满神鼓是他们举行"奥米南"信仰仪式中不可缺少且至关重要的法器，萨满无论在唱诵寓意深刻且曲调委婉的神歌，还是用变化多端的艺术动作展示萨满神舞，均离不开萨满那神奇而又充满宏厚、强劲声音的神鼓。而且，伴随萨满神鼓发出声音的高低、快慢、强弱等变化，人们在信仰世界里感受着生命的苦酸甜辣、生老病死以及生命的美好，对快乐和幸福的渴望。他们说，若没有悦耳、清脆、生动、强有力而抑扬顿挫的萨满神鼓的声音，便无法呈现萨满智慧和神灵的存在。鄂温克人在"奥米南"信仰仪式中使用的音乐曲调，根据所要表达的内容和寓意而有所不同。一般开场时的音乐曲调要十分舒缓、轻柔、自然，进入祷告阶段的音乐会变得强劲、高昂，进入请神阶段的音乐又趋平和、幽婉。

总之，"奥米南"仪式在鄂温克族萨满信仰活动中占据十分重要的地位，也是老萨满集中训练新萨满的有利机会，是老萨满在各个方面检验和考核新萨满的信仰意识和思想、智慧才能的积累与发挥、入法入神的程度与水平，以及进行各种信仰仪式时穿用的神衣、神服、神帽、神鞋等的关键时刻。通过"奥米南"仪式，在各个方面发挥较好的新萨满会得到老萨满和家族成员的好评，使其萨满神帽上的驯鹿角权不断增加，进而得到家族成员更深的信任和拥戴。

5. 祖先神崇拜仪式

祖先神崇拜仪式也是萨满信仰仪式中的重要内容之一。他们说，很久以前就有了祖先神崇拜及相关的祭祀活动。据了解，鄂温克族每个家族都有保护神，也就是他们崇拜的"敖造勒"祖先神，并在他们信奉的众多神灵当中，祖先神是最普遍、最重要、占主导地位的神灵之一。"敖造勒"是鄂温克语，有"根"之意。鄂温克族早期的"敖造勒"神神偶是一对老人造型物。这对老人神偶有手脚，绘有五官，穿动物皮衣物。在鄂温克人看来，必须每天用食物祭祀"敖造勒"神，同时祈求它保佑孩子们的生活。在他们看来，"敖造勒"神最喜欢肥肉油的香味，因而祭祀它时一定要在炉火上烤些肥肉，让其冒出香喷喷的气味来。这时"敖造勒"神就会很高兴，从而保佑大家不患病、生活幸福，并且外出从事狩猎生产的人们也会满载而归。鄂温克人认为，"敖造勒"神非常喜欢听萨满神鼓的声音，萨满一敲神鼓它就会很兴奋，无论它在哪里，只要听到神鼓声就会跑到萨满身边。它还很喜欢牲畜头上套用的笼头，还喜欢用动物的细长皮条辫成的皮绳。所以，鄂温克人从不把赋有神力的笼头或皮绳到处乱放，还有专用于祖先神去抓丢失牲畜的笼头或皮绳。他们解释说，"敖造勒"神主要保护本姓氏家族的人和他们的牲畜。不过，它一旦生气，本家族的人或牲畜就会患重病或怪病。因此，对鄂温克人来说，供奉"敖造勒"神有两个目的：一是祈求"敖造勒"神不要跟不懂事的孩子们生气；二是企盼"敖造勒"神治病驱鬼、造福家族。不过，这里说到的许多内容或信仰仪式与农区鄂温克族有关，牧区鄂温克族对祖先神还有其他的解释，并有其他形式的祭祀活动。

6. 神秘的萨满信仰世界

萨满信仰是一个以万物有灵论为理论基础的多神崇拜的信仰体系。鄂温克族在跟大自然的深度接触中，自然而然地对大自然的许多奇特现象感到神秘，进而在意念与思想深处产生许多神奇的感应，认为一切物质的事物深处存在某种特殊的生命，这种生命人看不着也摸不着，但它可以支配物质或者生命，他就是人们所说的灵魂。也就是说，物质的一切事物均有灵魂存在，这种灵魂在支配物质生命的同时还要受到神灵的支配。由此，鄂温克人就产生了"万物有灵论"的信仰。与此同时，他们还坚定地认为，人本身无法与世间万物的神灵进行沟通，只有超越了人本身的界限、界定的人，属于非凡而超脱一般的智者才能够同诸多神灵进行沟通或交流。而这种人就是萨满，意为"智者""贤人"等。正因如此，萨满在鄂温克族精神生活中占有极其重要的地位。人们会自然感悟到，源于自然界万物的自然信仰是早期人类对于自然界自然物的特殊认识与阐释，也是自然界赋予人类的特殊的精神产物。萨满信仰也是如此，绝非一个简单的、原始的、落后的、无知的信仰。这种信仰的核心理论，与自然界的万物及万物的生存规则与原理浑然一体，从另一个精神生活、精神活动、精神世界的角度，与世间万物甚至同宇宙万物进行深度沟通与交流，从而不断从特定精神文化与自然信仰的理论视角认识、解读、阐释未知神秘世界的一切概念。如前所述，鄂温克族生活在一望无际的草原山林，他们在历史的长河里遇到过许许多多的磨难与灾祸，有的是自然的、有的是人为的。面对来自自然界的地震、山崩、洪涝、海啸、暴风雪等灾害，鄂温克人认为人凭借自身的力量永远无法与之抗衡，更无法战胜。因此，他们就请神通广大的萨满，通过萨满跟万物之灵取得沟通与交流，祈求万能的神灵拯救灾难深重的人类。由此，他们就有了萨满信仰及以此为核心的精神生活、精神活动、精神世界。

鄂温克族信仰世界里自古就讲究多神崇拜。他们从自然崇拜、图腾崇拜发展到对灵魂和祖先的崇拜，一直到萨满信仰的产生，深深地影响着鄂温克族的精神世界。同时，这一切毋庸置疑地体现在他们的语言交流之中。例如，在他们的萨满信仰语言里像玛鲁神、舍卧刻神、舍利神、乌麦神、阿隆神、厄提肯神等诸神的称谓以及与这些神灵密切相关的说法十分丰富且有很高的使用率，在日常用语中他们几乎每天都使用。无论何时何地何种情况下用餐，鄂温克人都要在用餐前向天神、火神、山神等表达最真诚的谢意，感谢这些神灵给予他们食物。另外，他们认为，无论谁做了好事或坏事都和神灵有关，做好事的人是因为心里有神，听了神的旨意在做好事；做坏事的人，因为心里没有了神，所以违背神的旨意在做坏事。所以，他们总是从信仰的角度，看待这些问题，解释这些问题。例如，他们从万物有灵论之信仰理论坚定地认为，人如果污染了河水就会受到河神的惩罚、人若毁坏了山林要受到山神和森林之神的惩罚、人要是做了伤天害命的事情就会受到天神的惩处等。在他们的诸多地名里，也有不少同信仰有关的概念。例如，"乌鲁吉气河"意为"供神的河"，"土毛鲁根河"的意思是指"萨满做神鼓之河"等。总而言之，在鄂温克人的日常交流或语汇里，同其信仰密切相关的内容有很多，这也是他们的语言的突出特点之一，也是他们神秘萨满信仰世界的另一种表现形式与内容。

伴随鄂温克族社会生产力的不断发展和思维结构的不断改变以及认知能力的不断拓展，鄂温克人在自然崇拜的基础上形成了诸多图腾崇拜。"图腾"的含义相当于"族群标志或象征"。对远古人类来讲，图腾就是某一族群约定俗成的保护神，是维系该族群所有成员的精神纽带和支柱，从而给予人们一种精神凝聚力和强大力量。鄂温克族的图腾崇拜中，认为他们的图腾与他们有一定的和必然的亲属关系，还把图腾视为他们的祖先或祖先的构成部分。在他们看来，熊图腾是图腾崇拜中较早出现的信仰概念。不过，有些鄂温克族除了把熊做作图腾崇拜之外，另外还有自己崇拜的图腾。比如说，牧区鄂温克族中，把图腾称为"嘎勒布尔"，意为"根"或"源初"。他们都有自己的"嘎勒布尔"，每个人都知道自己的图腾。他们的"嘎勒布尔"是以各种小鸟等作为象征，不允许嘲弄、玩耍、虐待或杀害作为图腾的动物，其他姓氏家族的人也信守这些戒规信条。在过去婚俗中，当男方媒人去女方家说亲时，女方父母首先问清男方膜拜的图腾，如果双方属于同一图腾，那么男女双方父母或老人绝不允许孩子们谈婚论嫁。这也从另一个角度说明，图腾崇拜的概念较为复杂，除了以熊、狼、鸟作为图腾的姓氏家族之外，还有以蛇、太阳、上天作为图腾的情况。

就如一切信仰的产生和发展都有其特定历史条件和环境，且与人类的社会发展紧密相关一样，鄂温克族萨满信仰也不例外，经历了自然崇拜和图腾崇拜等特定历史阶段。所有这些，自然跟鄂温克族当时的生产关系、生产手段、思想意识，以及对大自然的过分依赖与崇拜密不可分。随着社会形态的不断发展变化，原有的生活模式渐渐被新生事物取代，进而涌现出以牧业、农业为中心的新的社会经济，这使鄂温克族对自然界的看法、认识、解释也产生了很大变化。鄂温克族在精神世界里，信仰、崇尚、依赖自然界万物的基础上，按照自己的意志不断创造、获取所需的物质资源，尤其还可以驯养、使用动物。这使他们对自然万物的膜拜与信仰观有了新的内涵，神秘感也有了新的色彩。他们对人的力量与作用的认识开始逐步加强、提高，进而由自然崇拜、图腾崇拜升华到对人类祖先的崇拜。所有这些是阐释信仰与历史进程、社会发展、人类进步同步而行的某种深层原理。每种信仰都以自身所处的时代为根基，在人们的精神世界里产生着不同变化，发挥着不同作用。比如说，鄂温克族的祖先崇拜中人格化的神灵先是女性，后来随着母系社会发展为父系社会，祖先崇拜的神灵也渐渐转为男性。

在这里还应该提到的是，鄂温克族一直受到外来文化与宗教信仰的影响。在早期，更多接触的是俄罗斯人，所以受到俄语以及东正教一定程度的影响。后来，在清朝末期和民国时期又受到藏传佛教的广泛影响，由此鄂温克族出现了有双重信仰的人，即信仰萨满的同时信仰藏传佛教。再就是从 19 世纪后半叶开始，汉族信奉的道教、儒教和民间信仰也影响了鄂温克族，也有了这些宗教的信仰者，以及说汉语、受汉文化影响的鄂温克族。反过来说，他们自古以来信奉的万物有灵论的多神信仰，以及鄂温克族富有自然属性的丰富多彩的语言文化等，自然而然地感染或影响着外来移民的信仰与文化。所有这些，使鄂温克族的信仰及其语言文化变得更加丰富，并被赋予了时代特征和新的生命力。

第七节　萨满信仰与生态环境

萨满信仰是我国北方诸民族以及俄罗斯西伯利亚地区和中亚各民族自古以来的传统信仰。"万物有灵、灵魂不灭"是萨满信仰的核心，它包括自然崇拜、图腾崇拜、氏族祖先崇拜等。在这个信仰世界里，萨满是人与万物神灵相互沟通的使者。萨满信仰中认为宇宙分为三界，即天界、人界、阴界，能够将三界的意愿相互沟通的就是萨满，也就是能够同天界的物之灵和天神对话，又能与阴界的妖魔鬼怪及鬼魂沟通，并将它们的意思转告给人界的使者。"萨满"一词源于满通古斯语，其意为"先知者""预知者""神通者""通晓者"，即是通晓神意的人，是神灵的化身，人类的使者，人神的媒介。saaman（"萨满"）一词是在动词词根 saa-（"知道、明白、通晓、懂"）后面接缀由动词派生名词的构词成分 -man（"人、者、物"）构成。根据远古壁画、出土文物、文献史料、民族志和学者们的实地考察与研究，有的学者提出萨满信仰在数万年以前就已经产生，大约在旧石器时代末的氏族萌芽时期，狩猎文化的背景下产生了万物有灵的信仰。按照相关推测，萨满信仰几乎是伴随人类的幼年和童年时代而萌生，并逐渐发展成为一个强大而波及面相当广泛的自然信仰，也是人类史上最为古老的自然崇拜。

我国北方曾经是萨满信仰的摇篮，古代北方诸多民族或族群，如东胡、鲜卑、室韦、契丹、肃慎、挹娄、匈奴、勿吉、女真、柔然、突厥等都曾信奉萨满信仰。换言之，在我国北方的阿尔泰语系诸民族或其他民族中，都有过信仰萨满的历史阶段。如在满 – 通古斯语族诸民族的满族、锡伯族、鄂温克族、鄂伦春族、赫哲族等民族，蒙古语族的蒙古族、达斡尔族、保安族、东乡族、裕固族等民族，突厥语族的维吾尔族、哈萨克族、柯尔克孜族、塔塔尔族等民族，在历史上都信奉过萨满信仰。近 20 年来，国内外不少专家学者深入民族地区进行田野调查，抢救挖掘相当珍贵的萨满信仰原始资料。特别是近 10 年来，研究人员拍摄和记录内蒙古自治区呼伦贝尔的鄂温克、鄂伦春、达斡尔、巴尔虎蒙古人等民族与族群的有关萨满祭典仪式及神歌祭词资料。他们搜集整理的资料中就有 "新萨满就任仪式" "萨满祭神仪式" "供奉祖先神灵仪式" "圣水洗礼仪式" 等。这些具有很高历史、文化、宗教信仰研究价值的鲜活资料，对深入探究我国北方少数民族萨满信仰及其所蕴含的物质文明和精神文化，起到举足轻重的促进作用。目前，古老的萨满祭祀在经历长期的沉寂后，在内蒙古呼伦贝尔市鄂温克族自治旗、鄂伦春自治旗、陈巴尔虎旗、莫力达瓦达斡尔族自治旗等地重新复活。新萨满举行各种传统的信仰仪式，传递萨满信仰文化信息，备受信仰者的崇敬和膜拜。

鄂温克族自古就有萨满信仰，作为人们信仰世界的特定精神产物，有它自然形成、发展、演变的历史过程。萨满信仰几乎承袭了远古自然信仰的一切内涵与形式，传承了人来自自然回归自然的理念，人类是自然界的产物，人永远也无法离开自然界而生存，人必须依托自然界来经营思想和生命，人如果违背或破坏自然界的运行规律、自然界万事万物和谐平衡的存在原理，都将遇到灭顶之灾。

鄂温克族的萨满，不仅在村寨里主持一切信仰活动，解释生、老、病、死、神、鬼，同时还组织信仰者从事日常的生产活动。

萨满信仰虽然既无经典，又无任何宗教殿堂，但具有奇特的仪式、服饰、法器和特殊地位。过去，无论是祈福免灾、驱邪治病，还是解除痛苦、排忧解难，都要敬请萨满主持祭祀仪式，把家族的命运、疾病、死亡，以及家产的保护、牲畜的安全、猎物的获取等都寄托于萨满。应该说，萨满是人与神之间的沟通者，是一个无所不知、能力非凡、助人为乐、求得安定与和谐的象征；萨满又是诸神的代言人，可以向人们传达神的意志，也代表人向神表示愿望、祈求与谢恩。因此，萨满享有崇高的社会地位，受到人们的普遍尊敬和信仰。

相传鄂温克人最早的萨满是女性，叫尼山。她身体健康敏捷、箭法神妙、威力无比；她集狩猎、采集、熟皮和缝纫等多种超人劳动技能于一身；她对人宽厚仁慈、不辞劳苦、呕心沥血地为族人排忧解难，还经常为他人看病，甚至会把将要死去的人畜用特别的法术抢救回来。然而，尼山萨满的善行惹怒了天神，天神认为人死岂能复生！在天神看来，病魔中的人已经受尽了磨难应该让其离去，不应该拯救已经要死去的生命，让其再一次忍受死亡的痛苦与磨难。天神因此惩罚了尼山萨满，把她扔进无底的深海中淹死。尼山萨满虽然死了，却给后人留下了永恒的信仰。这位能升上天界能下阴界，有起死回生本领的女萨满，成为人们心中的女神形象，并世代流传下来。

一般来说，萨满有男有女，并分为家族萨满、村寨萨满和部族萨满等，而且多为世袭制。老萨满死后第三年产生替任新萨满，新萨满多由老萨满的同胞弟妹或儿女接替，如家族内无人接替时可由本氏族内拣选。新萨满一旦选中，便请其他氏族的老萨满为其传授萨满礼规、智慧、技能、功夫等，学期三年。期满之后，在老萨满的主持下，新萨满穿戴好自己承袭的神衣、神帽，手持神鼓、神槌，当众举行一次隆重的请神仪式。从此，新萨满便可独立活动。萨满祭祀活动主要体现在为人治病祛灾、主持丧葬、祈求丰年、解决家庭矛盾、和解社会问题等方面。

自古以来，生活在萨满信仰世界的鄂温克族有着自然崇拜、动植物崇拜、氏族祖先崇拜和诸神崇拜。在他们的信仰中，万物有灵论占据相当重要的位置。他们认为世上万事万物均有主宰它们的神灵，自然界的万事万物皆有生命和灵性，如日月星辰、风云雨雪、虹、山岳、古木、奇草、动物、河流、岩石等，对一切有灵性的生命都应该崇拜。进而，鄂温克人相信自然物不但有超自然而神秘无穷的力量，同时也是人类生命所依、生存所系的对象。因此，把种种自然现象和人的生老病死，都视作某种超自然力量在起作用。例如，刮风是天边的一位老太太用簸箕扇风的结果，打雷是天上一个老头敲鼓传来的声音，下雨是天上的龙晃动身子而洒下的水等。就拿鄂温克猎人最为崇拜的山神"白那查"来说，它是深山之主，是主宰山林中的一切飞禽走兽的生命。山神"白那查"的神偶是在大树上绘制的长须老人。在狩猎途中，猎人遇到高山、岩洞、急流、卧牛石或怪石，都认为是"白那查"所在的地方。如果想狩猎进行得顺利，就必须对其顶礼膜拜；打猎如有所收获，就必须向山神敬奉供品；平时吃饭饮酒也得先供养它。只有这样，"白那查"才会在狩猎时予以恩赐，让猎人获得更多的猎获物。

我们调研时，鄂温克人还解释说，从表面看山神的偶像是个刻在树上的普通白发老人，但人们所崇拜的是主宰与支配山林中的一切野生动物的山神。那么，从寓意来讲，山神是鄂温克人对养育他们的山林的无限膜拜，也是将对美好生活的渴望寄托给山林之神的信仰活动。从生态保护的角度来说，山神又是山林一切野生动物的保护神。换句话说，山神乃是人类早期崇拜山林的独特表现形式。在信仰者们的认识论中，雄伟而耸入云霄的高山上有通向上天的路，同时也是神灵栖居的神地，因此充满无限的神秘色彩和敬畏感。再者，以游牧鄂温克人至今信奉的"敖包祭"为例，它是萨满信仰中"万物皆有灵"的一种特殊表现形态。"敖包"一词的原意是指山脉延伸中凸显呈圆形的山峰，现在也指为祭祀而人工堆砌的塔形石堆，通称"敖包"。从"敖包祭"的内容和形式特征来看，这不只是对山的信仰，其中还包含对自然万物所产生的崇拜心理。"敖包"与萨满信仰有千丝万缕的关系。过去，祭"敖包"均由萨满主持。鄂温克人的信仰世界里，对"敖包"虽然有些不同说法，但绝大多数人认为"敖包"是神灵居住或降临的圣地。因此，对"敖包"特别敬仰和崇奉，有约定俗成的祭祀日、祭祀活动、祭祀形式和内容，其中就包括祈求神灵保佑家人消除灾祸、平安健康心灵夙愿。

千百年来，鄂温克族正因为崇奉像"白那查""敖包"这样的神灵，并时时以敬畏的心理精心呵护和崇尚，才使得森林、草原、山川、河流、湖泊等未曾遭到破坏或污染，生态系统保持了一贯的完好。

显然，在鄂温克人的萨满信仰中，"白那查""敖包"等无不反映"万物有灵"的原初思维，同时折射出人类早期的生态观。如果说，远古鄂温克族先民在崇拜自然信仰世界里为子孙留下了伊甸园，那么作为他们的后裔自然用相同的虔诚和信仰，始终不渝地守望和保护着人类和自然界的美好家园，为地球留存了一片生命与生存的绿洲。

下文围绕萨满信仰体系中的自然崇拜和动植物崇拜的内涵和形态、鄂温克人的信仰观对自然环境的影响和作用，对鄂温克族的早期生态意识进行分析。

1. 鄂温克人的自然崇拜和动植物崇拜

远古时期，鄂温克族的萨满信仰包含的崇拜对象极为广泛，几乎对大自然的全部事物和现象都崇敬和膜拜，充分展现了古老的"万物有灵"观及早期的生态意识观。具体而言，在大自然信仰中，包括对日、月、星、风、雨、雷、电、云、雾、虹、山、石、水、火等；对动植物信仰有熊、虎、狼、鹰、天鹅、喜鹊、鹿、马、蛇及花草、树木、土地之类的崇拜和祭祀，而且每个神都有其特定的偶像及象征物。鄂温克人对大自然和大自然一切生命的崇拜，源于他们的先民对客观存在的物质世界的直接接触和初步认识，以及对大自然的强大生命力自然产生的敬畏、膜拜和信仰心理。这也是鄂温克人原初的生命观、生活观和生态观，并为保护人类生存的自然环境和生态环境做出了巨大贡献。

鄂温克人认为万物都有灵性，人类不可伤害或冒犯任何有灵性的生命，否则会得到报应甚至受到惩罚。在他们信仰世界里看来，上天父亲和大地母亲创造人类时，同样创造了自然界的万物。所以，人类和自然界的万物都是上天和大地的孩子，不可彼此伤害，应该和睦相处，任何生命在上天和大地面前都平等。鄂温克人认为，无论是人类，还是动植物，各有自己的崇拜神，这些神往往来自某一灵性的世界，担负着保护和管理某一灵性群体所有生命的重任。山神是山里所有灵性生命的首领，也是它们的保护神；水神是水中所有灵性生命的首领和保护者；萨满则是人类灵性生命的保护者。比如说，太阳每日的运行给人间以最大的恩惠，因此人们对太阳很崇拜。对鄂温克人来说，太阳给人类带来温暖和光明，没有太阳人类将无法生存。过去，鄂温克老人每天清晨要举行迎日、拜日的仪式，黄昏时还要进行送日仪式等。

在鄂温克族传说中，太阳是一位勤劳的小姑娘，也是太阳神的小女儿，她有一颗善良纯朴的心灵。并且还有一则非常感人的神话传说，对此在前面的相关章节里已做过相当全面的介绍，所以在这里不再细说了。总之，该神话传说提道，人类曾居住在黑暗和寒冷的深山老林里，是太阳神的小女儿用自己身上的光和热拯救了人类，所以对她加以崇拜。另外，鄂温克族老人们常说，在很早很早以前在氏族部落里曾有过"希温节"，即"太阳节"。每年 6 月 26 日至 28 日日照最长的日子里举行太阳，男女老少都穿戴各种兽皮帽衣，脸上涂上颜色各异的植物颜料狂欢三天三夜，以此表达对太阳神的崇拜。另一则鄂温克人的故事里讲：

> 很久以前，有一次男人们上山打猎，妇女上山采集去了。孩子们正在小溪里游泳、玩耍。忽然，太阳不知怎么一下子不见了，只有黑洞洞的天空，几颗星星不安地眨着眼睛。这时，男人、女人们都慌作一团，不知该往何处去。女人们想到自己的孩子，一边喊叫一边敲着桦皮篓。孩子们也不知如何是好，有的坐在海滩上哭，有的没来得及上岸仍旧泡在水中喊叫。结果，过了很久，天空才出现了一丝希望的光芒，渐渐地太阳就露出了头，人们欢呼雀跃，感慨地说："没有太阳，天地、人间多么可怕。"

鄂温克人普遍认为日食是天狗吞吃了太阳，所以用敲盆的手段驱赶天狗来解救太阳；如两人发生争吵，或遇到委屈难处时，便对着太阳发誓或向太阳祷告，以求得到公正、公平的待遇；在鄂温克人的"篝火舞"中，人们手拉手围着篝火顺着太阳运行的方向舞蹈，这也是对太阳的崇拜。

鄂温克人对月亮的信仰也十分虔诚。认为月亮是黑夜照明的值班神，负责注视地面百兽活动的情况，因此夜里捕猎都要向月亮磕头，以祈求月亮神赐予猎物。相传，月亮是位慈祥、漂亮的女神。她整日忙个不停，一手端着锅、一手拿着饭勺双眼环视着大地，哪里有饥饿，她就给人以食物。因而，人们特别尊敬和爱戴她，每年正月十五或八月十五，人们都要供奉月亮，叩拜月亮神；同时把每年的 5 月 15 日至 16 日定为拜月、赏月的日子，人们有什么心愿和要求，可以对月亮倾诉。

在狩猎中，如果数日打不着野兽也要向月亮叩头，以求月亮神赐予猎物。对于猎人来说，月亮是黑暗中的灯塔。夜间行军时，它能使人辨明方位；捕射野兽时，有助于判断或识别猎物。故此，猎人在长期与野兽打交道中对月亮有了特殊的情感，认为月亮是有灵性的自然物，它能够给人们带来好运和吉祥。

鄂温克人不仅崇拜宇宙中的太阳、月亮，而且对于天体中的星辰，如北斗星、启明星等也加以崇拜。星在远古时代或被视为人类所变，又被认为能影响人类一生的命运。当一个人出生时天上有某星升起，他将来的命运便为这颗星影响。

鄂温克人认为北斗星是指明方向的神，猎人在夜间所以能辨明方位而不迷路，就是北斗星指引的缘故；鄂温克人称北斗星为长寿星，每年除夕夜晚全家人都要祭祀它，祈求北斗星赐予人们美好的光景和安康的身体。因而有的人还在黄布上画北斗星的图像并供奉起来。传说，古时候，有一对夫妇，男的打猎，女的做家务，可是男的除了打猎以外什么活儿都不干，而女的晒肉干、熟皮、缝衣服、做饭、采野菜、放马、抓马等，什么活儿都干，而且还受男人气。有一次媳妇挨了打，一怒之下骑上马领着猎犬逃走了。路过"奥伦"（指高脚仓库），想上去拿点吃、穿、用的，可她刚爬上"奥伦"，她的丈夫便追上来，媳妇想与其被丈夫抓住打死，还不如跳下"奥伦"摔死，于是闭上眼睛跳下去，可是她不但没有摔死，反而随"奥伦"飘了起来，马和猎犬也随之飘上了天。这时，她的丈夫气急了，就朝飞上天的"奥伦"用力射了一箭，但没有射中他的媳妇，而射中了"奥伦"的一根柱子。"奥伦"的 4 根柱子就是北斗星的 4 个角，其中有一条腿歪了就是让她丈夫给射的。另外 3 颗星是"奥伦"的梯子，这就是北斗星的来历。所以，鄂温克人又叫北斗星为"奥伦"，称住在北斗星上的媳妇为"奥伦博日坎"，即保护人间仓库的女神。从此，每到除夕、正月初一或八月中秋节的晚上，家家都要拜祭北斗星。后来，这一祭祀活动渐渐发展成为鄂温克族的重要信仰习俗之一。

从鄂温克人对太阳、月亮、星辰等的崇拜来看，起初无论人类从什么心理出发对这些产生了什么样的情感，无论他们对其怀有什么样的祈盼和愿望，对其采取了什么样的行为措施，结论都只有一个，那就是他们对宇宙天体充满神秘感和神圣感。这种神秘感和神圣感，使他们对为人类生存提供的光明、热能、希望、收获的自然界和自然现象赋予了神的属性，而这种属性便成为他们精神寄托，这种精神寄托又支撑着他们从远古走到了今天。从另一个视角而言，鄂温克人的宇宙观对动植物的繁衍生息，以及对自然环境的保护与净化，应该说是起到了重要作用。

对水与火的信仰是最古老的大自然崇拜。对水的祭祀，包括江河、湖泊、山泉、雨雪等。人类对水的依赖性超过任何其他自然物，但是水不仅给人类带来恩惠，而且还给人类造成灾难。远古时期的鄂温克族先民看见决口倾泻的河流吞噬生命时，以为水神在作祟。在他们看来，每条河流都有水神，支配和控制河流的平静与湍急。因此，鄂温克人对水的信仰是十分虔诚，他们把水视作一切生命之源，是生命不可缺少的依托。同时，他们对水也有很强的敬畏心理，不能污染河水而得罪河神，否则就会受到惩罚。

从前，每逢遇到干旱的季节，萨满或德高望重的老人都要主持祭水神仪式，祈求水神降临祥雨，保佑一方风调雨顺、万物回春。祭水神时，人们在家门口或在水边，拿一小根叫老山芹的野生植物杆，一头插在水碗里，另一头含在嘴里吮吸着碗里的水，同时说些祈求的祷语。之后，把碗里的水均匀地洒在地上，意思是水神要降雨了。后来，这种习俗就演化成祭河神之俗。

鄂温克人敬奉河神，一方面是因为河水造福人类，人们不仅饮用河里的水，而且还捕捞河里的鱼类，河水给人类带来很多神益；另一方面河水涨到一定程度，会给人类带来灾难和不幸。因此，人们经常供奉祈祷河神，以便求得行船平安、捕鱼丰足、水草丰美、家畜兴旺。过去，每当春暖花开之时，鄂温克人便举行祭祀河神仪式。届时，猎民都要划上桦皮船到河中心，向河里洒下酒肉，请萨满向河神祈祷，以示对河神的敬仰与崇拜。如遇洪水泛滥时，在河岸上由萨满或老人默祷，并向水中献上供品来祭祀河神，祈求河神不要再涨水，让飞禽走兽安静下来，让人们过上幸福安定的日子。

对火的崇拜，也是鄂温克人的古老信仰之一。火也和像天、地或水一样，是生命赖以生存的依靠。原初，不管火是来自闪电，来自钻木，还是来自燧石激出的火花，只要点燃，人们就不得不守护它，虽然它会带来不可预测的灾难，但人类确实离不开火，离开了火人类就会失去光明、失去温暖、失去生命。同样，火也是人类进行防御和进攻的武器；火使人类完成了从茹毛饮血向烹熟生肉的转变；火是人类发展的物质的和精神的依靠。

对鄂温克人来说，火是一种神圣而强大的生命力量，无论是取火或保存火种都很不容易，对它必须要有敬仰和敬畏的心理。火和水一样，既施恩惠于人类，又降灾害于人类，它的奇特功能和作用，令鄂温克族先民崇拜与恐惧。过去，他们认为火主就是自己的祖先，火主死了，家人就要绝根。

据说，很早以前有一个人，白天打了一天猎，什么也没有打到，晚上回家烧火时，火崩裂出声①，这人很生气，拿出刀刺灭了火，第二天要生火时，就生不着，结果这人就冻死了，这是因为火主已生气走了，所以不可能生着火。

据说，鄂温克人最早的火神是女性。她慈祥可爱、温柔善良，是为人类谋福利的母亲形象。因妇女每天都要与火接触，所以在信奉的诸神中，唯有火神须由妇女供奉。

鄂温克人视火神为永不熄灭的神灵。认为火种不灭，意味着子孙繁衍；火种断了，象征着断子绝孙。他们不论什么情况下，都要非常仔细地保护火种，保证火种的长明不熄。在他们看来火是神圣而不可侵犯的：不许用带尖的铁器捅火，不许用水泼火，不许向火中扔脏东西，不许从火上跨越，不许小孩玩火和用火去吓唬狗等。因此，每年的6月18日鄂温克人都要举行盛大的"篝火节"，以示对火神的信仰；每年腊月二十三日傍晚，各家都要祭拜火神，以求生活富裕、全家太平；除夕夜，每家门口点起一堆篝火，还要看谁家的火堆旺；守岁至子时，家中主妇拿着全家的新鞋或靴子在火堆上过火将其净化后发给大家，家人穿新鞋踏地欢呼祈求来年安康。在鄂温克人看来圣洁的火是人们用来荡涤尘垢，驱赶邪魂恶灵的。所以，人人都非常尊重火：新媳妇初到婆家，要先拜火主；举行结婚仪式时，也要拜火主；平日，吃饭、饮酒也要先向火主献上供品。早先，出猎前都要用圣火举行净化洗礼仪式，以求火神除掉一切污秽肮脏之物。

另外，鄂温克人在生产生活当中对火的使用尤为谨慎。在防火季节，

---

① 鄂温克人的信仰里，忌火崩和出声，认为不吉祥，打不着野兽。

他们会自觉停止进入林子打猎；遇到大风天气，要停止烧火做饭，要靠事先预备好的干粮或食物度日；那些有烟瘾的人，也绝对不会吸烟，如实在难忍时，嘴里含一种用晒干的烟叶和木灰混合制成的"口烟"来提神。平时，如在山里或野外吸烟或点燃篝火的话，离开时把烟头、火柴头、灰烬，都要小心翼翼地处理掉；用于取暖或做饭时，要选安全的地方点火；火种只能由家庭主妇或其他成年人点燃，不许小孩接触火苗，以防发生火灾。

多年来，在鄂温克族的狩猎活动中从未发生过一起人为的火灾。过去，鄂温克族猎民护林员在巡逻森林时禁止人人都带火柴，而是指定专人负责携带，而且只在无风的天气方能引火烧饭。一旦发现火情，他们在组织扑火的同时，还及时派专人向当地防火指挥部报告，并为扑火队伍当向导或参谋。鄂温克人十分注意火源，更可贵的是当发生雷击等原因造成的森林火灾时，都会全力以赴，甚至不顾生命危险，去扑救火灾。

鄂温克人对于水与火的态度是十分明确和严肃。从水与火崇拜的种种迹象来看，人类为水与火的信仰中注入了人性和神性的血液，而且这种血液自始至终循环于鄂温克族信仰的各个重要环节。因此可以说，水与火的崇拜，一方面反映了人类早期对大自然的某种自然力产生惊奇、恐惧、畏怖以及尊敬、爱戴等心理，另一方面体现了鄂温克族崇尚自然、热爱自然、守护自然的生态意识观。"万物有灵"作为萨满信仰体系中的核心，在自然崇拜中始终驾驭或支配着鄂温克族的精神世界，并潜移默化地渗透他们的生产生活之中，从而为形成和发展古老的狩猎游牧文化奠定了思想基础。

鄂温克人信仰的动物神曾有熊、虎、狼、鹿、马、蛇、鹰、天鹅等，其中熊崇拜占有举足轻重的地位。

动物崇拜是鄂温克族较古老的信仰之一。在早期的鄂温克族观念中，动物都有同人类相似的感情和意志。每每扑杀野兽后常对之谢罪，诉说他们是迫于无奈或不幸，请其原谅。另外担心被杀的动物魂回来报仇，便对它供奉祭献。鄂温克猎人经常与各种野生动物打交道，对熊、虎、狼等猛兽逐渐萌生了一种敬畏心理，甚至对它们不能直呼，而要用代称。比如，对公熊就叫"哈克"，意思是"老头"。现在这种禁忌在人们的意识中逐渐淡漠，除了熊以外，虎、狼都要可以直呼，可熊的神秘性仍未消失，现在仍不能直呼熊。

鄂温克族的神话传说中，熊原来是人，因犯了天忌，上天让他用四条腿走路而变成了兽，但它仍通人性。据说熊具有人的灵魂，熊在天上都有自己的星座。他们的神话传说中还说，从前有一位右手带着红手镯的中年妇女到深山密林里采野菜野果完回家时，因天黑而迷失了方向，再也没有找到自己的家，便独自一人生活在山林里，后来她就变成了一头母熊。过了很多年，她丈夫来这里打猎，看到一只正在吃野果的熊，就用弓箭把熊射死了。当猎人抽刀剥皮时，在其右前肢发现了一只红手镯，仔细一看正是他妻子的，才知道熊是他妻子变的，从此就不再猎熊了。

虎崇拜较之熊崇拜显得有些简单，但这并不代表鄂温克人对虎不尊重。就从称呼上可以看出他们对虎的态度。比如他们把虎称为"乌塔其博日坎"或"长尾巴"。"乌塔其"，即太爷的意思，"博日坎"是神之意。鄂温克人对自己的祖先和在世的长辈，也是不许直呼其名的，甚至有与老人同名的事物，在言谈中必须提到时，也要改用另一名称。另外，打猎时听到老虎的叫声要立即磕头祈求，并避而远之，以示敬畏。一则鄂温克传说中讲：

　　古时候有几个猎人一起去打猎，其中有个小猎手什么也没打着。夜间露宿林中时，有一只老虎常在他们周围走动，猎人们认为他们当中一定有个命运不好的人，得罪了老虎。于是大家商定，每人都把自己的帽子扔到离宿营地不远的地方，如果老虎叼去谁的帽子，谁就留下来。第二天，唯独这个小猎手的帽子被老虎叼走了。大家便逼着小猎手留下来，然后各自离去。小猎手心里害怕，就爬到一棵大树上。后来他实在饿得不行，想回家，可刚从树上跳下来就撞上了那只嘴里叼着帽子的老虎，然而老虎并没有伤害他，却把一只前掌伸出来，小猎手一看便明白了，原来老虎的前掌有根刺扎得很深，需要马上拔掉。此时，他顾不上害怕，急忙把老虎的刺给拔了出来，并给它包扎好伤口。那只老虎感激地摇摇尾巴走了，过了一会儿，老虎衔来了驼鹿、狍子等猎物扔给小猎手。小猎手搬不动，老虎就让小猎手骑在自己背上，又驮上抓来的猎物，一直把他送回家。从那时起，猎人们便把老虎尊称为"乌塔其"。

小猎人与老虎的故事里包含着这样一个哲理：只要人类善待每一只动物，无论它是凶猛的还是温顺的，那么动物也会同样善待人类。

过去，对于狩猎、游牧民族来讲，马是他们生命和力量的组成部分，马的作用往往超过其他动物。马的存在往往决定一个家族的命运和财富。在鄂温克人看来，马是通人性的，不是普通的动物。在生产生活当中，马不仅是人们的主要交通工具，而且还是人类忠实的朋友。马可以为主人赴汤蹈火、勇往直前，也可以为主人挺身而出、献出生命。为此，鄂温克人爱马如命，对马的感情超越了对一般动物的感情，以至于把它奉为神灵而加以崇拜。对于马的人格化、神圣化的赞美，在鄂温克民间故事中表现得十分突出。据称，在一些鄂温克聚居地区，还残留着供养神马的习俗。

在鄂温克人的狼崇拜中，认为狼是神灵的大儿子，上界派它到地界保护驯鹿。然而，驯鹿最怕被狼吃掉，因此，为了使驯鹿不遭受伤害，把狼供奉为神予以崇拜。至于鄂温克人为何打狼，在《养狼的猎人》的故事中讲道：

> 一个好心的猎人不听朋友的劝告，养了一只狼崽。猎人精心饲养，把仅有的动物肉都喂给它。一天又一天，狼渐渐地长大了。可是它长大后，不但不报答养育之恩，反而恩将仇报，几次都险些吃掉主人，多亏猎人有条狗相助才得以脱险。从此以后，鄂温克人立下了"见狼就打"的规矩。

如前所述，鄂温克人同样崇拜蛇，把它当作主宰人类疾病之神，并认为人患病是因为触犯蛇神所致。所以，鄂温克人对蛇的崇拜程度不亚于其他动物的崇拜。

飞禽崇拜在动物信仰中也占有很大比例。鄂温克人认为鹰、布谷鸟、天鹅等候鸟会给大自然带来无限生机和希望。其中，鹰在猎人的心目中具有一定的分量。鹰是鄂温克人早期狩猎中不可缺少的得力助手。它不仅有高超而敏捷的飞翔本领，又有从空中迅速、准确地袭击猎物的捕猎技能，由于这种本领和技能，鹰成为人们极为崇拜的圣物神鸟。在鄂温克人的萨满信仰中，鹰作为神和人之间的使者，具有了神性和人性。它可以飞入天宫，能与天神交流、还能飞落人间，传达天神的意旨，它是神的化身和使者，在飞禽中凌驾于众鸟之首，神奇无比。据说鹰神是人类保护神，它用双翅保护人类，它的双眼能识破妖魔鬼怪，它的利爪能捉鬼神。在一则雅库特鄂温克人神话传说里还说，萨满是神鹰的后裔。

从鄂温克族对动物崇拜中，可以一定程度地了解人类对不同物种和生命产生崇拜的复杂多变的心理动态和既矛盾又统一情感世界。鄂温克族先民为了生存，在长期与自然界打交道的实践中，对于那些不可抵御或无法制服的飞禽猛兽和神奇非凡的动物产生神秘感和敬畏感，进而视为神圣且不可侵犯，以至于产生崇拜心理。他们认为，熊、虎、狼、蛇、鹰、鹿、马、犬等动物同自然界的万物一样均有灵性，都具有超然的神秘力量。所以，它们的崇拜者会得到恩赐，反过来亵渎者会遭到惩罚。

鄂温克族的动物崇拜反映了人类在早期对自然界及其一切生命产生的神秘感和崇拜心理，进而升华为一种信仰，不断整理、规范、制约人的心理与行为，并为保护了野生动物的繁衍与兴旺，维持自然界的生态平衡与野生动物的生命平衡发挥了极其重要的作用。

2. 鄂温克人的信仰观对自然环境的影响和作用

古往今来，鄂温克族的萨满信仰不仅对自然环境的影响颇深，而且对人类早期生态意识的形成与发展，也发挥了不可忽视的重要作用。特别是萨满信仰中的自然崇拜、动物崇拜对保护自然，做出了巨大的贡献。同时，在鄂温克人的精神世界里因"敬畏"而形成的传统生态意识及对生产生活的约束与限制，在生态日益危机的今天，是值得当代人认真借鉴与思考的宝贵精神财富。

鄂温克人在同大自然的万物亲密接触和交往中懂得大自然是人类生息的物质基础，只有保护自然、爱护自然，才能使人类得以长久地生存和发展。如果毁坏自然，那么迟早会导致人类自身的毁灭。过去，由于鄂温克人祖祖辈辈与大自然打交道，一切衣食住行都依附大自然，但他们从不因个人的某一欲望去破坏自然环境和生态平衡。比如，他们在搭建或拆迁"撮罗子"和"游牧包"时，首先想到的是不破坏自然环境，一般在一个宿营地只待十天半个月，最长也不超过一个月，便迁到新的住地。如果在一个地方待的时间过长，自然会影响该处的自然和生态环境。这是因为人们生活所需物质太多，抛弃的废物垃圾也很多。再者，畜群持续不断踩踏和觅食，也会给周边的植被造成一定的损害。他们每次从此地迁到彼地时，便把积存的所有灰烬和生活垃圾带走，并把旧营盘的里外土坑洞穴统统填好，将周围清理、打扫干净。这样他们离开后不久，这块土地就又长出了鲜嫩的草花，一切又恢复原来的样子。在野外生火做饭时，从不去砍伐活树，而是到河边去捡些枯死的树枝或"漂流木"烧火；搭建"撮罗子"所用的木材选材适中，过大过小的树木都不会任意砍伐；在搬迁时"撮罗子"的木架和储存生活用品的木架从不拆除，因为下次搬来时还可以继续使用，以此避免木材资源不必要的浪费；采集野果野菜时，从不乱拔乱砍植物和树木的根茎，以免植物死亡；猎获鹿茸的季节，夜间"蹲碱场"① 时，必先看清是否有鹿角②，如果没有鹿角就绝不射杀，因为此季节正是母鹿产崽的时候，猎杀了母鹿，鹿崽也就不能成活；狩猎时，不猎打正处于交配期的兽类和繁殖期或哺乳期的动物，遇到被野兽遗弃的小崽，捡回家精心饲养；住地要与河流保持一定距离，保证河水的洁净；钓鱼时，不准往河里撒尿或吐唾沫，禁止在河流、湖泊、溪水、泉眼、井水里，乱扔乱泼脏东西。一般来说，鄂温克猎人忌讳扑杀黑色、白色狐狸和黄鼠狼、猫头鹰，禁止宰杀产奶或怀胎的母牛。鄂温克人特别喜欢对人类有益的小动物，从不伤害它们，其中，对青蛙情有独钟。他们知道青蛙除了保护庄稼之外，还时常当"气象兵"。当水灾来临时，它总要出现在人们的面前，告诫人们及时做好各种预防准备，防止水灾带来的祸患。

鄂温克族这种从远古传承下来的对大自然、对动物的关爱，随着岁月的流逝、经验的不断积累以及对事物的认识和理解的深化，发生着不同程度的变化。并且，对客观事物认识由感性向理性转变，对生态保护由自然

---

① "蹲碱场"指的是猎人埋伏守候在驼鹿、鹿、狍等野生动物舔吃盐碱的出入地。
② 鹿角是猎人辨认公母的特征，母鹿无角，公鹿有角。

意识行为转向有目的的自觉的意识行为，进而给人类打开了由早期传统的
生态意识向现代文明的生态意识自然过渡的绿色通道。

综观鄂温克族萨满信仰的内涵和形式，不论是鄂温克族的萨满信仰体
系中的自然、动植物崇拜，还是图腾、始祖崇拜，"万物有灵"这一核心
思想自始至终贯穿或活跃其中，并且对生物的多样性、丰富性、完整性，
无疑起到了极其重要的保护和推动作用。应该说，萨满信仰是以崇尚自
然、敬奉自然、信仰自然为宗旨的古老宗教信仰体系。倘若没有萨满信仰
的作用与影响，我们赖以生存的自然环境，被破坏或污染的程度也许较之
现在更为严重、更为糟糕。

在漫长而艰苦的岁月里，鄂温克人对大自然万物那样的亲密、那样的
爱惜、那样的尊敬，以至用心灵去崇拜与祭祀。正因为如此，鄂温克人才
拥有了真善美的情感，拥有了无穷的精神力量和高尚的行为道德准则，才
有了与大自然共呼吸、共命运的情怀和胸襟。他们更深刻地懂得了做人的
道理，懂得了如何与大自然及其自然环境、动物世界的生命和睦相处，懂
得了如何顺应和遵循大自然内在变化规律，以及怎样热爱、保护大自然这
个伟大的母亲。

第七章　鄂温克族禁忌文化

　　禁忌文化是人类文明进程中不可缺少的元素之一，在人类还没有建立行为和心理活动的社会化规章制度，或者说被社会公认的某种制度性的纪律、规定之前，古老而传统的禁忌文化发挥过极其重要的作用。尤其应该提到的是，那些同当时社会文明进步密切相关的禁忌文化，在社会各项规章制度不断成熟、不断完善、不断深入的今天，同样发挥着不可取代的重要作用，一些禁忌文化同人们的历史文化、传统生活、宗教信仰紧密相连，从而被社会和人们保护、传承、使用。

　　鄂温克族的禁忌文化同样十分悠久，有其十分丰富的内容和深刻的教育意义。这些禁忌文化，同他们从远古走到今天的历史文化与文明，以及同他们的物质生活与精神活动等有着密不可分的内在联系。其实，在前面谈到的诸多文化内容中，也不同程度、不同层面、不同角度地涉及鄂温克族禁忌文化，但没有对此展开专门探讨或系统分析。事实上，在鄂温克族传统的精神文化领域，禁忌文化也是一个不可或缺的内容，它的内涵极其丰富而深刻，所涉及的方面也很多。比如说，涉及自然环境、特定地域、历史文化、生产生活、生存理念、思想意识、精神活动、宗教信仰等。根据我们掌握的资料，对鄂温克族的禁忌文化做了初步的分析，将其分为生活方面禁忌、生产方面禁忌、信仰方面禁忌三大部分，这些禁忌文化之间，也都有不同程度的内部联系。也就是说，有的生产生活禁忌中，就包含与信仰相关的内容等。尽管如此，我们还是依据粗略分类，对鄂温克族禁忌文化进行分析和讨论。

第一节　生活禁忌

　　从某种意义上讲，在鄂温克族的禁忌文化中，与其日常生活密切相关的禁忌极为丰富，而且关系生活的各个方面，许多禁忌已成为他们生活中不可逾越、触犯、违背的规则，一些也成为规范他们的生活行为、生活作风、生活态度的重要因素之一，也有的生活禁忌为保护环境、保护生态发挥着积极作用。

1. 服饰方面的禁忌

在鄂温克人看来，人再穷，穿的衣物不能脏，不能不整齐，不能缺衣扣、缺腰带。因此，在鄂温克社会，严禁人们穿不整齐、不干净、缺衣扣、没领子的衣服；严禁穿衣时敞胸露怀；严禁戴帽子时帽檐不正或歪斜，穿的靴子不能带漏洞或不系鞋带；男的穿长袍必须扎腰带，否则被认为是不讲礼貌的男人；女的做饭的时候，必须扎头巾，否则被认为是不讲卫生的女人；男人绝不允许穿女人的服饰，但在特殊情况下女的可以穿男人的衣物；女人的衣物禁止放在男人的衣物上面衣物的下方，男人的衣物要放在女人衣物的上面；穿脏的衣物不能过夜再洗，必须在当天就洗干净，否则人就会变得懒惰，养成不爱干净、不爱劳动的毛病。另外，他们还禁止把脱掉的脏衣物放在家里，要放在"游牧包"或"仙人柱"的外面，脱掉的脏衣物放在家里不仅有臭味，还会给家里带来晦气；鄂温克人家里，严禁人们进屋后把脱掉的衣服等到处乱放或乱扔，在他们看来，这是不讲究、没礼貌、没有修养的表现。所以无论是谁，不论是进自己的屋子里还是去别人家，都必须把脱掉的衣服整整齐齐地放在该放的地方；在过年的时候或者在节假日，必须要穿干净的衣服或新衣服，否则被认为是不懂礼节的人而被另眼相待。特别是过年的时候，严禁穿旧的或脏的衣服，一定要穿干净的和新的衣服，否则被认为这一年的日子过得会很不好，生活会越过越穷、越过越脏、越过越倒霉。所以，他们过年时，从里到外都要穿新衣服。若是有日子过得很困难的人，也尽量不穿带补丁的衣服，会把一些没有补丁的旧衣服洗得干干净净穿在身上过年；他们缝制毛皮衣服时，严禁使用病死的或非正常死亡的牲畜或动物的皮毛。在他们看来，若是用病死的或非正常死亡的牲畜或动物的皮毛缝制衣服、鞋帽及手套，人就会染上各种疾病或遇到意想不到的灾祸，甚至生活就会从此走向贫困和不幸。

2. 饮食方面的禁忌

鄂温克族在饮食方面确实有不少讲究，而且这些讲究同他们的饮食礼仪和禁忌有着多重复杂的关系。如果弄不明白这些习俗或饮食细节，很容易引起他们的误解或不快。特别是在肉食文化方面，有着诸多约定俗成的禁忌习俗。比如说，在煮肉的火里不能有吃完肉的骨头，禁止在同一个锅里同时煮不同动物的肉或带骨头的肉，也禁忌用刀等带尖的用具摆弄锅里的带骨头的肉，认为这些做法都会引起动物神和火神的不满或生气，从而造成意想不到的灾难。鄂温克人禁忌吃手抓肉时刀刃向外或朝向客人，刀刃对向他人或朝外的话，意味着看不起主人或对主人的不满，或以为这是对某人的仇视、蔑视或对某人的挑战，所以吃肉时刀刃必须朝里，刀刃朝向自己的一面；禁忌在吃过肉的骨头上留有杂物，他们讲究将骨头上的肉吃得一干二净，吃过的骨头上留有肉块等就意味着不会过日子，将会在以后的日子里慢慢走向一穷二白；他们禁止用脚踩吃完肉的动物骨头，不允许在动物骨头上吐痰、便溺，也不允许将动物骨头到处乱扔，这样会惹怒动物神，带来灾难。刚刚猎获的马鹿、犴、狍子等的舌头不能马上吃掉，过三天以后才可食用。鄂温克人认为这些体格较大的野生动物的舌头里有一种特殊的毒素，过了三天这种毒素自然消失后才能食用。不准切断或弄破动物的生殖器官，他们认为这样做会使山林的野生动物很快灭绝。所有这些食肉方面的禁忌，完全来自他们的实际生活，充分表现出鄂温克人肉食类饮食生活的独特禁忌习俗，以及与此密切相关的生活内涵和思维特征。

另外，鄂温克族在其他饮食方面也有不少禁忌。例如，奶制品不能直接撒在地上，像鲜奶、酸奶、奶油等珍贵的食物不能洒掉，如果洒掉这些食物就等同于洒掉自己的福运。若是不慎将奶子等洒了，应该即刻把所洒的奶子等沾在手指上，再涂到自己的前额，以此防备丢掉自己的福气和福分；他们还严禁把食物掉在桌子上，若是真的掉在桌子上必须捡起来吃掉，不允许浪费食物；剩下食物不许倒掉，要在第二天热了吃或喂狗，特别是吃剩下的肉绝不允许扔掉，否则就意味着把福分扔掉了；吃饭时不允许用筷子、羹匙、叉子等食用工具指人；吃晚饭的用具必须当时就洗刷干净放好，绝不允许就那么不洗不刷地放在厨房柜台上，更不允许让用过的饮食用具不洗刷地过夜。在鄂温克人看来，这样过日子的人或家庭，将来不会有好日子过，或者说不会过着永远有吃有喝的富裕生活。在他们的传统生活理念中，有这种生活习惯的人都很懒惰，就知道吃喝不知道劳动，吃完饭放下碗筷就会睡懒觉，等再吃喝时才洗刷吃过饭的碗筷，这种人不会过日子，更不会过富裕的生活。鄂温克人做饭时，不允许锅里的油水四处溅出，也不允许在油锅里炒菜或油炸食物时发出极大响声。他们认为这样不仅不干净、不卫生、不安全，更重要的是会引起灶神爷的不满，从而带来生活方面的诸多麻烦。正因为如此，鄂温克人很少炒菜或油炸食物，吃凉菜、拌菜、炖菜较多。他们和面时，严禁到处都沾上面粉，而是讲究"三干净"，也就是说"和面的手要干净，和面的盆子要干净，和面的案板要干净"，否则就会得各种病，甚至会影响生活质量。要是从树上摘食野果，一定要把紧靠野果的树枝撅下来或只是把野果摘下来食用，绝不允许把长有野果的树连同粗大的枝杈都撅下来，这样会损害树的生长。再者，采摘野菜、蘑菇等时，也严禁将野菜或蘑菇等从根拔出，破坏来年的生长或生态平衡。

3. 居住方面的禁忌

鄂温克族传统意义上的住宅有"游牧包""圆木屋""仙人柱""帐篷"等。在他们的禁忌文化中，同住宅相关的内容有不少。鄂温克人的这些住宅结构都很简单，特别是像"游牧包""仙人柱""帐篷"等住处，几乎是做饭、吃饭、睡觉、休息和室内活动都在一间屋子里，没有厨房、卧室等隔间。或许正因为如此，在这个极其有限的生活空间里有各种禁忌。比如说，他们经常在屋内烧火做饭或烧水，但他们特别忌讳把做饭用的锅或烧水用的锅或铁壶等放在不平处或挂在不稳妥的地方。在他们看来，这样会给他们的生活带来意想不到的麻烦；他们还严禁从屋内的火堆上跨过，哪怕是从熄灭了的灰烬上，这样会直接影响他们生产生活的兴旺；他们还不允许家人或客人坐在屋内的门口，这样会把该家的福气挡在门外。到了夏天，虽然"游牧包""仙人柱""帐篷"的底部为了通风被掀开，但绝不允许人们从掀开处出入，只能从屋子的门口进出，否则他们的生产生活会由于失去秩序而走向混乱。鄂温克人的屋子一般都有三张床铺,中间的床铺,也就是对着门的后面的床铺是家中的老人休息睡觉的地方,严禁其他人休息睡觉或在此处乱走动,左侧是家里的夫妇休息睡觉的床铺,右侧是孩子们或家庭其他成员休息睡觉处。那么,来了尊贵的客人,就在老人床铺前搭一个临时地铺,一般客人来了,就会在右侧床铺下搭一个临时休息睡觉的铺位。所有这些规定或习惯,都要严格地执行,绝不能轻易改变或调换床位;屋子里的任何家具和生活用品均有严格的规定和要求,严禁把东西到处乱放乱扔;骑马或骑驯鹿的人,到自家跟前或到别人家时,必须在离房屋约有20米左右时就下马或下驯鹿,如果在房屋外面有院子的话,必须在院子外面或到院子门外下马或下驯鹿,绝不能骑马或驯鹿进入家院子,或者骑马或驯鹿到人家跟前或到人的跟前,这意味着很大的失礼。到人跟前或进院子里时,手严禁拿枪和拿马鞭,特别是进屋子里的时候,更不允许带着枪或鞭子等。他们说,要是拿着枪或鞭子等进屋,碰上喂孩子的妇女,那么该妇女的奶水就会断掉,从此开始就会不出奶。鄂温克族严禁在有婴孩的屋子里抽烟、喝酒、吵闹,也禁止在有小孩的屋子里放烟熏蚊子和苍蝇。他们认为,所有这些会影响孩子的发育、健康和智力。同时,鄂温克族严禁大人小孩在屋里大小便,不论外面刮风下雨还是数九严寒都必须到屋外去大小便。而且,大小便处或者说厕所,都建在住处的西北方向。对此他们解释说,人在屋子里大小便不仅不干净,同时会引起许多疾病,从而危害健康人的生命,给生活带来许许多多的不利因素。

4. 妇女方面的禁忌

在鄂温克族的禁忌文化里,有很多同女人或妇女有关的禁忌。好比说,新娶的媳妇禁止在祖先神面前走动;孕妇不能从斧子、锯条、猎刀、剪子等带刃的用具上跨过,否则会生下傻孩子;禁止孕妇骑马、骑驯鹿、追赶马或驯鹿,以及接触性情暴躁的家禽或有病的牲畜。禁忌孕妇吃鱼头、鱼脑、动物内脏、腌制的食物,说是孕妇吃了这些就会流产,或者破坏孩子的正常发育和智商;产妇禁止吃野猪肉或熊肉,以及任何动物的内脏,吃这些东西,会对产妇恢复健康以及对母乳造成不良影响,从而影响婴儿智商的正常发育。产妇三天内不许拨动炉火，不允许向火里扔蒜、葱、辣椒等有气味且气味较强的东西，这些会导致产妇身心不健康而对婴孩不利。妇女生了孩子，不能说"生孩子了"，而是说"有了孩子"或"添了孩子"；女人生小孩后，男人七天内不许进产房，必须由婆婆照看产妇。

对于到了婚姻年龄的姑娘严禁她们单独同外来的青壮年男子说话，不允许她们单独出远门，一般不让她们单独同异性一起参加生产活动。要是如此，就会受到父母或家族长辈们的责备，会被认为是作风不正的姑娘。她们若是到人家里，不允许用脚踩或碰人家的门槛，否则就会被人们说成是没有修养和礼貌的败家女。严禁妇女在屋子里坐在男士用的东西上面，妇女也不能用脚踩男人的行李，绝对禁止妇女用手摸男人的头部，所有这些动作或行为都会给该男子带来意想不到的麻烦，使他会遇到许多不走运的事；妇女不许在落日后跟丈夫吵架，否则全家人的生活越过越不安宁。在过去，鄂温克人严禁寡妇在娘家过年，或者去参加群众娱乐活动。不过，现在跟妇女有关的许多传统禁忌基本上被废弃了，鄂温克族妇女几乎都按照现代人的习惯安排着自己的生活。

5. 老人、男人及小孩方面的禁忌

鄂温克族禁忌文化习俗中，同老人、男人和小孩相关的内容有不少。例如，父母在世时，男人不许留胡须，不许同老人并排坐在一起聊天或吃饭，更不许骂老人，否则会遇到许多不可预测的灾祸，甚至会减少寿命；大伯子不许坐在弟媳妇跟前，大伯子用过的烟袋兄弟媳妇不能用；男人不得下午理发或刮脸，男人不能枕用妇女的衣物，这样的男人会过灰心丧气的人生，会没有出息。鄂温克族男人严禁在妻子梳头的时候往外走，否则会遇到许多想象不到的麻烦，比如夫妇离婚等。

小孩方面的禁忌也有不少，比如说，不许胳肢还不会说话的孩子，否则小孩会骂人，而被骂者会遭殃；小孩对长辈不许直呼其名，鄂温克人认为叫长辈名字的小孩会得到惩罚；小孩禁吃马鹿、犴、狍等野生动物的幼崽肉，吃的话小孩易患软骨病，对孩子的骨骼发育也会带来不良影响等。鄂温克族严禁小孩在大人面前大声说话或喊叫；严禁小孩不洗头、不理

发、不梳头，孩子必须按照良好的生活习惯经常洗头、理发和梳头，否则这家就会没有希望和未来，没有什么发展前景。

6. 死亡方面的禁忌

在鄂温克族看来，家里的老人死了，不能对别人说他死了，而是说家里的老人升天了、跑到天神那里去了、上了天堂、变成了佛等；小孩死了也不能说孩子死了，而是说孩子少活了、孩子到了另一个世界、孩子去了极乐世界等。鄂温克族的坟地虽然以家族姓氏为单位，但是他们禁止被雷击死的族人、难产死去的妇女及非正常死亡的人埋葬在家族坟地，他们会将这些人的尸体拿到山上进行火葬或天葬；人死后，他们严禁让猫在死人的屋里来回走动，为此他们把猫关在其他屋子里，等葬礼完全结束后才把猫放出来。要么死人的魂会留在猫的身上，永不离开自己生活过的地方，猫跑到哪里死人的魂就会到哪里，甚至会给活着的人们带来一些阴影。在守孝期间，禁止参加一切娱乐活动，也严禁和别人吵闹或打骂别人，同时不准家人朝着自家坟地方向便溺。

除诸上六方面，还有不得用刀子捅锅或代替筷子；严禁到病人家里串门；禁止同一家族的人通婚；不许背后说人家坏话；办不成的事不许答应人家；不许偷拿家里的和人家的东西；生活垃圾不许乱扔，要埋入深坑；到了防火季节不许上山打猎和上山烧火做饭或抽烟；上山打猎时，打到猎物不能一人独吞，要和大家平分；看到别人遇到麻烦或困难时，绝不能袖手旁观，更不能见死不救，一定要伸出援助之手帮助别人，否则就会遇到天灾人祸，得到应有的报应等。以上禁忌形成了鄂温克族生活方面的禁忌文化，也成为鄂温克族生活及文化中不可缺少的一项重要内容。

第二节　生产禁忌

同鄂温克族的生产活动有关的禁忌有不少，而且许多都关系其早期的生产内容，尤其跟狩猎生产有关的禁忌很多。例如，参加狩猎生产活动的人不论任何时候、在任何地方都严禁唱歌，甚至禁止大声说话相互追闹。

倘若不信守这些禁令，他们狩猎生产活动将一无所获；他们进行狩猎时还严禁相互之间不团结、不合作、不配合，看见猎物不能抢着打，应该团结合作、相互尊敬、相互信任、相互依靠、相互商量。要是赶上凶残而身躯庞大的猎物，他们就会让经验丰富或百发百中的人先开枪，要是见到一群猎物大家先商定好后分头向选定好的猎物一起开枪，要是碰上狍子之类的性格温顺的野生动物就会让新手先开枪。他们坚定地认为，不诚心合作或相互沟通，谁也打不着猎物，大家都会饿死在深山老林里；他们绝不允许告知不熟悉或外人打猎的具体地点，甚至是连去打猎的方向和路线都不会告诉别人。进行狩猎时，遇到某人要是被问到"家住哪里？"也不会给别人讲自家的住处，只会说"我家在很远的地方"，或者说"我家住在深山老林里"或说"我没有家"等来搪塞过去。在他们看来，对陌生人或不熟悉的人或对外来人说自己家的具体位置，会引起许多不必要的麻烦，也许还会带来灭顶之灾。如果猎人在行猎前说，今天一定能打着猎物，那么他相反什么也打不着，连猎物的影子也见不着。因为他说的大话，会被山林里掌管野生动物的神灵听到，神灵会去告知所有的野生动物，动物们都会跑掉或躲起来，让你什么也见不着、打不着。

鄂温克族在从事狩猎生产时，严禁烧蹦出火星或有"噼噼啪啪"响声的干柴火。他们说，干柴火蹦出的火星和发出的响声，都会被山林中野生动物看见或听见，从而直接影响他们的狩猎活动。他们还经常说，像野猪之类的野生动物的肩骨上都有孔眼，因此他们有事先预知的本领，在打猎时一定要加倍小心，严禁被它们肩骨孔眼事先预知，尽量回避它们肩骨孔眼预知的范围内活动。猎人打着熊后，严禁说"打死了熊"，而要说"熊睡着了""熊上天了"等。打死熊的枪要"破枪""没用的枪""什么也打不着的枪"等；打着熊后，严禁年轻人去辨别是公是母，而是让年纪大的老人先去看，原因是熊的生殖器官同人的基本相同，所以尽量不让未结婚的青少年看到它们的生殖器官，怕影响他们的心理和婚姻家庭等。剥熊皮时，必须用毡子或其他东西将熊的下身盖住，不允许其部位敞开剥皮；吃熊肉时，严禁说吃熊肉，只能说吃肉。就是吃完了熊肉，也严禁说吃了熊肉。吃完熊肉，对熊骨头进行风葬，严禁到处乱扔。对此他们解释说，在传统的理念中熊是人类的亲族，是人类的祖先，只有迫不得已或走投无路时，才可以开枪打熊，就是这种情况下也不能说打死了熊、吃熊肉等话，要是说了就会受到上天的惩罚。

除了同狩猎生产活动密切相关的禁忌，还有跟畜牧业生产活动有关的禁忌。比如说，不许拿着生产活动中用的尖刀走进牲畜圈子，也严禁用带刃的生产工具打牲畜或用火吓唬牲畜，这样会赶走他们发展畜牧生产的福缘。鄂温克人不允许杀掉脖子上带有绳子的牲畜，杀时一定要拿下脖子上的绳子等，否则会引来不测之祸。同时，他们严禁宰杀或卖掉还未停奶的母畜，否则会出现家里母子分离的悲剧；傍晚牲畜回来时，家里不能熄灭炉中火，否则以后外出的牲畜就不回自己的家圈。到了春暖花开的春季，禁止用牲畜的腮骨做游戏，鄂温克人认为春季是牲畜的长腮期，要是这个季节玩牲畜腮骨，牲畜生下的崽会是歪腿或歪嘴的畸形生命，这预示着不祥。他们严禁买卖拉过死人尸体的马或牛，他们认为这样会为他人带来许多危难。

与畜牧业生产相关，鄂温克族还严禁女人用脚碰或踩或使用男人的马鞍子、马鞭子和套马杆等生产用具，否则会给男人的生产积极性带来负面作用，男人们会失去积极劳动的热情。他们不让孩子吃羊的肥肠，孩子吃了羊的肥肠，大人们就会找不到好的牧场。同时禁止孩子玩火，孩子玩火的话家里的牲畜就会从这里离开，再也不会回到孩子玩火的家。在他们看来，连自己的孩子都管不住，怎么能管住家里牲畜；在从事畜牧业生产中，遇到再大的麻烦或难题，或者牲畜怎么也不听使唤的时候，也要严格禁止破口大骂牲畜，或用棍棒使劲打牲畜，这样做的结果就变得一穷二白。在劳动中，不许手拿着带尖刃的生产工具，在别人面前晃动或玩耍；丈夫出门放牧期间，妻子必须在家做好家务、管好孩子、清洁自律，否则男的在劳动生产中会一事无成。无论在家里，还是在生产活动场所，都不许将生产用的火夹子、剪子、钳子、夹子等张开放，不然就会招祸临门；不允许在牧场、牧养圈、游牧包等处或周围无缘无故地钉蹶子，这会使钉撅的人会遇到不吉利的事情。除此之外，有关农业生产活动方面也有一些禁忌。例如，播种粮食的人不许接近坟地，妇女严禁在农业生产活动中骑毛驴，这些都会影响庄稼的生长。另外，不允许老年人种庄稼，希望青壮年人种庄稼，这样庄稼长得好，收成也好。鄂温克人禁止别人估计庄稼的收成，这样会减少粮食的实际产量和收成。

　　总之，在鄂温克族的禁忌文化中，同生产相关的禁忌确实有不少，这些来自实际的生产活动的诸多禁忌，对他们的生产活动发挥着一些积极作用。当然，其中也有一些是落后于现代生产的产物，已经失去了应有的价值和意义，甚至有的传统意义上的禁忌，已经被人们忘得一干二净。毫无疑问，其中也有的禁忌至今还被广泛认同，并用于他们的生产生活。

第三节　信仰禁忌

　　说到鄂温克族的禁忌文化，不得不提萨满信仰世界的禁忌内容。从某种角度来讲，在他们以万物有灵论为核心的萨满信仰里，与此有关的各种禁忌占有一定比重。事实上，我们在前面谈到的生活禁忌、生产禁忌等也都跟鄂温克族的信仰有不同程度的联系。只不过是突出了来自生活或者源于生产的某种概念而已。不管怎么说，在他们的禁忌文化中，信仰方面的禁忌占有十分重要的位置。

　　在鄂温克人万物有灵论的信仰中，任何一个萨满的信仰用具，或者说法器，都不应该放置于超越或偏离"玛鲁"神的视线的位置，一定放在"玛鲁"神视线范围内。要是偏离或超越了"玛鲁"神视线范围，到萨满举行信仰仪式的时候，他同诸多神或神灵的沟通就会遇到困难或麻烦。而且，在放置"玛鲁"神的屋内北侧基本属于家庭或家族内部德高望重的老人休息睡觉的铺位。对此，鄂温克人说，家中年岁最大的老人是在人世间活得最长的人，所以他们所看到的、听到的、遇到的、知道的事情要比生活年限短的人要多，他们同神或神灵之间的交流也要比年纪比小的人要多、要深，把他们的床位安排在"玛鲁"神偶的前面，方便他们跟神灵进行沟通。或许正因为如此，他们严禁除了老人之外其他人的床铺放在"玛鲁神"的前面，同时也不允许除了老人或贵客之外的人休息或躺在屋内北侧的床铺上，除非是家里老人允许的情况下才让其他人坐在其铺位上。他们还严禁人们在"玛鲁"神偶之前随便乱走动或大声说话，也不允许人们用手指"玛鲁"神，不允许"玛鲁"神偶头上有灰尘或在"玛鲁"神旁边放脏东西等。特别严禁妇女或女孩子靠近"玛鲁"神偶放置的位置。无论是谁，给"玛鲁"神敬献祭品后，必须按照走过来的路线返回，严禁走其他方向或其他线路，即由哪里去就从哪里回来，绝不允许从这边去，由那边回来，否则就会引起"玛鲁"神的不满，从而造成不必要的伤害。

有前面的有关章节里我们提到鄂温克族对熊的敬畏和膜拜，关于熊的一些禁忌。比如，严禁把熊骨到处乱扔，必须将熊骨、熊头要用桦树皮包扎好进行风葬；严禁食用熊的心、肝、肺、脑、食道及眼睛，食用后，熊的灵魂就会来没完没了地折磨人，严重时人就会重病卧床而死；他们严禁猎熊，只是在万不得已的情况下才可以开枪打死。与此同时，他们严禁对外人或别人说杀害熊及吃熊肉的事，打死熊的枪不能说是枪，而是说没用的破东西，吃熊肉的刀也严禁说刀、要说什么也割不了的破刀等。

鄂温克族是一个祭祀火的民族，而且还有敬火神的信仰仪式，同时还有许多关于火的禁忌。比如说，严禁用带尖刃的铁器拨火，怕由此伤害火神；严禁将还未烧尽的火灰掏出来，倒在门外引起火神的恼怒从而造成灾害；严禁新媳妇到婆家后对火神不敬重，严禁妇女或女孩从火上面迈过去。鄂温克人认为会导致火神的不满而带来许多与火有关的麻烦或灾难。他们禁止用水泼火，禁止将脏物抛入火内，不允许产妇在三日内拨弄炉火，所有这些都跟火神信仰有关。出远门的人进屋前在门外点火驱邪，否则妖魔就会随他进入屋内。

鄂温克族的信仰禁忌里，还禁止任何人跨越放置马鞍子或驯鹿鞍子的木架子，因为鞍架子上还会放置神偶，由此所有人必须要从鞍架子的右边绕过去，再从鞍架子的左侧绕回来。搬家时，驮"玛鲁"神的驯鹿王严禁驮运别的东西，而且在任何时候、任何情况下严禁妇女牵驮"玛鲁"神的驯鹿王。平时，如果没有什么要事，也绝不允许妇女接近驮"玛鲁"神之驯鹿王的鞍子、铃铛等用具。

在从事畜牧业的鄂温克族里也有不少信仰禁忌。例如，萨满骑用的马，以及他们在敬神时用的良种马，都严禁随意宰杀或转卖，就是年老或患病了也不许处理，只能把它放回马群最后自然死亡，像这种神马，一直到死，严禁除了萨满之外的人骑用。萨满死后，严禁随处埋葬，而是要选择避风好、阳光充足、有山有树有水，牧草又长得很好的地方。同时，严禁在棺木内让死去的萨满平躺，而是以坐式放入其中。再者，埋葬过自己家族萨满或者家人的地方严禁搭建房屋，建立生活区域或生产活动场所。萨满穿用的衣物等要全部一起埋葬。在鄂温克人的信仰意识中，无论是谁要是到人家串门或办事，如果从人家的窗户进来，那么走的时候必须要从进来的窗户出去，否则祖先神会生气，甚至会严厉惩罚从窗户等不该进屋的地方进来的人。若是其他姓氏家族的人死在自己家里，严禁将其尸体从门口抬出去，而是要从窗户抬出去，要是房屋有朝西开的窗户的话，就必须从朝西开的窗户抬出去。鄂温克人还认为，母鸡深夜鸡叫是不祥之兆，意味着它身上附了鬼魂，而且它身上的鬼魂在屋内活动。所以，严禁母鸡在深夜出声或有叫声，要是哪只母鸡叫出了声就赶紧将其杀掉，以免给家里造成不幸。

鄂温克族的禁忌中跟信仰有关的内容还有很多，其中不少在谈论他们的信仰世界或说萨满时都已提及，在此不再重复。另外，随着鄂温克族古老又传统的信仰的不断淡化，尤其是中青年逐渐远离萨满信仰，自然而然地对信仰禁忌也感到陌生。所有这些，导致鄂温克族信仰社会的许多禁忌被遗弃、被遗忘。

总而言之，鄂温克族的禁忌文化十分丰富，所涉及的方面有很多，除了跟他们的生产生活以及信仰有关之外，同他们的文化学、民族学、饮食学、健康学、心理学、医学等都有必然的内在联系。充分地认识和解读他们的禁忌文化，对于我们更好、更准确、更全面、更系统地了解和掌握鄂温克族的精神文化有着特殊意义和学术价值。

第八章 鄂温克语宝贵的精神财富

语言是人类的交际工具，是表达思想、交流情感的产物。语言在民族的形成和发展过程中发挥着极其重要的作用，是构成一个民族的重要因素和条件。不同的民族语言，与不同民族的历史、族源、社会制度、生存环境、自然条件等密切相关。民族语言也是凝聚民族精神、团结民族同胞的重要纽带。通过民族语言，完全可以了解不同民族的不同心理结构、思维方式、风俗习惯、历史文化等诸多方面，鄂温克语也是如此。鄂温克语包含非常丰富的内涵，是该民族十分宝贵的精神财富。

第一节 鄂温克族称谓的丰富内涵

鄂温克民族自称"鄂温克"。根据调研资料，鄂温克族还有一些他称。同时，我们还发现对"鄂温克"这一自称有着不同版本的解释。比如，把ewenke（"鄂温克"）一词解释为"山林中的人们""深山密林里的人""住在山林中的人们""生活在西伯利亚的人"等，也就是想到哪里就说到哪里，没有科学性、准确性、客观性，因此说这些说法没有什么说服力。也就是说，这些说法都跟该词的本义不相符，只是属于个人的某些不符合实际的推断而已。对于一个名词的解释，尤其是对于一个民族名称的解释，仅依据某一个不切合实际的资料及说法，进行各种分析，就会闹出许多笑话。其实，ewenke（"鄂温克"）一词的解释没有那么复杂，事实上它是在鄂温克语动词词根 ewe-（"鄂沃"）后面，接缀由动词派生名词的构词成分-nke（"恩克"）而构成 ewenke（"鄂温克"）一词。但是，在这里有必要指出的是，鄂温克语动词词根 ewe-（"鄂沃"）主要表示"下""降""落"等意思。从动词词根 ewe-（"鄂沃"）派生出来的名词 ewenke（"鄂温克"）则表示"下来者"的意思。要是把"鄂温克"一词跟鄂温克人当时的历史背景相联系，并且从语义学的角度，去比较客观地分析，应该将该词称谓解释为"从高山密林中走下来的人"或"从山林中走向平原的人"等。

鄂温克语里，在动词词根或词干后面，根据元音和谐规律接缀 -nke、-nka、-nki、-nko、-nku 等构词词缀，从动词派生名词的现象有很多。例如：

tietie-	装	+	-nke	=	tietienke	袋子、贪婪者
awa-	擦	+	-nka	=	awanka	抹布
ixi-	看	+	-nki	=	ixinki	望远镜、看法、视角
sohoo-	舀	+	-nko	=	sohoonko	水舀
uruu-	搜集	+	-nku	=	uruunku	垃圾桶、搜集法、拾荒者
entu-	区别	+	-nku	=	entunku	分类机、分类法、另类人
pusu-	喷洒	+	-nku	=	pusunku	喷头、喷法、吹牛者
ewe-	下	+	-nke	=	ewenke	下处（楼梯）、下来者

我们应该理性地承认，一个民族称谓的来历往往同该民族在历史上遇到的某一重要时期、重大事件、重大变革等有密切联系。有文字的民族，特别是文字历史较长的民族，可以较早地把这一切永恒地载入本民族史册，留给后人，作为证词。没有文字的民族，也许会在较早期的时候，将所发生的一切用表示各种深刻内涵的图画刻在石头上，从此给后来者留下历史证据。然而，也有的民族，无论在史册里，还是在石头上什么都没有留下，甚至在他们千百年的迁徙中，连他们走过的森林中、高山里、平原上、江河畔、海岸边都没有留下什么痕迹。但是，这不等于他们没有历史，或者说他们不懂得历史。所有的历史，包括他们曾经越过的每一座高山、渡过的每一条河流、踏过的每一块土地，哪怕是一条细细的泉流，一座小小的山包，都永远留在他们用心灵、思想、话语构筑的神话、传说、诗歌中。留在了他们用母语述说的历史里，并且一代又一代地以口耳相传的方式传承了下来。只要我们认真而细心地倾听他们对自己历史的讲述，乃至去欣赏已经成为他们精神世界重要组成部分的传说及神话故事，并跟他们进行诚恳而耐心的交流，实事求是地去研究他们语言的内涵，就能够

从中找到他们的历史，找到他们的名称以及这些名称产生的原因和真正意义。或许正因为如此，要搞清楚一个民族的称谓，特别是那些用本民族语言命名的自称时，不仅需要全面系统地了解该民族的历史变迁、文化背景、心理结构等，还应该具备语言学方面的基础知识，并对该民族语言有一定程度的认识。否则，会把一些名称弄错，尤其是将那些有着重要历史价值的称谓解释得不伦不类，让人看不明白。从而，使人们对某一重要的民族称谓，以及与此有关的历史产生误会。就拿"鄂温克"一词来说，其实鄂温克语里跟该名词完全相同，就像在上面所列举的那样，在动词词根或词干后面根据元音和谐规律，接缀派生名词的构词词缀，派生与原来动词词根或词干所表示的词义密切相关名词有很多。上文提到的 -nke、-nka、-nki、-nko、-nku 等构词词缀均属于鄂温克语古老的构词形式和手段。

我们在调研中发现，不只是一个民族的称谓，就是构成一个地名、山河名等特殊称谓的每一个音节均有它的特殊内涵。何况，由诸多音节相连而成的名称意义结构，应该更为丰富和复杂。正因为如此，我们必须对那些特殊名称的语音和语义结构进行仔细、认真、全面的分析，才能做科学、准确、客观、翔实而完整地解释。我们认为一个称谓是如此，一个民族的称谓更是如此。从这个角度讲，任何称谓的任何组成音素及其音节都有其来龙去脉、丰富内涵及组合原理。由不同音素组成的称谓，有它的特定缘由、条件、目的以及社会背景，有的称谓关系着特殊的社会因素，有的则关系着特殊的自然因素或自然环境。根据我们掌握的资料，鄂温克族的诸多他称中，就有许多与此相关的例子。比如，作为鄂温克族的一个分支，所谓通古斯鄂温克人的 tungus（"通古斯"）这一称谓就很有意思。然而，对此问题却有许多滑稽的解释。其中有的说："由于这部分鄂温克人拿着单面的萨满鼓，每天'嗵嗵……'地敲个没完，所以俄罗斯人就称他们为每天 tun tun……'嗵嗵……'敲鼓的'通古斯人'。"还有的说："由于被称为通古斯鄂温克的鄂温克人喜欢吃猪肉，因此不吃猪肉的突厥人称他们为'通古斯人'。因为，在突厥语中 tungus（'通古斯'）一词表示'猪'之意，也就是说这部分鄂温克人像俄罗斯人一样普遍吃猪肉而被突厥人称为吃猪肉的鄂温克人。"诸如此类的解释还有一些，我们认为这些说法都不符合"通古斯鄂温克"这一称谓的实际意义。

我们的调研资料表明，通古斯鄂温克人的"通古斯"一词，应该和其祖先曾经生活过的西伯利亚的通古斯克有关。通古斯鄂温克人告诉我们，他们的祖先曾在西伯利亚清澈透明的 tungusuk（"通古斯克"）河两岸生活过很长时间，那时外族人就称他们为"通古斯人"或"通古斯鄂温克人"。那么，这里说的 tungus（"通古斯"）应该来自 tungusuk（"通古斯克"）这一河名。通古斯鄂温克人告诉我们，在他们的语言中无论是 tungus（"通古斯"）还是 tungusuk（"通古斯克"）都是由动词词根 tungu-（"沉淀、沉底"）派生而来的形容词，主要表示"清澈的""透明的"之意。很显然，tungusuk（"通古斯克"）河是指"清澈透明的"河。由此，把"通古斯鄂温克人"解释为"生活在清澈河畔的鄂温克人"最为恰当。

再如，在历史上，把伴随美丽富饶的兴安岭牧场的变化而四处迁徙，并从事自然牧养驯鹿产业的一小部分鄂温克人称为雅库特鄂温克。对于雅库特鄂温克的 yakuut（"雅库特"）一词也有一些不太准确的解释。其实，雅库特鄂温克的 yakuut（"雅库特"）一词，同俄罗斯雅库特自治州的 yakuut（"雅库特"）是一回事。它们均来自该州内的雅库特河，而该河名称 yakuut（"雅库特"）源自"宝石"一词。突厥语里，将宝石叫 yakuut（"雅库特"）。毫无疑问，被称为 yakuut（"雅库特"）的河是盛产宝石的河。也就是说，该河流是擅长寻找宝石和善于做宝石买卖突厥人重要的宝石来源之一。因此，突厥人就把该河流称为 yakuut（"雅库特"）河，意思就是"宝石"河。后来俄罗斯人将 yakuut（"雅库特"）河一带设立为雅库特自治州，居住在雅库特河畔的鄂温克人就被称为"雅库特人"或"雅库特鄂温克人"，直译即是"宝石鄂温克"，意译就会变成"在出产宝石之河河畔生活的鄂温克人"。

历史上，我国东北的一些民族，还把生活在不同地区或不同时代的鄂温克人，分别他称为 hunkur ~ honkor（"红苦鲁"）、xilin（"栖林"）、teke（"特哥"）、solon（"索伦"）等。在实地调研时，有的老人说 honkor（"红苦鲁"）一词也许来自达斡尔语，在该语言里 hunkor ~ honhor"红苦鲁"同蒙古语一样表示"凹陷地"之意。不过，有人指出，honkor"红苦鲁"在达斡尔语中也可以表示"沙丘"的意思。很有意思的是，有人把 honkor

"红苦鲁"与"野人"或"深山密林里的人"等相提并论。事实上，懂鄂温克语的人都清楚，在该语言里将"表面土层很薄、土层内还含有30%～35%的沙粒，在薄而含沙的土层下面几乎都是沙子，个别之处还有袒露在外的沙地，长有草和零星树木且坡度较大而不太高的山丘就叫作 honkor（"红苦鲁"）。因此，人们习惯上把居住在 honkor（"红苦鲁"）的鄂温克人称为红苦鲁鄂温克人，意思就是说"生活在沙性山丘之地的鄂温克人"。根据居住环境和条件的不同，命名某一民族或族群的现象有很多，这就像我们把生活在山里的人称为"山里人"，将居住在城市里的人叫作"城里人"是一个道理。不过，将 honkor"红苦鲁"说成是达斡尔语等的"凹陷地"并不准确，而把 honkor（"红苦鲁"）跟"野人""深山密林里的人"之类的概念相提并论更是离谱。只有那些不懂得尊重客观事实和语言科学的人，或者说是不懂得历史唯物主义的人才会如此信口开河。至于把"红苦鲁"转写成"红狐狸"则近似一种文字游戏，就像把达斡尔写成"大狐狸"一样，没有什么值得探讨的价值和意义。

在实地调研时，也有人跟我们说，在历史上生活在江河边，从事渔业生产的鄂温克人，曾经被其他民族称为 xilin（"栖林"）人。进而，他们把该词解释为"生活在森林中的人们"或"林中人"等。如果仅从这两个汉字的词义结构去分析，也可以分析出"暂时居住于山林之中"的意思。为了对该名称提出一个科学的解释，我们回到北京后查阅了有关资料，结果发现李有义教授主编的《世界民族研究文集》，对 xilin（"栖林"）一词做了较为科学的阐述。他说："栖林跟奇楞、奇勒尔、麒麟等同属一词，属于赫哲语，指赫哲族的一支氏族，是黑龙江下游的赫哲族四大氏族之一。现在，将居住于富锦与同江下游至勒得利以上的赫哲人也叫奇楞赫哲人。"另外，在1984年8月由黑龙江人民出版社出版的《赫哲族简史》里解释说："赫哲族中称 qilen'奇楞'的这部分人，与鄂伦春族有着共同的族源和历史渊源，他们是早年从黑龙江上游乘木筏至勒得利居住的人。"看来，被称为 qilen（"奇楞"）的赫哲族，原来同鄂伦春族等一起生活在黑龙江上游的山林地带，由此其他民族或族群称他们为 qilen（"奇楞"）或 qilen～xilin（"栖林"）人。其中，也应该包括一部分鄂温克人。

实施调研计划时，也有人提出把一部分鄂温克人在过去称为"特哥鄂温克"，这里出现的 teke（"特哥"）一词是满－通古斯诸语中均被使用的动词，主要表示"坐""住"等意思。如果依据该动词本义去解释的话，"特哥鄂温克"应为"居住下来的鄂温克人"或者说"定居下来的鄂温克人"等。至于这部分鄂温克人居住在什么地方，从 teke（"特哥"）一词的词义结构上很难看得出来。然而，有人告诉我们"特哥鄂温克"是指那些还在原来的地方生活、没有从大兴安岭走下来、仍在深山老林里谋生的鄂温克人，也有人说"特哥鄂温克"表示那些额尔古纳河中下游居住的鄂温克人等。这些说法的准确性，尚需进一步研究和考证。依据我们的调研资料，他应该是指生活在内蒙古呼伦贝尔鄂温克旗红花尔基山林地带，以及在根河敖鲁古雅山林地带等地生活的鄂温克人。

　　solon（"索伦"）一词，是指在清代被划入索伦兵营的鄂温克人。他们说起初被称作 solon"索伦"的只是鄂温克人，后来清朝政府建立索伦部时把鄂伦春人、达斡尔人以及一些巴尔虎蒙古人等也划入其中。但索伦部是一个以鄂温克人为核心、由不同民族或部族联合组成的军营。那么，solon（"索伦"）一词从何而来的呢？为什么将该军民合一的军营叫"索伦"呢？我们调研中发现，对此确实也有不同的说法。有人提出 solon（"索伦"）一词来自满－通古斯诸语动词词根 soli-（"索利"）。在该语族语言里 soli-（'索利'）主要指'请''邀请'等意思。而 solon（"索伦"）是在动词词根 soli-（"索利"）后面，接缀从动词派生名词的构词词缀-n（"讷"）而派生的名词，直译应该为"被邀请者"，意译是"从山林中请下来的人"等。不过，从我国北方民族语语音演化规律和语音同化现象的角度去考虑，在满－通古斯语言乃至阿尔泰诸语言中，很难找到像 solin（"索利讷"）音变成 solon（"索伦"）之类的变音例子，也难从语言学或构词学中找到一个让人心服口服的论说。也有人把 solon（"索伦"）一词，看成是蒙古语动词 solin（"换"）的词根 soli-（"索利"）。有人还告诉我们，solon（"索伦"）一词，与早期通古斯诸民族的 solokon（"索劳昆"）姓氏有关。也就是说，solon（"索伦"）是 solokon（"索劳昆"）姓氏的后代，"索伦"是"索劳昆"的音变形式，或者说是另一种汉字转写法。据说，鄂温克族"索劳昆"姓氏的名称是因这部分鄂温克人曾经居住在俄罗斯雅库特自治州的"索劳昆"河畔而得名。"索劳昆"河意为"直流"

河。不过，对通古斯诸民族历史有所认识的人就会知道，人数不多的索劳昆姓氏的鄂温克人是较晚时期从俄罗斯雅库特自治州迁徙而来的。当时被称为"使鹿鄂温克"或"鄂温克的使鹿部"。后来才被清朝政府编入"索伦别部"。可想而知，"索伦部"是出现在"索伦别部"之前的。再者，鄂温克族里属于索劳昆姓氏的人数不多，且主要生活在额尔古纳河右岸广袤的山林里，长年伴随山林中的牧场自然牧养驯鹿，他们早期的主要生活用品以及生产工具基本来自俄罗斯。他们常常到俄罗斯境内，用野生动物的名贵皮毛同俄罗斯商人进行易货贸易。所以说，这部分鄂温克人与俄罗斯人接触的机会要比其他人更多一些，且他们均有较强的俄语功底。他们接触清朝政府的时间，要比索伦部的鄂温克人晚得多。如此说来，"索伦"来自"索劳昆"氏族的称谓是不太恰当。

除此之外，我们还听到有关"索伦"一词诸如"射手""上游人""住在山林中的人们""住在河上游的人们"之类的解释，甚至有人把so-lon（"索伦"）一词同朝鲜人的他称solongos（"索伦高斯"）联系起来。我们认为，这些说法或解释几乎都没有什么说服力。其实，solon（"索伦"）一词的来历没那么复杂和久远，我们首先应该承认"索伦"是鄂温克族诸多他称中的一个，是清朝政府对鄂温克人的一种称谓。solon（"索伦"）一词是满语，表示"顶梁柱""柱子"等意，该名词是自满语动词词根solo-（"索劳"）派生而来的。满语动词词根solo-（"索劳"）主要含"顶""逆"等意思。具体而言，在满语动词词根solo-（"索劳"）后面，接缀由动词派生名词的构词词缀-n（"讷"）而派生出solon（"索劳讷"）一词。按照满－通古斯诸语的语音结合规律，应该将"索劳讷"依汉字转写成"索伦"比较合适，因为该词是双音节词。为什么清朝政府当时称鄂温克人为"索伦"呢？对此问题我们可以从清代的诸多历史资料中找到答案。简单来说，由于当时鄂温克官兵英勇善战，为清朝政府统一全国立下汗马功劳。因此，清朝政府对鄂温克官兵十分器重，就称他们为solon（"索伦"），以此称赞他们是对清朝政权起到"顶梁之柱"作用的人们。后来，清朝政府成立以鄂温克族为核心的索伦部时，把鄂伦春、达斡尔和巴尔虎蒙古人等民族和族群一同编入，从而进一步强化了索伦部的军事实力和战斗力。满语的solon（"索伦"）一词被鄂温克人发音为solon。然而，随着清朝统治的衰败，鄂伦春族、达斡尔族、巴尔虎蒙古人等先后从索伦部中脱离出来，最后 solon "索伦" 一词又单独留在鄂温克族身上，solon（"索伦"）几乎成为专指鄂温克族的一种他称。直到 1957 年，我国政府根据鄂温克族的意愿，消除历史遗留下来的诸多他称，一并废除 "索伦" 等所有他称，正式恢复了所有鄂温克人的 ewenke（"鄂温克"）这一民族自称。

根据我们的调研，历史上对鄂温克族有过各种各样的他称，对这些他称又有各种各样的解释，对这些解释也有过不同的理解和评价。然而，有史以来，勤劳智慧的鄂温克人始终坚定不移地自称为 "鄂温克"，对于各种他称从来都没有承认或接受过。在他们看来，鄂温克人就是鄂温克人，没有必要对这样一个从祖先那里一代又一代地传承下来的称谓做更多的解释。别人对他们如何称呼跟鄂温克人没有什么必然的和内在的关系。任何一个时期，他们都没有忘记告诉子孙后代，自己是鄂温克人，让孩子们牢牢记住这一永远使他感到骄傲和自豪的自称。如同每一个人都非常爱护和尊重自己的名字一样，每一个鄂温克人都非常爱护和尊重自己的称谓。鄂温克人像爱护自己的眼睛一样爱护 "鄂温克" 这一自称。因为，这一不平凡的称谓，象征着他们从高山密林走向草原、从草原走向大海、走向未来的辉煌历史，包含着他们勇往直前、永远追求美好幸福生活的精神，也是代表鄂温克族走向世界的唯一法定称谓。

第二节　鄂温克语的丰富内涵

鄂温克族及其语言是属于跨境民族和语言，除了我国，在俄罗斯和日本也有鄂温克族，在俄罗斯的鄂温克族被称为埃文基人，他们使用的语言叫埃文基语，且俄罗斯的鄂温克族有用斯拉夫字母创制的文字，叫埃文基文。然而，我国的鄂温克族有语言没有文字。日本北海道地区曾经生活过一些鄂温克族，日本叫他们为 wejlat（"乌依拉特人"），他们使用的语言就叫 "乌依拉特语"。这部分鄂温克人，早在 20 世纪 30 年代就被完全日本化和日语化，变成日本人的一部分。

鄂温克语同我国境内的鄂伦春语、赫哲语、锡伯语、满语；蒙古族语支的蒙古语、达斡尔语、东部裕固语、土族语、东乡语、保安语；突厥语族的维吾尔语、哈萨克语、柯尔克孜语、撒拉语、乌兹别克语、塔塔尔语、西部裕固语；俄罗斯东西伯利亚和远东埃文基自治专区、雅库特自治共和国、布利雅特共和国、哈巴罗夫斯克边疆区、滨海边疆区、萨哈林州、堪察加州、马加丹州等地的埃文基语、埃文语、涅基达尔语、那乃语、乌利奇语、奥罗克语；蒙古人民共和国的巴尔虎地区的查嘎登语；日本北海道地区的阿依努语、乌依勒塔语以及日本语、朝鲜语；美国和加拿大等地的爱斯基摩语、印第安语；甚至土耳其语、土库曼语、吉尔吉斯语、鞑靼人语、楚瓦尔语、雅库特语、卡拉卡帕克语、嘎嘎乌孜语、图佤语、哈卡斯语、卡拉依姆语、哈拉基语等诸多语言均有千丝万缕的关系。鄂温克语的关系网横跨亚洲、欧洲和北美洲。或许正因如此，国内外专家学者对鄂温克语的研究越来越感兴趣，该语言的研究也越来越受重视。近几年，美国、德国、日本、荷兰、英国、法国、意大利、俄罗斯、澳大利亚、加拿大等国家的专家学者，多次到鄂温克人居住地进行田野考察和语言调查，收集了大量有科学价值和说服力的第一手资料，从而使鄂温克语研究，或者说鄂温克研究以崭新的形象登上国际学术舞台，并且成为世界人文科学研究领域一项不可缺少的课题。

鄂温克语在语音、词汇、语法等结构方面同鄂伦春语、埃文基语、埃文语、奥罗奇语、乌依勒塔语、查嘎登语等最为接近。另外，跟赫哲语、那乃语、乌利奇语、乌德盖语、奥罗克语、涅基达尔语、锡伯语、满语等的关系也十分密切。相比之下，蒙古语族诸语言与鄂温克语之间的关系，要比突厥语族语言同鄂温克语的关系更亲近。鄂温克语与日语、朝鲜语、日本的阿依努语、北美的爱斯基摩语及印第安语，以及北欧的萨谜语等之间的关系，往往涉及语言的深层结构及语义学和语源学的内容。

鄂温克语是语音形态变化、名词形态变化、动词形态变化的语言，不同的形态变化现象，由不同的语音形式和语法词缀表示。不同的形态变化现象，完全能够表达不同的语音关系及语法意义。反过来讲，鄂温克语复杂的语法关系，往往通过词根或词干后面接缀的不同语音结构和不同内涵形态变化词缀表现。

我们的调研资料表明，在我国，鄂温克语的使用者绝大多数是鄂温克人，还有一些鄂伦春人和蒙古人。除此之外，与鄂温克族长期共同生活的一部分达斡尔人和汉人，也在一定程度上掌握和使用鄂温克语。然而，在鄂温克人当中，精通或通晓鄂伦春语、达斡尔语、蒙古语、汉语的人很多。与此相反，鄂温克人里，使用本民族语的人却开始减少，据1986～1988年中国社会科学院进行的中国少数民族语言使用情况的调查报告，鄂温克人里只有77.8%的人在使用母语，尤其是黑龙江省境内的鄂温克族，母语使用率只有32%左右。

根据我们对于鄂温克语使用情况的实地调研，以及我们所掌握的鄂温克语方言土语划分情况资料，鄂温克语一般分为三大方言。除此之外，还有一些不太突出的土语现象。鄂温克语三大方言的划分情况如下。

第一方言叫"辉道"（hujdoo）方言，亦称辉河方言，简称为辉方言。使用这一方言的人口在鄂温克人里最多，约占总人口的90%。该方言区的鄂温克人主要居住在内蒙古呼伦贝尔鄂温克旗、莫力达瓦旗、鄂伦春旗、阿荣旗、扎兰屯市，以及黑龙江省的讷河县、嫩江县、齐齐哈尔等地。再者，在新疆的伊犁等地也有一小部分鄂温克族使用该方言。该方言区的人在历史上被称为"索伦人"或"索伦鄂温克人"，其中一部分也叫"红苦鲁人"或"红苦鲁鄂温克人""栖林鄂温克人""特哥鄂温克人"等。

第二方言叫"莫日格勒河鄂温克语"（mergel），或叫鄂温克语莫日格勒河方言，简称为莫方言。该方言的使用人口不多，约占鄂温克族总人口的8.5%。主要居住在内蒙古呼伦贝尔陈巴尔虎旗，以及鄂温克旗锡尼河东苏木和孟根苏木等地。因为，他们中的绝大多数人生活在莫日格勒河一带，由此把他们使用的语言叫鄂温克语莫日格勒河方言。莫日格勒河的"莫日格勒"（mergel）一词是鄂温克语，主要表示"弯弯曲曲的"意思，那么"莫日格勒河"的含义自然是"弯弯曲曲的河"了。莫日格勒河确实如此，人们说该河流有999处大小弯曲。历史上，鄂温克语莫日格勒河方言被他称为"通古斯语"或"通古斯鄂温克语"等。

第三方言叫"敖鲁古雅河鄂温克语"（olguya），或叫鄂温克语敖鲁古雅河方言，简称为敖方言。该方言的使用人口占人口的1.5%，他们几乎都居住在内蒙古根河市敖鲁古雅鄂温克民族乡。这里所说的"敖鲁古雅"（olguya）是指河名，在鄂温克语里"敖鲁古雅"（olguya）一般都指"翻腾而下的激流河"或指"激流河"。生活在敖鲁古雅河流域的鄂温克人就叫敖鲁古雅鄂温克人,他们使用的鄂温克语也就称作鄂温克语敖鲁古雅方言。这部分人口很少的鄂温克人在历史上被他称为"雅库特人"或"雅库特鄂温克人"等。

我们调研中还发现,鄂温克语三大方言之间存在一定差别。首先是,语音方面的差别,这是最为显著的差别之一。与此同时,在语法结构和形态变化方面也有一些差别。词语方面的差别主要表现在,第一方言区里有关农业、林业、牧业方面的词语比较丰富;第二方言区内关于牧业、林业的词语十分发达,与农业相关的词语不太多;第三方言区内,更多的是牧养驯鹿业、猎业和林业词语。比较而言,第一方言区和第二方言区之间的差别比较小,这两个方言区的鄂温克人可以用彼此熟悉的方言进行交流。不过,有时也遇到一些难懂的词语,这种情况下他们往往借助蒙古语解除谈话中的语言障碍。因为,第一方言区和第二方言区的鄂温克人绝大多数与蒙古人杂居,且共同生活的历史十分悠久,在他们相互接触的岁月中,鄂温克人自然而然地掌握了蒙古语,蒙古语也成了他们的第二交流工具。然而,第一方言区内的莫力达瓦旗、阿荣旗、扎兰屯市等地的鄂温克人基本都通晓达斡尔语和汉语,很少有人懂或掌握蒙古语。另外,鄂伦春旗境内的鄂温克人不怎么会蒙古语,他们除了使用母语之外,还可以用鄂伦春语、达斡尔语进行交流。所以,第一方言区的鄂温克人与第二方言区的鄂温克人之间的交谈遇到障碍时,只能请兼通达斡尔语、汉语及蒙古语的鄂温克人解决语言交流中遇到的问题。第一方言区和第二方言区的鄂温克人与第三方言区的鄂温克人进行交流时,由于彼此方言差别较大,常常出现难以沟通的情况,有时候很难用各自熟悉的鄂温克语对话。第三方言区的鄂温克人除了母语之外,大多数人只懂得汉语或俄语,很少有人懂蒙古语、达斡尔语等。在这种情况下,他们只能用汉语来解除交流中的语言障碍。有时,他们之间的谈话会全部使用汉语,尤其是在青少年当中,这种现象十分普遍。

调研资料表明,鄂温克族是一个善于适应不同生活环境的民族。在他们的生命哲学和生存理念中认为,人的主观愿望再好也很难改变自然规律,人只是本能地遵循自然界万物生存和发展的必然规律,在充分发挥自身的优势和聪明才智的前提下主宰命运。鄂温克族对外来语的认知态度也是如此，他们把所有的语言视作交流的工具和手段，多掌握一种语言就会多得到一个生存空间，多一条生存和发展的途径，多一个抒发感情和思想交流的手段。所以，他们常常积极、主动、愉快而自然地接触并学习外来语言。结果，在鄂温克人中，懂得三种以上语言的人比比皆是，甚至能够用六种语言进行熟练交流的人也有不少。许多鄂温克人，都是从小不知不觉地学会了母语之外的好多种语言，而且他们对所掌握的语言都很熟悉，日常生活中使用得很也流利。例如，内蒙古呼伦贝而的扎兰屯市、阿荣旗、莫力达瓦旗、鄂温克族旗及黑龙江省的讷河县、嫩江县等地的鄂温克人，除了懂本民族语外，几乎都懂达斡尔语和汉语，也有一些人懂蒙古语。他们中的老年人在自己家中用母语交流，偶尔也使用达斡尔语、汉语、蒙古语等，青少年中掌握达斡尔语或汉语的现象比较突出。

内蒙古鄂温克旗伊敏、南辉、北辉、锡尼河东、孟根楚鲁等苏木的鄂温克人，以及陈巴尔虎旗的鄂温克人等除了熟悉母语之外，几乎都懂蒙古语和汉语。当然，这些地区的鄂温克人中，也有一些不懂汉语的老年人，中年以下的鄂温克人均通汉语，特别是陈巴尔虎旗和鄂温克旗内远离城镇而在牧区深处生活的老年人，虽然熟练掌握蒙古语，但是懂汉语的人不是太多，这些地区的青少年虽然也都懂得本民族语、蒙古语，但他们之间使用蒙古语交谈的机会要多一些。另外，参加工作的鄂温克青少年汉语程度还是比较高，他们同汉族接触时经常用汉语交流，不过有时也会遇到语言障碍。

由于鄂温克语没有文字，鄂温克族儿童到了入学年龄，家长们可以自愿选择把孩子送到用汉语授课或蒙古语授课的学校，通过汉语文或蒙古语文学习掌握文化知识。我们还发现，在内蒙古鄂温克旗及陈巴尔虎旗等纯牧业区生活的鄂温克族适龄儿童，似乎都愿意到用蒙古语文授课的小学或中学读书。他们在学校里也习惯使用蒙古语，当然他们之间也有使用母语的时候。这两个地区的鄂温克族适龄儿童中，读汉文学校的人要比读蒙文学校的人数少得多。再者，调研资料表明，读汉文的绝大多数是城镇或农区的鄂温克族子女。例如，黑龙江省讷河县、嫩江县以及内蒙古鄂伦春旗、莫力达瓦旗、根河市、阿荣旗、扎兰屯等地农区或林区的鄂温克族孩子基本都上汉文学校，读蒙古文学校的几乎没有。这些地区的鄂温克干部也都懂汉语汉文，他们在工作中大都使用汉语汉文，有时也使用达斡尔语。他们使用母语的概率很低，使用母语的机会或环境也相当有限，因此母语的使用退化得很厉害。其中，绝大多数鄂温克人，同时掌握着达斡尔语、汉语等，进而在不同的语言环境里使用不同民族语。

他们说，随着我国鄂温克族地区科学技术的迅猛发展，以及以汉语汉文为主的媒体通讯不断普及，加上鄂温克人求知欲的日益增强以及自身文化素质的不断提高，古老的鄂温克语遇到无情冲击。尤其是那些还未成年的鄂温克儿童，为了求得现代文明社会的书本知识，为了能够求得将来自我生存的理想途径，全心地投入其他民族的语言文字的学习中。从而，不断被其他民族语同化。在这一客观存在的现实面前，值得我们深思的是如何让孩子们用其他民族语言文字更好地掌握文化知识的同时，不要失去用母语交流的能力。

众所周知，任何民族都十分珍惜和爱护自己的语言。对于一个民族来讲，语言是非常重要的组成部分。每一个民族都有发展和使用自己语言的自由和权利，自从人类社会诞生以来，世界上不知产生过多少民族，不知产生过多少种民族语言，但到今天有的民族以及民族语言已被完全同化或消失，甚至那些在人类历史上产生过很大影响、对人类文明的发展和进步发挥过很大作用的民族语言也默默消失了。与此相反，有的民族语则从其他民族语中不断地吸取最有生命力、最有活力、最有时代意义的成分，不断发展和丰富自己，使这些语言越来越强大、越来越完美。例如，汉语就是如此，在自身的发展过程中，不断从其他民族语中汲取营养，从而不断增强自身的活力，成为我国生命力最强的语言。以英语来说也是如此，英语里有大量来自法语、德语、意大利语等语言中的借词，这些借词使英语变得更加活跃而强盛。日本语也不断从汉语、朝鲜语、英语借用新鲜术语，从而不断丰富和发展自己。我们应清楚地认识到，在今天一些没有文字、使用人口较少的民族语言，也就是像鄂温克族、鄂伦春族等语言等已成为弱势语言，有的已处于濒危而走向完全被强势语言同化的境地，甚至有完全消失的危险。然而，那些有文字、使用人口多的强势语言日益走向繁荣发展，从而进入强盛发展的理想时期。对此，鄂温克人说，我们的祖先把母语给了自己的后代，这的确是让人感到自豪和骄傲的事情，鄂温克语是我们祖先在漫长的社会生活实践中用共同的智慧在劳动中创造出来的宝贵民族财富，它的语音系统是那样的自然和谐，语汇内涵是那样的丰富完美，语法规则是那样的严谨精炼。

他们告诉我们，鄂温克语里包含着鄂温克人诞生以来所接触的所有物质世界和被他们创造出来的全部精神文明，它是鄂温克人智慧的结晶、知识的宝库，也是人类文化财富的一个组成部分。多少年来，鄂温克人的祖先们把他们这一精心创造的文化财富与精神产物完整地传授给后代。然而，谁又能说清楚，在漫长的历史长河中，他们的祖先究竟遭遇过多少灾难与死亡，经历多少坎坷和艰险？今天人们接触的鄂温克语是那样和谐悦耳、富于想象、充满快乐与幸福，包含着来自自然界的深刻哲理，表现着对美好生活的无限憧憬，以及不屈不挠地追求未来的信念。他们说，鄂温克人就是用这种纯朴美好的语言，教育了一代又一代人、培育了一个又一个具有崇高情操和品德及远大理想的人。严肃地讲，鄂温克语孕育出一个幽默、文明、智慧、理性而具有创造力的民族。

在科学技术突飞猛进、人类文明走向全球化的今天，鄂温克人面临着从未遇到过的难题与挑战。他们在国家各有关部门的有力支持和帮助下，用最大的努力去抢救和保护已濒危状态的语言，同时必须要认真思考和回答自己是和语言一同消失，还是用另一种态度将生活延续下去，开创新的生活？不过，历来尊重事物发展必然规律、尊重客观事实的鄂温克人，默默地承受着来自内心深处的伤感。他们为了使孩子们更好、更快、更多地掌握新时代的科学技术，为了让子孙后代在日益激烈竞争的社会空间中求得生存、求得更理想的生活，为了让鄂温克人在人类进步和发展中做出更大贡献，让孩子们使用其他民族的语言文字去学习文化知识与科学技术，并希望孩子尽快掌握和利用现代化工具，进行伟大的创造和发明，从而使鄂温克人的文明变得更加灿烂辉煌。我想会有更多人记住鄂温克人的无私和博爱、聪明和智慧、勇敢和无畏。与此同时，鄂温克人用最大的努力发展和充实本民族的语言，使本民族的语言仍像过去一样，为人类的文明发展史做出应有的贡献。作为一个从事人口较少民族濒危语言文化研究者，我们坚定地相信，鄂温克语同以往一样，能够为人类的进步、为社会的发展，发挥自身的价值和作用。同时，我们忠诚地祈祷鄂温克语在我们中间流传得更久更长。

第三节　鄂温克语与信仰的关系

我们充分地认识到，鄂温克族虽然只有语言没有文字，而语言直到今天还被十分完整地保留和使用，并一直作为鄂温克族的日常交流语言。然而，在不同时代由于接触过不同民族语言文字，并受到不同程度的影响，鄂温克语里借入了来自不同民族语的一定数量的词语。例如，在清代，鄂温克族里有不少人学过满文，在民国时期有一部分人学了日文，也有一小部分人学过汉文和蒙古文。中华人民共和国成立直到 20 世纪 60 年代中期，牧区鄂温克人几乎都学了蒙古文，而林区和农区的鄂温克人学的都是汉文。不过，从 70 年代开始，连牧区的鄂温克人也有读汉文的学生了，上汉语文学校的鄂温克族学生人数逐年增多。所以，在清代，鄂温克语里借入少满语词汇；在清代后期至 20 世纪 80 年代期间，鄂温克语中借入相当数量的蒙古语畜牧业词语；从 20 世纪 50 年代到今天，鄂温克语里借人了十分可观的汉语新词术语。

我国改革开放的 30 年，我国在科学技术方面取得的辉煌成果惠及所有人民，家电、电器、汽车、高速路给人民的生活带来了诸多方便以及无穷无尽的快乐与幸福。借助无处不在、无孔不入的现代化设备、工具、产品，汉语汉文不断扩大流通领域、拓展服务渠道、强化传播功能。在这一切面前，人口较少民族语言的使用力度不断减弱，使用范围不断缩小，使用人口急剧下降。尽管如此，鄂温克人强调指出，他们虽然在不同时代使用过不同民族文，接触过不同民族语，他们还是十分完整地保存了母语。因为，在他们看来，本民族语同他们走过的漫长历史，同他们生存繁衍的巍峨山峦、奔腾的江河、茂密的森林、辽阔的草原、富饶美丽的黑土地，同与他们相依为命林业、猎业、畜牧业、农业，以及给他们提供丰厚生存条件的大自然和大自然中的所有生命均有密不可分的关系。在他们认为，美丽富饶的大自然养育了鄂温克人，赋予了鄂温克语。所以，他们热爱大自然，热爱自己的民族，热爱自己的民族语。他们不希望离开养育他们的大自然，也不想看到养育他们的大自然被破坏、污染和毁灭。他们也不希望离开给予他们无穷无尽的智慧、思想、信念与信仰，给予他们极其丰富的想象力和创造力，以及快乐与幸福的母语。

鄂温克人自古以来十分虔诚地崇拜大自然，他们认为大自然是人类的母亲，是大自然创造了人类，人类是大自然的宠儿。他们坚定地认为，人类自身的力量无法与大自然抗衡。也就是说，大自然的能量远远超出了人类所具有的力量。所以，人类自身无法真正能够征服大自然，人类只能顺应自然的规律去安排自己的生活和生产。人应该适应千变万化的自然环境，并主动而积极地与大自然合作和配合，爱护自然界的所有生灵及其所有生命规律的前提下才能求得生存。当然，鄂温克人从感性的视角开始认识大千世界的时候，对许多变幻莫测的自然现象产生过极强的神秘感。那时的人类还无法对雷鸣、闪电、风暴、雷击、山火、彩虹、山洪、地震等自然灾害进行科学解释。他们从自然信仰的角度认为，十分神奇而可怕的自然灾害，都是由于人类在某一方面违背了自然规律，破坏自然结构、污染自然环境而带来的灾祸。也就是说，那些不尊重自然规律和生命的人们，做了伤害自然和自然界生命的事情，所以大自然以自己的方式无情地报复人类。这也是鄂温克族的"万物有灵论"自然信仰产生的历史背景和思想基础。

鄂温克人的信仰认为，世上的万物都有灵性，人不能随心所欲地伤害任何有灵性的生命，如果人不顾及一切伤害任何有灵性的生命，就会得到大自然应有的报应和惩罚。同时，他们还认为，大自然在创造人类之时，也创造了世间万物。所以，人类和世间万物都是大自然的孩子，谁也不许彼此伤害，在他们的自然信仰世界里是平等的生命。不过，人为了求得必要的生存，从世间万物以及自然界中索取食物或其他生活必需品时，必须要用虔诚的祈祷得到自然界万物有灵之神的同意，然后才能从自然界中取用食物或生命所需的物质产品。否则，这些有灵性的自然界万物受到伤害时，就会到天神或其他诸神那里告状，结果被惹怒的天神或其他诸神，就会严惩那些破坏自然或伤害生命的人。在鄂温克人的信仰世界里，无论是人类自己，还是任何有生命的动植物，都各自有自己崇拜的神，且担负着保护和管理某一灵性物种的重任。只有该灵性物种世界之神，才能和鄂温克人信仰代言者萨满对话，并通过萨满与人类进行信仰世界的交流。与此同时，萨满也用自己特有的信仰仪式，把人类的意愿、期盼、要求传递给神灵。比如说，山神是山林灵性物种世界之神，同样也是山林灵性物种的保护神，人类要想从山林中获取食物或物质生活用品，首先要通过萨满或用其他方式向山林之神虔诚地表达自己的意愿或祈求，在此基础上才能获得食物或生活资料。

根据调研资料，在鄂温克族的自然信仰世界里，萨满是人、神、鬼之间的沟通者，他是上通神意，下明鬼谋的神通广大的使者。因此，在过去，鄂温克人无论遇到什么麻烦、灾难，都要请萨满来帮忙。例如，家里有病患者、家里出了事、有家庭矛盾等时，都要请萨满来处理和解决这些问题。萨满在阴扬顿挫、铿锵有力、柔中有刚的萨满乐曲和萨满鼓声中，用富有哲理的深刻语言刺激人们的大脑和神经系统，从而达到精神治疗的目的。患者躺在病床上长时间地听到萨满乐曲、萨满鼓声、萨满身上佩戴的各种金属与石骨的碰撞声、萨满的祷告、祈福、安慰、鼓励时，就会感到很舒服，甚至受到极大刺激，进而忘掉病痛折磨。有的人得到来自生命深处的呼唤和力量，会勇敢地同病魔做斗争，吃萨满配置的各种草药，积极配合萨满的各种治疗，最后从病魔的折磨中摆脱出来。还例如，家里闹矛盾的人，也经过萨满的说唱教育和好如初；那些犯过错误的人们也请萨满来，渴望把他们从邪念、罪恶中解救出来，并祈求萨满代表他们向祖先神或其他神灵请罪，求得宽恕。

鄂温克人认为，萨满上通神意，下明鬼谋、神通广大、神医高超、能力非凡、助人为乐、通情达理、求得安宁和幸福的象征。尤其是萨满有神奇功效的精神治疗法，以及草药治疗法和骨针点血治疗法等使患者十分崇拜。另外，萨满每次进行驱邪招魂、驱病招灵的活动时，要完成用舌头舔烧红的铁器，赤脚踏过燃烧的火灰，用刀割破舌头而吐出鲜血，几天几夜不吃不喝地跳神等神秘而奇特的规定动作。以此表现生命本该有的强大功能、力量和能源，鼓励人们向生命的极限挑战，勇敢面对一切困苦和灾难，战胜一切肉体和精神的折磨与痛苦，用勇气和胆略去创造生命奇迹与新的辉煌。所有这些，使鄂温克族对万物有灵的自然信仰世界，以及万事皆通的萨满充满了无限的仰慕和崇拜之心。他们无可怀疑地认为，萨满已超越了凡人，是用特殊材料组成的特殊的生命，是人类的代言人，是天神造就的代表人类同天神等神灵进行交流的使者。

鄂温克族的萨满信仰是在万物有灵论的基础上产生，就像前文所说，万物有灵论是讲求所有的生命，包括一切动物或植物都有灵性和灵魂，所以要尊重一切有灵性，有灵魂的生命，人类才能获得理想幸福的生活。在他们万物有灵论的自然信仰，也就是人们所说的萨满信仰世界里，信仰和崇拜一切有灵性而灵魂的生命，其中就包括以自然崇拜、植物崇拜、动物崇拜、祖先崇拜为核心的，诸如天神、太阳神、雷神、风神、雨神、山神、河神、林神、火神、树神、草神、动物神、熊神、狼神、牲畜神、奥蔑神（小孩神）、玛鲁神（祖先神）崇拜等。除此之外，还有诸如对土地、月亮、北斗星、启明星、银河、闪电、彩虹、山林、火山、马、牛、驯鹿、鹰、天鹅等的崇拜和崇拜仪式。每个神和崇拜物都有其特定的象征物及祭祀仪式。

在鄂温克人万物有灵论的信仰世界里，对这些神灵和崇拜物的产生和来历均有特殊的解释和说法。但从宏观上讲，每个神和崇拜物的产生都与人们曾经面临的某一特殊经历或重大事件有关。在鄂温克人的生存哲学和信仰世界里，万物有灵论占据着相当重要的地位。他们认为，人们面临的任何一场大灾难都与人自身没有按照自然规律办事，破坏了自然界万物生存的必然原理，从而给自然界有灵性、有灵魂的生命带来了致命的损害有关。在这种情况下，人们只能虔诚地祈求有灵性，有灵魂之神的宽恕，给予人们一次悔过、改正的机会。在此信仰基础上，他们还坚定地认为，自然界的任何一个生命，包括动物或植物都不能随心所欲地猎杀、破坏、毁灭。出于生活和生命的需要，从自然界中索取任何食物或生活必需品的时候，必须求得天神或相关神灵的许可，否则就会遇到许多意想不到的灾难。例如，他们到山上打猎时，就会去祈求山林百兽之神“白那查”，祈求它给予人们所需的猎物和食物；在干旱季节就祈求雨神、天神；当牲畜受灾时去求牲畜神“吉雅奇”等。另外，鄂温克人每次用餐时，还要虔诚地感谢上天之神给了食物。我们还发现，鄂温克人在萨满信仰的祭祀活动中，都要使用各种名贵兽肉、牲畜肉、奶食品、面食品及烟酒等。

鄂温克人的信仰是一种自然信仰，这种信仰的代言人就是萨满，因此人们习惯把鄂温克族的信仰说成萨满信仰。萨满信仰虽然不像其他宗教信仰那样著有经书，但却有着约定俗成的传教规则、信仰词语、表述形式以及信仰曲调。萨满信仰虽然没有像其他宗教信仰那样的教堂和礼拜日，但有以敖包等信仰活动场所，并有以正月初三、四月十五等为纽带的一系列信仰活动日。同时，在萨满的产生、萨满的数量、新旧萨满的传承、萨满葬礼等方面均有特定的教义、戒律和祭祀制度。根据调研资料，鄂温克人的每个姓氏家族都有自己的萨满。鄂温克人的萨满中有女性，也有男性，相比之下，早期女萨满比男萨满多一些，到后来男萨满比女萨满多。他们说，萨满有着和平常人一样的生活，他们可以结婚并生儿育女，他们不进行信仰活动和仪式时同样参加日常生产活动。另外，老萨满去世以后，要在三年时间内，从老萨满的儿女或直系亲属中选出一人当新萨满。不过，如果从老萨满的儿女或直系亲属中找不出合适人选，也可以从与老萨满没有血缘关系的人中选新萨满。

我们通过实地调研，深刻地认识到萨满信仰作为自然信仰的产物，有其独特的精神内涵和信条戒律，有其存在的特定社会意义和精神生活价值。我们在想，在任何一个特定历史时期或社会发展阶段，任何民族、族群或个人都有过或者说有着特定的精神依靠，或起源于物质世界又超越于物质本身的、具有神奇色彩和神秘内涵的、不为生命本身所制约的、能深刻影响人的心理、思想、意识、道德、素养的精神体。这种精神依靠，或者说精神体会逐步升华为一种信仰。

以万物有灵论为核心的萨满信仰世界，作为鄂温克族远古的自然信仰，曾经无数次地将信仰者从痛苦中拯救出来，给那些身处困境或遇到磨难的人带来过精神快乐与幸福，并在维系鄂温克人社会组织的稳定，以及日常生活的安宁方面发挥过极其重要的作用。在他们看来，萨满不仅是人走出精神误区、获得精神解放、求得精神安宁的向导，同时也是治病救人的神医、和解社会矛盾的神人。他们说，在早期，鄂温克人患了病都请萨满来诊断，同时萨满还用植物做药材给患者治病，还要通过跳神和边说边唱等信仰形式告诉患者的病因、注意事项、治愈方法等。或许正因如此，鄂温克族十分崇拜和敬重萨满。

明末清初，鄂温克人的萨满信仰走向兴盛时期，尤其在清代中期鄂温克人的萨满信仰进入了鼎盛阶段。不过，到民国后期，由于战乱和社会动乱，萨满信仰受到很大影响，鄂温克萨满人数急剧下降。尤其是在"文革期间"，鄂温克人的萨满信仰濒临消亡。到1979年全国范围内幸存下来的鄂温克萨满不到十人。这些年老体弱的萨满指出，经过"文革期间"的批判，他们再也找不回过去的感觉，也很少参与信仰活动或主持信仰仪式。

鄂温克族最早的崇拜物是太阳。鄂温克语里叫太阳为 shiwung（"喜翁"）。由于受太阳崇拜的影响，他们把所有的光都视作太阳的神灵。因此，鄂温克人把太阳和自然界中的所有光都称作"喜翁"。其实，鄂温克语早就有了表示光之意的 ining（"伊宁"）一词。然而，当时把太阳作为崇拜对象的鄂温克人很少用"伊宁"表示光或光线。后来，随着太阳崇拜的演化，用"伊宁"指光或光线的现象才多了起来。对此他们解释说，鄂温克人早年都生活在冰雪覆盖的北极、西伯利亚以及我国东北严寒地区，这些地方历来冬长夏短，一年中很多时间生活在严寒之中，加上冬天夜长昼短，因此对他们来说太阳变得十分珍贵，有太阳的日子是他们最幸福和快乐的时光。特别是每年的冬至，白天变得很短黑夜变得很长，在那漫长而严寒的黑夜里他们祈求着太阳来到身边，驱走残酷无情的寒冷，为他们带来阳光、温暖、快乐与幸福。

在这一特定历史条件和社会背景以及精神世界里，自然而然地产生了鄂温克人对于太阳的崇拜。他们还说，就在冬至到来的那些严寒、漫长、艰难、痛苦的黑夜，因为没有充分准备食物和燃料等生活必需品，常常会出现饿死人、冻死人的事情。就在这些艰难的日子里，一些善良的老人赶着驯鹿雪橇给那些生活极其困难或没有劳动力的家庭送去食物或燃料，让他们能够平安地度过冬至及冬至前后寒冷、漫长的黑夜。在他们看来，现在西方人过的圣诞节和圣诞老人，事实上就是他们早年生活的一个缩影。甚至他们认为，西方人的圣诞节与他们这一远古文明有关。不论怎么说，寒冷的生活环境和自然条件，使他们对太阳的感受最深，对温暖阳光的企盼最强，进而他们对太阳有了最为虔诚的崇拜。伴随人类历史的进程，鄂温克人的信仰世界也发生了很大变化。萨满把人们向神灵表述的心愿、企盼、祈求、渴望变为现实。

不过，鄂温克人的信仰在不同历史时期，也受到过不同宗教信仰的干扰和影响。譬如说，所谓的索伦鄂温克人，在清代末年受到过佛教的强烈影响，使他们出现了不少同时信仰萨满和佛教的双重信仰者。尽管他们在精神世界的深处有萨满信仰，但迫于当时社会环境和佛教势力的影响，不少索伦鄂温克人信了佛教，并且有人做了喇嘛。对此他们解释说，许多鄂温克族喇嘛是名义上的，他们在寺庙里修行或参加佛教活动的机会非常有限，因为佛教人士也明白鄂温克人在心里根本不信佛教，是在清朝政府的强迫下接受了佛教。

雅库特鄂温克人也迫于俄罗斯宗教势力的影响，曾经在信仰萨满的同时，接受并信奉过东正教。在雅库特鄂温克人看来，萨满信仰和东正教并不十分矛盾，东正教里所说的："世间万物都是有灵性，而有灵性的万物与天主有着神秘关系。而人类从始祖起就开始杀生，毁灭自然物，触犯了天主的意愿，并在罪恶的世界里度过苦难人生。这时只有信了上帝以及上帝之子耶稣基督，才能逃离罪恶获得光明。"因此，他们认为有萨满信仰的人同时可以有东正教信仰，这似乎是合乎情理的事。但相比之下，他们还是把萨满信仰看得比东正教信仰重要。据说，他们当时有这么一种说法："萨满是本民族的，而东正教是其他民族的。"所以，他们搞任何重要活动或仪式时，都要让萨满来主持。例如，举行葬礼时，先让萨满跳神，然后根据东正教的礼仪在死者的墓地插上木制的十字架。

通古斯鄂温克人，曾经受过佛教和东正教双重影响。也就是说，在当时的通古斯鄂温克人中出现了不少信仰佛教和东正教的人，有的人还同时接受了这三种宗教信仰。然而，他们还是同样把萨满信仰视作最为重要的精神活动。总而言之，其他宗教信仰在不同历史时期不同程度地影响过鄂温克人的信仰世界，然而在鄂温克人的精神生活中并没有起到太大的作用。曾经当过喇嘛的一位鄂温克老人坦诚地告诉我们："我当了那么多年的喇嘛，但心里一直信萨满，这一点没有产生过任何的动摇和变化。再说，在我看来，喇嘛教的许多说法似乎跟萨满信仰有关。"由此可见，在过去的岁月里，鄂温克人是那样虔诚而执着地信仰萨满。尽管他们曾经受到过其他宗教信仰的影响，但仍坚守萨满信仰。

鄂温克人崇拜大自然。在他们看来，是富有、博大而无私的大自然养育了他们，并给予他们丰富的情感、美好的生活、创造未来的智慧与力量。所以，鄂温克老人常常对子孙们说："人类必须尊重大自然，要和大自然和睦相处，千万不能随心所欲地毁坏大自然，否则人类难以生存和繁衍。"或许正是这一缘故，鄂温克人无论男女老少都十分自觉地爱护自然界的一山一水、一草一木，他们从不为满足个人贪欲，毁灭性地掠夺大自然或自然界的任何物质。不论是谁，若是走进森林或草原，来到鄂温克人居住的村落就会见到这样一个场面，在鄂温克人居住地房门前往往堆着只够烧十天半个月的木柴，而这些木柴都是森林中自然淘汰的枯木。这或许会使初来乍到的客人误认为鄂温克人不善于劳动，生活没有长远的计划和打算，不懂得储存和积累生活物质。然而，当你真诚地与他们交流，就会惊奇地发现自己的想法缺少了什么，进而感到鄂温克人是何等的理性而文明。或许，你会从中感悟人类早期文明孕育的美德。当和他们谈到门前的柴火时，鄂温克人认为这是一个十分重要的话题，是关系子孙万代的事情。对此，他们这样陈述自己的想法：

　　我们热爱大自然，大自然实在太富有了，它用博大的爱和无私的奉献默默地养育一代又一代的人。人类变得更加贪婪，更残酷地毁灭着大自然。我们生活的世界曾经是那样的富饶美好和安宁。无论是南方还是北方，无论是森林还是平原，到处是花草、树木，到处是飞禽走兽。那个时候，几乎没有暴力和战争。不论是人与人之间，还是人与自然之间都是那样的友好、和睦、和谐地相处。后来，人们学会了占有，占有又孕育了占有欲，占有欲从一草一木发展到一山一水，甚至把一切高山、河流、飞禽走兽都想变成自己的个人财产。就这样，人们为了满足日益膨胀的欲望，开始了永无休止的争斗与战争，人们在争夺大自然的时候，给自然界带来了无可弥补的创伤和破坏。他们似乎忘记了毁灭大自然实际上就是毁灭人类自己，战争给人类留下的是一个伤痕累累的自然环境，给后人留下了无尽的贫困与灾难。甚至，一些地区的自然环境已丧失养育人类的功能，出现大批失去家园的难民，他们到处流浪，寻找容纳和养活他们的家园。就拿我们兴安岭来说，现在野生动物越来越少，许多珍奇动物濒临灭绝，森林面积一天比一天小，人们不仅砍伐大树，连小树和树根都不留下。过去，生活在兴安岭的人们，总是捡来自然淘汰的树木当柴烧。现在的人们，就是烧火也挑好木柴，他们砍完了大树去砍小树，砍完了小树去砍树根。如果放在我们身上，为了烧火死活也不去砍活生生的树木。我们也没有储备烧柴的习惯，只是为了预防万一，在门口弄些可以烧四五天的破木柴。这些破木柴平时还不用，平时烧火用的柴火都是当天从林子里拉来的破旧树木，遇到风雪天才使用门口的那些破木柴。储备十天半个月的柴火，那是后来的事情。不过，我们是绝不会将活着的绿树砍下来做烧柴的，更不会像有些人那样把活生生的树木劈成木柴，在院子外垒起又高又长的围墙。我们真无法理解，他们为什么会如此贪婪，竟然让那活生生的绿树变成几年、十几年也烧不完的柴火围墙。如果是为了以后生活方便，或者为将来孩子们生活方便的话，我们认为根本不值得这样做，与其给孩子留下一堆日益腐蚀的烧柴，不如给子孙后代留下一片充满活力绿色连天的森林。就是说，为了今后的生活，也应该保护绿色森林，把那些更好更有生命力的林木留给子孙后代，让绿色永远不要从我们身边消失，永远为我们后代造福，让人类永远拥有一个绿色幸福的家园。

他们的述说，不论谁听了都会感到鄂温克人来自大自然、回归大自然的、与人类生存的永恒理念相一致的、富有理性与远见的生存观念。鄂温克人不只是这么想这么说，也是坚定地这样做的。不论他们生活在森林还是草原，他们总是像爱护自己的眼睛一样，爱护使人陶醉的大自然。他们常说，美丽而富饶的自然环境，才会陶冶和培育出崇高的思想品德和美好的理想。因此，他们从不因个人欲望去破坏自然环境及生态平衡，也从不到处乱扔垃圾和废弃物。过去，不仅自己这样做，看到别人在林子或草原上乱扔的垃圾，他们就会把垃圾捡回来埋入坑里。在他们看来，到处乱扔垃圾，不仅给环境造成污染，而且还会给牲畜和野生动物带来灾难和痛苦。例如，牲畜或野生动物踩上碎玻璃，吃了废塑料或其他工业垃圾，就会受到伤害，甚至死亡。就在这样一些细小问题上，鄂温克人也同自然界的万事万物相联系思考。

就如前文所交代，鄂温克人在搭建游牧包或"仙人柱"时，首先想到的也是不破坏自然环境。他们在一个住处只住十天半个月，然后就迁徙到新居点。他们认为，如果在一个地方住的时间太长，就会损害周边的自然环境和生态。再说，到了防火季节，他们从不带火出门，遇到防火期的刮风天就会自觉停火做饭，靠事先准备的干粮度日，一直坚持到大风停下来才点火做饭。尤其可敬的是，那些吸烟的人们，在防火季节从不在草原或山林里吸烟，来烟瘾了就会在嘴里含特制的口含烟抑制吸烟的欲望。他们说，口含烟是鄂温克人在早期发明的一种"防火"烟。具体一点说，口含烟是将晒干的烟叶搓成碎末，然后把烧好的木灰粉按1/3的比例掺入其中，并用浓糖水和白酒拌匀的一种特制烟。在防火期，当吸烟者的烟瘾上来时，他们就会取出一点含在嘴里，等烟瘾过后才吐出来。还有，鄂温克人搬迁时，必须在刚刚烧饭用的火灰上到水，等火灰里的火全部被熄灭之后，把灰堆同生活垃圾全部埋入垃圾坑里才离开。鄂温克从老人到小孩，从小事到大事，时时刻刻想到的就是如何与自然界及其自然界有灵性的万物和谐相处，如何更好更理想地保护自然环境，让子孙后代幸福美满地生活下去的生存法则和基本原理。

在鄂温克人看来，所有这一切都跟万物有灵论的自然信仰，以及作为上天之神和诸多神灵的使者萨满有关。他们虔诚地崇拜和信仰大自然及其自然界的一切有灵性的生命。所以，多少年来，他们一直用信仰保护和维系着自然环境和生态平衡。用鄂温克人的话说，辽阔富饶的呼伦贝尔大草原和兴安岭，就是用他们的信仰保护下来的美丽家园。

附录1 桦树皮制品上雕刻的花纹图案

鄂温克人的桦树皮雕刻艺术集中表现在桦树皮制品上的各种花纹和图案的雕刻上。综观鄂温克人形状各异的桦树皮制品，花纹的样式有驯鹿纹、云卷纹、水波纹、菱形纹等；图案有各种花草、树木、小动物等。这些桦树皮制品上雕刻的花纹、图案有的是本色，有的则涂上红、黄、绿、黑等各种颜色。这些花纹与花草树木、动物等形状的装饰图案结为一体。这不单纯是为了美观与装饰，更重要的是体现了鄂温克人对大自然所产生的神秘感和崇拜感。他们用这种特殊的艺术方式把人们对大自然无比崇拜的信仰雕刻在桦树皮制品上，敬祭大自然的神灵。

鄂温克人的桦树皮雕刻制品的花纹图案中，驯鹿纹装饰在鄂温克人古老的观念中有独特的寓意，他们认为驯鹿纹的形状以鹿角为主体，鹿角是驯鹿的灵魂，他们之所以把鹿角纹雕刻在桦树皮制品上，是他们对驯鹿的神化和崇拜。

另外，在鄂温克人的桦树皮制品上雕刻的植物纹也比较多，这与鄂温克人早期狩猎生活有密切关系。鄂温克人的早期渔猎生活时代，妇女从事的采集业是生活的重要来源之一。她们对大自然中的各种植物有深刻的认识，如有些植物可以食用，有些植物还可以治愈疾病等。她们在桦树皮制品上雕刻上富有浓厚崇拜意蕴的各式各样植物纹，表达内心深处的信仰观念和审美意趣。

桦树皮制品上除了雕有植物纹，还雕刻熊、驯鹿、狍子等动物图形。这些动物图案是鄂温克人对自然界中具有神性和人性这种高度神秘化的动物所产生的崇拜感和神圣感，是他们用艺术形式表达宗教信仰观念的精华。

一　雕刻方法

　　鄂温克人在桦树皮制品上雕刻各种花纹、图案时，采用不同的雕刻方法。有些花纹、图案是他们直接用兽骨制成的针刻画在桦树皮上的；有些是先用纸剪好图案贴在桦树皮上，再用雕刻工具刻压出来的。刻压花纹的工具他们称之为"托克托文"，它是由各种兽骨的骨头制成的，长约 10 厘米，其中一头带齿，带齿的部分有半厘米长。齿的多少根据其用途分为 2 齿、3 齿、4 齿三种。2 齿工具是用来刻压花朵的；3 齿、4 齿工具是用来刻压花边的。在使用"托克托文"雕刻花纹、图案时要用左手拿着"托克托文"中段，把带齿的一头对准花纹、图案的位置，然后，右手用猎刀轻轻地敲一下"托克托文"的头，即压出一个凹纹。这时再经过反复刻压，花纹和图案就呈现出来，花纹、图案刻好以后根据桦树皮制品的特点、使用场合及猎人的宗教信仰观念、审美情趣，有的要涂上红、黄、绿等颜色，有的则保持桦树皮原有的本色，涂上各种颜色的桦树皮制品显得特别华贵、鲜艳，保持原色的桦树皮制品看起来极其典雅、自然。

　　桦树皮制品中，最能体现桦皮雕刻艺术文化的是桦皮箱。桦皮箱有长方形、椭圆形两种，长约 60～70 厘米，宽约 40 厘米，高约 20 厘米。在箱盖和箱的四周均刻压上各种花纹、图案。桦皮箱不同部位上所刻压的花纹、图案及所涂的各种颜色都有独特的宗教观念和寓意，在箱盖的边沿和箱子的四周刻压的云卷形花纹，象征夫妻永远恩爱、团圆；在箱子前面雕刻的驯鹿象征鄂温克人对大自然的崇拜和对美好幸福的追求。桦皮箱上红色的花纹象征着女子之喜；黑色的花纹、图案象征着男子之喜；黄色是配色。如果有的桦皮箱上涂着蓝、白颜色，则意味着这家女主人遭遇了不幸或正在守寡。

　　桦皮箱是鄂温克族人的雕刻艺术文化与宗教思想的集中体现。它不仅是一件生活用品，而且也是一件精美的艺术品，蕴含着朴素的宗教文化色彩和价值。每当鄂温克姑娘出嫁时，女方随身携带一个精致的桦皮箱作为嫁妆，妇女们用它装贵重的首饰、衣物及一生中最珍贵、心爱的物品，并把它作为具有灵性的圣物加以保护和敬奉。

二 宗教与绘画

在鄂温克人生息繁衍的广袤土地上，到处都有茂密的森林、凹凸不平的岩石、峭壁。与大自然相依为命的鄂温克人，在森林中猎取野兽的同时，也在岩石上雕刻下他们的生活画面及对大自然的认识和思考。

三 宗教信仰与岩画内容

在内蒙古自治区呼伦贝尔盟根河市敖鲁古雅狩猎的鄂温克人居住地周围的深山中发现的两处岩画，具有鄂温克族先人古朴的宗教文化风格。这两处岩画一处是"交唠呵道岩画"，一处是"阿娘尼岩画"。对这两幅岩画画面内容，在有关材料中有如下解释：

> 交唠呵道，是鄂温克语，其意为石砬子。交唠呵道岩画，绘在黑龙江上游右支流额穆尔河上源克波河的源头，交唠呵道小河畔的山岩间。岩画绘在岩缝中间的石壁上，作画的石面有2平方米，高度在1～2米之间。画面上绘有马鹿、驼鹿、驯鹿、人和猎犬等图像。这些画是用红色单双线条勾勒而成。画面上有一幅人牵着驯鹿的景象，它生动再现了狩猎鄂温克人早期的生活面貌。除此之外，在交唠呵道岩画中，还画着一个头顶犄角并且拖着一条长尾的动物，即麋鹿，也称"四不像"，是现在狩猎鄂温克人饲养的驯鹿。[1]

这幅画既反映了狩猎鄂温克人早期狩猎生活的风貌，也体现了驯鹿在其宗教生活和精神世界里占有的重要地位。关于第二幅岩画"阿娘尼岩画"在资料中讲道：

> 阿娘尼岩画，坐落在额尔古纳河右支流牛耳河的支流阿娘尼小河的悬崖外。阿娘尼，是鄂温克语，指"画"之意。阿娘尼岩画是分别绘在石崖

---

① 赵振才：《大兴安岭原始森林里的岩画古迹》，《北方文物》1987年第4期。

间的画幅。画面上同样绘着驼鹿、驯鹿、人物、猎犬、围猎场面以及反映远古宗教观念的萨满法器等，在这幅画面上，最精彩的是一幅围猎图。画面所表现的是一群猎人正在围攻一只驼鹿。此外，在画面上还绘有萨满鼓，其形状是椭圆形的，并且在椭圆中加进一个"＋"字形。①

由此可见，"阿娘尼岩画"比"交唠呵道岩画"的画面内容丰富得多，萨满法器萨满鼓的出现，十分具体而直接的呈现了鄂温克人对万物有灵的萨满教的信仰，而且表明萨满教一直伴随着鄂温克人的发展与变化，关系鄂温克人的生产与生活、艺术与饮食等各个文化领域，从而形成了丰富的萨满文化。

这两处雕刻在岩石上的艺术品是鄂温克先民崇尚自然、热爱自然的生活再现，具有鄂温克人独特的宗教观念和审美情趣，备受鄂温克人的尊重和热爱。鄂温克人还赋予这两处岩画神性，"鄂温克人特别崇拜这两处岩画，在过去，他们把这两处岩画当神灵供奉，每当打不到猎物之时，他们都拿着祭物到这里供奉，祈祷神灵赐给他们猎物。有的猎人还把猎枪中的子弹取出来置入岩画下的石缝中，以表示在狩猎时请岩画的神灵保佑猎人弹无虚发"。② 除此之外，鄂温克人猎获到许多猎物时，他们也到此地进行祭祀活动。

总结这两处岩画，主要是以猎人和不同种类的鹿及萨满鼓、猎犬为主题，这是鄂温克族先人在万物有灵观念的驱使下，在岩石上画出内心世界的期盼和愿望，他们企求岩画上的驯鹿神能够给他们带来丰厚的猎物，萨满鼓保证他们狩猎顺利，同时向天神传达他们的要求与祈望。因此说，鄂温克人的岩画是具有宗教色彩的艺术精品。

四　宗教信仰与野兽皮毛画

鄂温克人所处的生态环境和从事的生产方式，决定了他们独特的绘画形式。除了在岩石上绘画以外，他们还在野兽皮毛上作画。不过这种画面

---

① 赵振才：《大兴安岭原始森林里的岩画古迹》，《北方文物》1987 年第 4 期。

② 乌热尔图编《鄂温克风情》，内蒙古人民出版社，1993，第 202 页。

和制作方法十分特殊，其特殊之处在于鄂温克人对野兽毛皮有奇特的理解和认识。在鄂温克人宗教观念中，带毛的野兽皮是野兽灵魂所在，它具有这种野兽的一切能力和神威，因此他们对野兽毛皮画十分敬畏和崇拜。

鄂温克人的野兽皮毛画十分奇特，其中带毛的一面为画面的正面。制作野兽毛皮画时，先祭祀山神，然后将皮毛熟好，在皮面上画上驯鹿、猎人等图案，用剪子剪下来后用野兽的筋做成的线和铁针拼缝在一起。缝好的野兽毛皮画天衣无缝，是鄂温克人崇尚大自然的杰作。他们把野兽毛皮画珍藏在自己家中，作为家里的保护神，希望它保佑家庭幸福、狩猎丰收。

附录2 通古斯族的世界观

——与生活和生命起源相关的自然民族意识

1929～1931 年，俄国的民族学家 A. F. 阿尼西莫夫为执行苏维埃民族教育计划，在叶尼塞河中游右岸的支流，布特克敏那亚·通古斯卡任教，在鄂温克族集中生活的巴依格特（baikit）和通库地区开办过一所学校。据他们讲，"鄂温克"（ewenki）一词是北西伯利亚一带广泛散居的通古斯族的自称，普特克敏那亚·通古斯卡河畔的鄂温克族是最西端的一个民族。掌握其语言的阿尼西莫夫于 1937 年夏再次来到此地，并发表有关鄂温克族的一系列论文，这些论文后来成为研究这一民族的世界观及民俗学不可或缺的、十分珍贵的文献材料。该文以前人研究资料为依据，论文题目涉及的内容为线索，做了一些必要的实地考察，在此基础上做了归纳整理和分析研究。阿尼西莫夫在此学术领域已发表七篇论文，在这里我只是参考了其中的五篇论文。遗憾的是在这里未能利用上他最初的、最具代表性的论文《鄂温克族的氏族社会》（1936）。① 因为，在那篇论文里，较深刻地论述了鄂温克族社会学性质的散居和居住地基本情况，以及移动范围的基本情况。另外，还应该说明的是，我与 E. D. 布罗可菲娃夫人合作的论文《论叶尼塞河右岸的生活方式与观念同属一个民族》中，引用了不少《色里库布族（奥斯哈克·萨莫郁德族）的社会组织问题》等论文的相关资料和观点。

生活在布特克敏那亚·通古斯卡河中游及支流的鄂温克族，主要从事狩猎、捕鱼、放养规模较小的驯鹿群的生产活动。他们以"姓氏家族"为

---

① 阿尼西莫夫把最重要的社会单位用氏族一词来表达。关于这一社会学概念，在此就不多加评论了，这其中有他个人的看法和观点。

单位，划分出猎区和牧养驯鹿的牧场。与此相关，布罗可菲娃夫人对色里库布族的分析中，也谈到过同样的学术问题。

1932 年，有关专家对这条河经过的流域、相接壤的边境、各民族分别占有的土地，包括土地区分条例和原则都做过详细的实地调研和记录。其中说道，自通古斯卡河口至托水河的水源为大雷乌姓、嘴姓、乌鸦姓等姓氏家族的土地，其次是老鹰姓氏家族的领地，再就是乌鸦姓和鹭姓家族的区域，托水河的最上游是熊姓家族占有的地区。各姓氏家族似乎自古以来就在各自的居住区域和狩猎区内从事生产活动，相互尊重、互不侵害、和谐共存。他们共同认可并接受这一社会学特征，表明地域区分中存在的约定俗成的生态学原理。这里提到的不同姓氏家族的狩猎场所、移动迁徙范围，通常以沿河主流居住的姓氏家族所涉及的河流地带为依据进行区分。

具有严格划定的狩猎场所和牧养驯鹿牧场的色里库布和社会组织，往往以森林中的野生动物名称来称呼不同的姓氏家族。比如说，其中就有以"啄木鸟人""杜鹃人""水獭人"等自称家族的姓氏。很有意思的是，每一个姓氏家族都严禁猎杀、嘲弄、贬损作为姓氏家族的野生动物。

同以上提到的内容相关的资料现在虽然还很少，但可以视作西伯利亚森林中与大自然融为一体生活的猎民的一个典型特征。那么，在这些猎民的意识、认知、想象中是如何描绘自己生存的世界的呢？对于自己的存在又是如何理解的呢？

根据鄂温克族的思想观念，姓氏家族生活沿着其家族河延续。在他们的传统意识里坚定地认为："河的中游生活的是他们现实生活中的姓氏家族成员，他们要居住在被划定的狩猎区域；河的下游生活的是他们姓氏家族的先祖，他们仍然保留同等的生存关系和居住权利；河的上游生活的是他们姓氏家族未来的子孙后代，还有'敖米茹库'的魂灵（omiruk）。"

姓氏家族的河流，包含该家族过去、现在、将来生活的全部内容。它不只是关系现实生活的人及人口的数量和寿命，同时也关系曾经生活过的先祖，以及未来在这里生活的子孙后代。这种存在意识，自然而然地构成姓氏家族三种生命、三种生活、三种状态下的生命观，那就是先人、现在人、后来人，以及他们的灵魂。而且，他们都共同生活在这条姓氏家族的生命之河。

　　普特克敏那亚·通古斯卡河畔的每一个鄂温克人都有三个灵魂或分身。其一是"哈念"（hanian），词义为"影魂"；其二是"别烟"（be-jen），意思是"肉体魂"；其三是"玛印"（majin），表示"命运魂"。其中，影魂是在人做梦或脱魂状态时，要离开人的肉体，去山林中猎捕动物，或在没人的空宿营地徘徊。对于梦中的事，人醒来后按照影魂的意志，要在现实生活中具体落实；肉体魂一直在人的肉体中存在，它在人的肉体中才有活力，是人的肉体的另一种表现形式，它是人的肉体和魂相互分离的产物；命运魂不是跟现实中的人生活在一起，而是生活在姓氏家族河的源头，生活在有各种野兽的美丽山林和牧场，以及鱼类丰富的湖水边，从而过着非常富裕的生活。不过，也有过得十分简朴的命运魂。在鄂温克人看来，人们的生活过得好与坏，取决于和他们命运相关的命运魂。有些人在顺心中生活，有些人则在逆境中挣扎，不论生活怎样，总是有一根看不见的生命线将人的命运和命运魂紧紧联结在一起。据鄂温克人说，这也是天上的命运之神指挥命运魂的生命之线。

　　鄂温克族人死后，将死者生前用过的东西作为陪葬品放在他的葬台上，然后把葬台放置在密林中，远离人烟。死者的肉体魂在这葬台上，慢慢分解，一直分解到遗骸只剩下骨头为止。到了这时，家族萨满便举行"阿南"礼仪。萨满在礼仪中，进入恍惚脱魂状态后，将死者的肉体魂放在木排上，经过所谓看守河下游的老太婆们的身旁，来到家族河的河口，葬于没有驯鹿，他们的先祖生活的地方。萨满面对先祖的住地，几乎是喊叫着请求，希望他们接收新来姓氏家族成员。这时一个老太婆，似乎是这个先祖住地的首领，也就是最长老的主宰者曼给（mangi，即熊祖）从自己的房间走出来，远望一下河的下游，随后要派来一位先祖，接收刚刚送来的新成员。当萨满离开先祖居住的河的下游时，先祖住地的首领就让看守灵魂的使者小心翼翼地关闭通往河的中游的通路。这时死者的影魂也就不见了，它获得了新的生存方式，他们将这种新的生存方式叫"奥米"，该词的深层意义是"成魂了""成佛了""成仙了"等。它到达姓氏家族河下游，并在那里永远居住和生活。

　　不久，肉体魂来到先祖们的住地之后，其先祖的住地首领，知道新来的不是完完全全的人，而只是肉体魂没同影魂在一起。于是先祖首领曼给逆姓氏家族河而上，来到河的源头，寻找变换身影成为奥米的影魂。它被曼给捕捉到后，影魂就跟在它后面来到下游先祖们居住的世界。但是，如果影魂在来的途中变成动物或鸟的身形，就会逃出曼给之手返回。影魂会尽量寻找机会离开曼给，飞向活着的族人的住地，并经天幕出烟孔降临到家族人的炉灶中，人眼看不见的影魂从炉灶出来进入主妇的胎内，这时家族的女人才能生出孩子，传宗接代。

人类之魂沿姓氏家族河行进路上见到的东西，有的概念已被宗教学研究。比如说，家族成员的再生观念，源自先族灵魂先行存在，以及人肉体死后灵魂不死的观念。人的一生在姓氏家族河上游常住，人的精神根据本质属性预先决定他的一生。

阿尼西莫夫从鄂温克族灵魂概念的解释中受到很大启发，对此我做些补充说明。也就是说，对肉体魂的个体存在，流传着一种不可变的一次性说法，这就是个体化的人的生命的终结。它伴随肉体生命的死亡而消失，不会再度出现。那么，他的肉体生命就会成为过去，会自然而然地被送到先祖生活的地方。作为家族永恒不变的概念，他再次成为子孙后代中的新生命，从远古传承生命，即再生生命与影魂紧密相连结。哀悼者在心中真诚祈祷家族遗风永存，并处于失去血肉相连的骨肉同胞悲叹中，同时会长期回忆和怀念逝去的同胞。但是经验告诉人们失去亲人的悲伤也会随着时间不断被淡化。这时，曼给就会逆姓氏家族河流而上，想要把死者整个带回先祖的住地。不过，影魂想方设法从曼给那里逃脱出来，向未来人生活的河流飞奔而去，在那里它会转世来到新的土地上生活。

鄂温克族确信生命会轮回反复。进而认为人类的生命同世间万物的生命相同，也就是同密林中看到的生命轮回相同，是姓氏家族生命永世长存的必然原理。更准确地讲，姓氏家族都必须在明确划定的密林河畔生活。在这不可侵犯的特定区域周围，以及划定的生存空间范围内，作为姓氏家族的精神指导者的萨满，从这座山林到那座山林，从这条河到那条河，都要围上叫玛丽亚（marylja）的各种灵魂的防护栅栏，以此保护密林中的动物灵魂，保护空中飞鸟的灵魂，保护水里的鱼类及一切生命的灵魂。所谓栅栏，都在萨满的手心里，由萨满划定、护卫和掌控，是特别确定并被姓氏家族共同认知的世界。正因为如此，栅栏也说是他们心灵深处严格遵守、不可逾越的精神栅栏。

　　每一个姓氏家族的精神栅栏的另一侧是其他姓氏家族世界，而这种精神栅栏往往围绕某一条河流来界定。从这个意义上讲，每一河流几乎属于不同姓氏家族，所以河的名称也要按照归属姓氏家族的名称来命名。不过，也有一些比较长的河流，分属于不同姓氏家族的情况。那么，该河的名称一般都以生活在上游的姓氏家族来命名。作为姓氏家族河流的下游河口均属先民世界，在该地区相邻姓氏家族间为猎区或渔区隶属权经常发生争执，为此相互间经常在这一地区设下各种埋伏，显示彼此的力量、权利、智慧、技能等。无论是谁，进入该地区时都战战兢兢，怕对方设下可怕的埋伏或陷阱。如果双方出现一个姓氏家族对另一姓氏家族进行报复的行为时，萨满就将自己的神灵变为病魔的灵魂送到河下游，经下游来到作对的姓氏家族河流的上游，病魔的灵魂在那里引起疾病、瘟疫、灾害和死亡。那些侵入对方领地的相邻姓氏家族的人们，在河岸、陆地、空闲地带，与姓氏家族的守护者进行搏斗。这时，如果病魔的灵魂能够发挥作用，侵入对方领地的人和驯鹿就会患病，野兽也会跑得无影无踪。不久就要出现人和牲畜的死亡，使姓氏家族陷入恐慌。如果他们的萨满神力很强，能够起到强有力的防御作用，他会用自己的强大神力招降各种神灵。与此同时，萨满指使诸多神灵，重新组织自己的阵营。在姓氏家族河流上游，集结的鸟的神灵，能够在上空阻碍异族之灵的侵入，甚至会飞到河的上游，出现在对方姓氏家族还未出世的灵魂领地，直接威胁对方姓氏家族的存在与延续。在近邻、相邻的姓氏家族的冲突中，萨满被比自己强大的对方萨满的神力征服而死的事经常出现。如果萨满死了，其姓氏家族精神栅栏的守护神们也都会相继死亡，即使个别神灵幸生，也会带着死去萨满之魂转到另一个世界。毫无疑问，该姓氏家族精神栅栏就会自然瓦解。接下来，对方萨满领着诸多神灵，没有任何阻拦地踏入失去萨满的姓氏家族领地，占有那里的一切。失去本家族萨满的人们，会抓紧时间重新选定新萨满。新产生的萨满，为抵抗外来萨满对自己姓氏家族的侵害，要练就更加强大的神力。不过，要经过很长时间的努力才能把自己的神力练就出来。

鄂温克族早期姓氏家族的世界中，人们描述的大部分是从事狩猎生产的场景。在他们的物质生活中就有很强的精神生活内容，其生命行为及精神生活内涵具有强烈的神话色彩，以及与此密切相关的表现形式和意识。在各种信仰仪式中表现得淋漓尽致，甚至狩猎行为也用信仰仪式表现，给人留下很多思考。对此，阿尼西莫夫做过以下记录：

> 以前，鄂温克族在姓氏家族范围内举行叫"新克列温"（Singkelewun）狩猎仪式，意思是说"追逐猎物的仪式"，该仪式也叫狩猎哑剧，从头到尾不发出任何一个声音。哑剧地点选定在姓氏家族的信仰场所，也就是"博格达"（bugada）神灵照耀的岩石或树木旁进行。猎人们把驯鹿或麋鹿毛皮衣毛朝外穿在身上，以此装扮成驯鹿或麋鹿群，并有节奏而活灵活现地跳起动物舞蹈，说是以此将驯鹿或麋鹿群诱惑引入猎区，随后还要做出射中动物的优美动作。另外，还有用小动物木偶相配合，把密林中的狩猎场景用木制和植物模型展现出来，同时展示集体狩猎的场面。萨满也参加该活动，他首先在"博格达"神的神岩或神树旁举行降神仪式，并在脱魂状态下到达博格达神生活的地方。在这里他的神灵会遇到装扮成动物的女主人。萨满看到扮成动物的女主人，以雌麋鹿或雌野生驯鹿的身姿站在兽群之中。萨满见到她，向她乞求所需的猎物，得到动物身姿女主人的允许后，萨满以神鼓为牵引给自己姓氏家族带来可以猎获的动物。据说，有关动物身姿女主人的说法，与爱斯基摩的塞德娜之说基本相同。萨满见到动物身姿的女主人后，趁她不备从她腋下装满各种野兽毛的小皮口袋里拿到几根动物毛，然后撒向自己姓氏家族的狩猎区，结果那些毛立刻就会变成各种动物。

阿尼西莫夫认为，进入脱魂状态的萨满，往往会在姓氏家族举行信仰仪式的"博格达"神的神岩或神树下获得好运，并见到以动物身姿出现的女主人，她就是该姓氏家族崇拜神灵的代言人。反过来说，她是姓氏家族在自我存在价值得到更高层面的认知前提下，被认同或接受的精神活动产物。鄂温克族把"博格达"神视为太阳的使者，认为她是一位很美的女性，同时也视作所有姓氏家族、山林、动物的管家。听说，她经常扮演成大雌麋鹿或雌驯鹿的样子，并被人们称呼为"母亲"（eninte）。对此，鄂温克人在他们的精神生活里解释说，某一个姓氏家族的萨满或女萨满死了，查尔给①就到姓氏家族赖以生存的河流下游，向死界最长老的主人曼给转告萨满的死亡。曼给领着能够转世的萨满神灵回到河的上游，从姓氏家族的年轻人当中寻找适合当萨满的年轻人。如果找到转世萨满神灵的年轻人，而年轻人不想做萨满或拒绝的话，曼给就会用强制精神控制法或手段，让将要成为萨满的年轻人进入非常紧张或兴奋状态，促使年轻人失去往日的知觉并进入半昏迷状态，或精神失常似地疯疯癫癫逃入森林。再往后，年轻人一直处于极度兴奋而无法控制自己的状态，几乎不能做任何正常事情，甚至吃不进一口饭，很快变得十分消瘦。在鄂温克族精神生活世界里，这意味着该年轻人开始走向接受萨满神灵的道路。

　　正如上文的分析，年轻人经历这些精神活动之后，萨满神灵就会带着年轻人的灵魂，从姓氏家族诞生地到另一个姓氏家族诞生地，从姓氏家族的山到另一座姓氏家族的山漫游，最后又回到自己姓氏家族的山。在那座山上，有一棵参天大树，那就是萨满神树。在神树根部，居住着萨满的动物之母，她会吞掉即将成为萨满的年轻人的灵魂，还要将他变成四蹄动物或鸟或鱼。然后，再根据姓氏家族图腾灵魂具有的形象和精神，重新塑造他的形体和精神世界，所有这些活动结束后让他回到自己的姓氏家族。也就是说，萨满的动物母以吞入萨满灵魂的方式再造新萨满。从此往后，这位年轻人就成为萨满，并在本姓氏家族的神树之下安家生活。

　　通过研究已被清楚划分的姓氏家族的领土和河流境界，能够看出鄂温克族早期精神生活的基本规则，以及与此精神生活和活动密切相关的深邃思想与世界观。不过，在这里还可以进一步阐述，与鄂温克族世界观密切相关的另一个核心问题就是人们常常提到的神树。鄂温克人似乎在神话世界中，结合姓氏家族的思想意识和礼仪，包括对于生存世界的特殊认知与看法，把狩猎生活中产生的规则与不同层级的关系，同山上的神树紧密相连。进而认为，萨满的动物母就居住在神树的根部。在他们的精神世界里，神树被严格地划分为三界，其树根为下界、长满树梢的上端是上界，

————————————

①　查尔给是萨满兽性身份之魂。

树干部分为中界。树的根部是神灵生活的地方，那里住的是神灵，也就是萨满的动物母和其他动物的诸多灵魂一起生活在神树的根部；树的中界，住的是人类自己，也就是现在活着的人们；树的上界，生活着尚未出生的姓氏家族后代的灵魂，他们化身为鸟住在姓氏家族神树的上部。从这个意义上讲，神树是姓氏家族的过去、现在、将来生命与灵魂的统一体，是以姓氏家族三界存在观为媒介表现的精神生活的产物。这棵参天神树的存在，以及姓氏家族的人们赋予它的精神内涵似乎都说明，姓氏家族的起源与世间万物间存在着不可分割的内在联系。反过来讲，动物形生命体及其灵魂，或许自古以来就潜藏于神树根部。这种说法，可能还符合动物与人的二重性之论，包括神话传说里的图腾，都无不例外地证实这一被神化了的神树三界结构特征。鄂温克族在精神世界里认为萨满的动物母，把吞下去的萨满灵魂，赋予深度入神状态下的新萨满，把他从动物形生命体转化为萨满，再次让他降临人间。就在他降临的瞬间，萨满的动物母也会变成老太婆，伴随萨满的动物母身边的各种动物的灵魂，也都会变成老太婆成为人类的姓氏家族中不可或缺的精神伙伴。于是，他们还要把新萨满的肉体灵魂，从关节处卸下来放入燃烧的火堆中烧炼，然后再次组合为人的形体。紧接着脱离动物灵魂的萨满，返回到自己的姓氏家族，并被全体家族成员认定为他们的萨满，并一直为该姓氏家族的精神生活、精神活动、精神需求、精神治疗、精神幸福、精神家园、精神世界服务。

在这里，我们应该充分地肯定鄂温克人神话般的认知，以及他们丰富的想象力和思维结构。他们把动物与人的共同体，说成是某种静止状态下出现的特定产物，相互之间存在毋庸置疑的共同特性。特别是通过变换生命的形体，使人更清楚、更深刻地体悟其中的原理。动物与人在血统上表现出的共同特征，充分体现在生命本来就具有的二重性上。也就是说，动物性的生命是可以把人进行动物化，同时也将动物化的人还原于人性本体。其实，同"人类原初的概念"密切相关的各种自然人类学的神话哲学中，经常涉及现在的人类、动物、灵体，虽然他们都各自分开生活，但在原初他们是统一且共存的。在这统一的生命体内，其中的任何一个组成部分，都可以自由选择各自喜欢的形体，同时还可以变换成其他形体，进而在不同的世界里自由往来。不仅如此，他们还可以预测灾难，还能够摆脱空间和时间的制约，还能看透事物本质或看不见的一切身影，识破一切生命的属性本质。然而，遇到一次重大灾难性事件，他们就失去了变换功能和以上谈到的本事，最后其中的一部分会降临到萨满的头上。根据这种说法，动物属性的第二个自我，在萨满的本质要素中被体现了出来。

通古斯人中的雅库特人，对萨满的诞生有着相同的传说。比如说，其中讲道：动物母在萨满之魂还未成为胎儿之前，在世界神树上哺乳过他，结果萨满就诞生。新萨满诞生后，萨满的先祖将其肉刮干净，身上只留下白白的骨头。然后，将其充满细菌、疾病、不纯洁的肉，作为灾难、祸根、不幸的根源供奉给魔鬼的灵魂食用。正因为如此，萨满与诸多病魔、恶魔、魔鬼的争斗中，毫不费力地战胜吃了自己肉的魔鬼及其灵魂。在萨满信仰世界里，只有吃掉自己坏肉的魔鬼，他们才能够打败或战胜它们。

我们的调研还充分说明，与姓氏家族起源相关的动物属性的生命，可以和它们的灵魂进行深度交流，并且这种深度交流必须有萨满协助。也就是说，关系姓氏家族起源的动物属性（图腾），在萨满身上会再次显现。可以进一步解释为萨满仪式是把新萨满与姓氏家族的先祖合为一体。在这里所说的"起源"与"开始"似乎有所不同，"起源"要超越时空概念。不过，说到"开始"，跟时间概念往往不可分割。

我把该文本的题目定为《与生活和生命起源相关的自然民族意识》，通过鄂温克族神话去认识他们对人类起源、姓氏家族的深度阐释与认知，以及"熊"和"先祖"被同时赋予的特定生命意义、精神意义、信仰意义。在谈到先祖和熊祖时，鄂温克人极其神妙地阐述了已经消失了的岁月和生命，同人类、民族、姓氏家族间产生的不可忽视的起源关系。在此基础上，进一步表达了在特定生存环境、历史条件、社会背景、生产手段、生活方式下存在的特定生存理念。之所以这么说，就是因为鄂温克族对动物的认知，有着自己的特定角度、特殊意义、特定内涵。从另一个角度讲，动物是人类在早期特定历史条件下，生产生活中几乎最为重要的依靠，也是人类最重要的伴侣。当然，人类自身也经常受到动物的攻击伤害，成为动物的食物，动物也成为他们最害怕的妖魔化的对象。鄂温克族先民，把这些极其复杂而纠结心灵深处的矛盾，作为人类与动物起源共同体加以阐述，并尽最大的努力使自己能够摆脱这些精神世界的阴影和恐惧。对起源共同体的认知，以及对生活的认知，无论是人类自己还是动物本身均赋予了共同生活的权利，进而容忍了彼此的伤害，认同了彼此的共生关系。所有这些都是他们在生产生活实践中，经过全面、细心、深度观察得出的结论。总的说来，鄂温克族的世界观，包括他们的生命观、生存观和生活观，十分强调尊重一切生命的存在，以及尊重一切生命存在的规律，这点构筑了属于他们自己又属于人类的远古文明的精神世界。

（本文原作者系俄罗斯的阿道尔夫·普里特里菲，日文版译者田中克彦，中文版译者朝克）

附录 3 关于鄂温克族驯鹿文化精神内涵

在茂密的兴安岭里以牧养驯鹿为生的敖鲁古雅鄂温克人,有着极其丰富的精神生活,驯鹿文化渗透其古老的信仰世界。笔者多次到敖鲁古雅鄂温克族的生活区进行调研,以第一手资料为据,对他们信仰的驯鹿神"舍卧刻神"及其相关精神生活展开深入浅出的探讨。

一 牧养驯鹿的鄂温克人的信仰

根据调研资料①,牧养驯鹿的鄂温克人信仰萨满,他们相信世间万物都有生命和神灵,尊重自然界万事万物的自然规律,尊重它们的一切生命和神灵才能够获得生存,才能够获得幸福美好的生活。所以,他们尊崇大自然和自然界一切生命。然而,在他们萨满信仰世界里,作为驯鹿神"舍卧刻神"占据着至关重要且不可忽视的地位。因为,这和他们经营的驯鹿产业的兴衰及其以此为依托的经济社会,以及在此基础上孕育的精神活动和生活均有必然联系。

牧养驯鹿的鄂温克人信仰的"舍卧刻神"源于物质世界,却归于精神世界。它的表现形式是用千年松树精美雕刻而成的人型神偶。在鄂温克族的精神世界里认为,"舍卧刻神"是他们驯鹿和驯鹿业的保护神,它会经常把牧养驯鹿人丢失或走散的驯鹿,从遥远地方用驯鹿笼头牵回来,还给那些因丢失驯鹿而受难受苦的人们。所以,在鄂温克人供奉"舍卧刻神"的神偶前始终放着用驯鹿皮皮条制成的笼头。在鄂温克人看来,得罪了"舍卧刻神",不仅永远找不回来丢失的驯鹿,而且他们牧养的驯鹿还会不

---

① 笔者于 2007~2013 年进行的多次实地调研资料。

断走失。

除了上文提到的"舍卧刻神",牧养驯鹿的鄂温克人还有两个驯鹿的保护神。一个是专治驯鹿疾病的"阿隆神",其象征物是一种弯曲而十分精美又有想象力的桦树枝细条。在疾病蔓延的季节,把"阿隆神"挂在驯鹿脖子上,就能够帮助驯鹿避免疾病的侵扰以及折磨。由于制作"阿隆神"的精美桦树枝不易找到,所以不能给数量庞大的驯鹿群每头都挂上"阿隆神",只能挂在驯鹿王或比较重要的驯鹿脖子上。这里所说的比较重要的驯鹿是指那些怀孕的母鹿或哺乳期的驯鹿,以及经常骑用或使用的驯鹿。不过,他们还解释说,只要把"阿隆神"挂在驯鹿王的脖子上,就可以免除整个驯鹿群的疾病灾难。另一个保护神是征服狼害的"熊神",它是用公熊皮制作而成的一对神偶。在鄂温克人的信仰世界里,相信家里只要有"熊神",狼就不会靠近驯鹿群,因为狼怕熊,大老远就会闻到"熊神"身上的味道就不会靠近在驯鹿人住处旁边休息的驯鹿群。他们把这对"熊神"连同"舍卧刻神"都装在一个叫"玛鲁"的皮口袋里。每一个"乌力楞"都有自己的"玛鲁",平时都挂在"仙人柱"里与门相对的位置上,因此"仙人柱"后侧是最为尊贵的席位。每一个"乌力楞"的驯鹿群中都有专门驮"玛鲁"的驯鹿王,平时给它带红色的笼头以区别其他驯鹿,迁移时它要走在最前头,人不能乘骑也不能用它来驮运货物。

在这里还应该提到的是,在牧养驯鹿的鄂温克人的信仰世界里,对雪白毛色的驯鹿产出的畸形驯鹿羔有着特殊解释。在他们看来,雪白毛色驯鹿生出的雌性畸形驯鹿羔象征好运气,雄性畸形驯鹿羔象征不好的预兆。通常情况下,雄性畸形驯鹿羔很难成活。不过,雄性畸形驯鹿羔死后,要在它的耳朵上、脖子下、腰下、尾巴上系上红蓝色布条,然后挂在笔直的桦树枝上,还要请萨满跳神祈祷。这样做的目的,一是祈求"舍卧刻神"赐予雪白毛色的母驯鹿更多好的鹿羔,二是安慰雄性畸形驯鹿羔的灵魂,好让它替人向神说好话,不要再给驯鹿人降生畸形驯鹿羔。事实上,在牧养驯鹿鄂温克人眼里,白颜色占有极其重要的地位,它不仅代表着人们圣洁、透明的思想,同时也表现出人们对于美好幸福和梦幻般未来的期盼和夙愿。那么,所有这一切,同鄂温克人在自然环境里遇到所有物质的和精神的世界有着密不可分的关系。比如说,白白的驯鹿奶、白白的奶茶及奶食品、白白的白桦树及白桦林、白白的雪花和雪原、白白的云朵、漫山遍野的小白花，还有那白白的驯鹿，都使他们感到无限美好，成为永恒的印记。

牧养驯鹿的鄂温克人的萨满，无论参加祭祀活动还是给人治病，都离不开与他们形影不离的驯鹿。特别是在举行重大祭天活动时，要杀两头白毛色的驯鹿，并用它们的血、肉、内脏、带鹿角的头来献祭。鄂温克人认为驯鹿的灵魂可以在人心与神灵之间来回穿行，可以按照萨满的意志代表人心向神灵祈求平安，并在神灵的呵护和保佑下避免一切灾难、疾病、痛苦和死亡。很有意思的是，他们宰杀祭祀用的白毛色驯鹿时，同平时食用的驯鹿的宰杀方法不同。也就是说，宰杀祭祀用的白毛驯鹿时，先让驯鹿横卧，然后用小刀切开胸部，从刀口将手伸进去，紧紧压住它的大动脉，一直压到驯鹿死亡为止。剥驯鹿皮也与平时不一样，驯鹿嘴下的皮以及腹部和四肢内皮不许断开，并将皮子与心、肝、肺、食道和头一起放在"仙人柱"东南角的四柱棚上，驯鹿头必须朝向日出方向放置，其余部分煮好后献给"玛鲁"。"玛鲁"位前铺些桦树枝，左右两侧立两根树桩，再在树桩上系红、绿、蓝色的布条，还要涂以祭祀用的驯鹿血。

小孩患重病时，牧养驯鹿的鄂温克人认为是孩子的灵魂被"乌麦神"带走了。这时，父母或家里的老人祈求萨满把"乌麦神"请回来。请萨满的家人必须按照信仰规定，要事先准备一头白色和一头黑色的驯鹿。到了夜晚，萨满开始跳神祈祷时，先把黑色驯鹿杀掉，意味着让萨满的祈祷骑上黑色驯鹿的灵魂去另一个世界把"乌麦神"请回来，"乌麦神"请回来后的第二天，再把白色驯鹿杀掉供给"乌麦神"。鄂温克人坚信，这样孩子就会恢复健康。如果孩子的身体恢复不了健康，反而病情继续恶化，他们就认为请回来的不是"乌麦神"，而是可怕而无恶不作的魔鬼。如果孩子病死了，在他们看来，孩子的生命是被恶魔折磨死了，而孩子的灵魂却被白色驯鹿的灵魂带到了"乌麦神"的旁边，永远不会回到人间了。孩子的灵魂，要永远生活在上天的"乌麦神"身边。

总而言之，牧养驯鹿的鄂温克人的物质世界和精神世界，以及各种信仰祭祀活动均离不开驯鹿，驯鹿已成为他们信仰世界重要的组成部分，发挥着极其重要的作用。人类早期信仰或膜拜心理的产生，主要就是敬畏和恐惧，以及依赖和信任。在草原民族的早期信仰里，就有狼和马崇拜，这和牧养驯鹿的鄂温克人有熊和驯鹿崇拜是一个道理。

二 驯鹿文化学的艺术功能

驯鹿文化的精神内涵，不只体现在与驯鹿有关的信仰世界，同样体现在鄂温克人的艺术思想、艺术生活、艺术世界中。比如说，他们骑驯鹿时用的驯鹿鞍子，虽然与马鞍子大同小异，但结构要比马鞍子小得多，更为特殊的是用驯鹿骨、驯鹿角骨、驯鹿角干角杈、驯鹿盆骨作为主要原料，尤其是驯鹿鞍子前后凸显出的"人"字形鞍头，前后是牧养驯鹿的鄂温克人进行艺术创造的空间。从鞍头面板上面雕刻的艺术造型来看，构思十分丰富，可分为角纹、头纹、体形纹。除此之外，还有极其复杂多变的植物纹、几何形纹、星座纹、火纹、蝴蝶纹、文字纹等。毫无疑问，所有这些艺术图纹深刻、生动、立体地反映着鄂温克人以驯鹿文化为主流的艺术世界，以及与生存的自然环境为依托孕育的驯鹿文化的特定艺术内涵。

牧养驯鹿的鄂温克人十分热爱自己生活的兴安岭寒温带山林，衣食住行都有赖于这片古老的生命摇篮。同时，牧养驯鹿的鄂温克人在牧养驯鹿的生产活动实践中，十分细心、认真、全面关注驯鹿爱吃的食物，成为他们牧养驯鹿时追寻的目标，也是驯鹿牧场必不可少的条件。使人感到十分敬佩的是，驯鹿喜食的植被和食物经过他们艺术构思，变成鞍面上一幅幅精美绝伦的艺术产品，从而给予他们精神生活无限快乐与幸福。用艺术手段刻画出来的目的就是希望这些植被越来越繁茂，驯鹿越吃越膘肥体壮，以此寄托他们对于大自然的无限渴望，以及对驯鹿业经济生活理想发展美好心愿。与此同时，鄂温克人还在驯鹿鞍子的皮垫、鞍皮登子、驯鹿笼头、驯鹿驮袋、驯鹿雪橇、驯鹿鞭子等上面刻画驯鹿喜食的食物图案。当然，也有山、水、云、木等艺术画纹或图案。比如说，牧养驯鹿的鄂温克人会在驯鹿鞍子正面刻画一种十分奇妙的蜿蜒交错的花纹。据他们解释说，这种花纹刻画在驯鹿鞍子上，驯鹿就永远不会因贪食而走丢。他们还进一步解释说，该花纹还有一种奇特功能，当驯鹿驮带重物行路时，它会发挥的神力，帮助驯鹿平安地到达目的地。

另外，牧养驯鹿的鄂温克人的造型艺术中，还有很多同驯鹿体质结构特征或体形结构特征，特别是跟驯鹿角密切相关的艺术花纹。比如说，在萨满服饰、皮制品、猎刀的木制刀鞘、桦树皮生活用品上，均有不同内涵、不同构型、不同象征意义的驯鹿图案。其中，绝大多数是驯鹿侧面全身或侧面头部纹样和抽象变形的驯鹿角纹。在刻画驯鹿角花纹时，经常运用对称的方形连环图案，形似驯鹿角。综观牧养驯鹿的鄂温克人雕刻装饰艺术，内容十分多样，纹样题材浪漫自然，形体变化繁杂，造型简朴夸张，雕刻技巧细腻神奇，充分显示了牧养驯鹿的鄂温克艺人的想象力和艺术创造天赋。

牧养驯鹿的鄂温克人的驯鹿文化是一个极其珍贵的文化宝藏。其中隐含的文化内涵远不止这些，他就像神秘的兴安岭，给予人们无尽的享受与快乐。那么，驯鹿及驯鹿角纹艺术世界的形成与发展也是如此，只有深入他们的驯鹿文化世界，深刻领会其文化的深邃和博大，才能够真正理解、享受，并走进鄂温克人的精神世界。美丽、强大、超然的驯鹿，成为牧养驯鹿的鄂温克人最美的象征、最大的骄傲、最鲜活的艺术表现形式。

（作者　卡丽娜）

附录4　中国通古斯语族的文化保护与艺术创作

一　中国通古斯诸民族与其他各族人民共同缔造了中华民族文化

中国的通古斯诸民族都有着悠久的历史。远古时期，通古斯诸民族的祖先就在这片土地上繁衍生息。虽然，过去有些民族有过多次大迁移，但都为中华文明和建立多民族的统一国家贡献了自己的才智。综观中国历史，国家统一和民族团结始终是历史发展的主流和趋势。同时，各民族在长期历史发展中也创造了丰富多彩且各具特色的民族文化。

语言上，通古斯语族属于阿尔泰语系，在中国分布和使用该语系的主要有满族、锡伯族、赫哲族、鄂温克族、鄂伦春族。在文化上，通古斯诸民族文化具有鲜明的地域性。一方水土一方文化，各地自然条件和社会发展千差万别，使各地区文化带有明显的区域特征，因此呈现文化出多元性；通古斯诸民族的文化既有共性又有各自的特性，各民族文化相互交融、相互促进，共同熔铸了灿烂的通古斯语族文化，也使各族人民对拥有的文化有强烈的认同感和归属感，显示了通古斯诸民族厚重的文化底蕴和强大的民族凝聚力。通古斯诸民族能与其他民族和睦相处，这也适应了文化发展多样性的客观要求，能在文化交流中吸收和借鉴其他民族文化的积极成分博采众长。通古斯诸民族文化能在不断创新中持续向前发展，有利于各民族在和睦的关系中交流，增强对自身文化的认同和对其他民族文化的理解。

通古斯诸民族文化是中华民族文化的一部分，是中华之瑰宝，民族之骄傲。通古斯诸民族文化积淀着中华民族的精神基因和独特追求，为中华文化的形成发展以及世界文明的进步做出了重要贡献。

二　逐渐消逝的通古斯诸民族传统文化

中国之所以分为 56 个民族，是因为每个民族都有不同的历史文化和族源。记得 20 多年前，中国少数民族地区发展缓慢。现在这种不同民族的差异也开始快速消失，56 个民族的划分也逐渐失去其历史意义和价值。在民族地区，特别是发展落后的边疆少数民族聚集区，现代城市化进程已经延伸到了那里，人们在衣、食、住、行等方面的消费状况已经基本与城市同步。这种生活上的改变直接影响和改变的就是文化属性，随之而来的即是少数民族传统文化的消逝。特别是那些对城市文明如饥似渴的年轻人，更是早已放弃了原有的文化离开家乡到各地大城市闯荡。原有的民族传统文化已经逐渐淡化，有的已被抛弃或成了吸引旅游的摆设。对于一个国家来说，文化的多元性才是促进文化发展，增强文化活力的最好保障。全世界的城市化发展模式基本是一样的，特别是中国大中小城市的发展模式相互模仿，地城市面貌和人们的生活基本相同，这种发展模式的弊端就是会造成文化上的单一化。

目前，通古斯诸民族与其他各民族同胞一样面临着传统文化的消逝以及如何保护和发展的难题。过去，中国各方面发展比较落后，现在的确需要接受新的文化来提高生活水平。同时，好的传统文化还是要积极加以保护和传承。作为民族文化研究者或民族艺术工作者，我们都很想让民族文化放慢流逝的步伐，但社会要向前发展这已是无法阻挡的历史潮流。我们只能尽最大的努力去研究、记录鄂温克族的历史文化。

三　通古斯诸民族的传统文化保护与艺术创作特质

中国是多民族、多宗教和多元文化的国家，随着中国社会近几十年来的高速发展，通古斯诸民族之间的文化差异也明显缩小。很多传统的少数民族文化也渐渐被现代文明覆盖。如果通古斯诸民族的鲜明个性和独立品格都能够得到较好保护和传承，既是对中国文化的贡献，也是对世界文明多样化的支撑。然而，民族文化是不断发展和变化的，不同历史时期有不同的文化内涵。要永远保持不变是不科学的、不客观的。所以要正确面对新旧文化的合理覆盖，对于民族文化中被覆盖的精华部分要把它通过合理的方式及时保存下来，以供后人去研究。

文化是民族的重要特征，是民族生命力、凝聚力和创造力的重要源泉。通古斯诸民族文化艺术创作是以其含纳和表现着不同的民族特质，而区别其他艺术创作。民族艺术创作的发展过程，是艺术家由表及里、由浅及深地认识艺术应以何种方式含纳和表现民族特质的过程。作为民族文化工作者要有民族意识，要热爱自己的民族、熟悉自己民族、理解自己民族，脚踏实地不断深入民族生活，向少数民族同胞学习，发自内心的去研究、记录，这样才能全面驾驭民族创作题材。民族特质如何在作品中体现，作品表现了什么，表现手法是什么都很重要。任何民族都有自己长期形成的固有文化圈，不同民族的文化各有优势，如文学、艺术、伦理、宗教和哲学等。在这种文化惯性发展轨道上，聚拢了只属于该民族特有的审美。

民族特质是在不断变化中得以保持和发展的。如今，各民族之间的关系日益密切，在生产方式、生活内容和思想感情上的相通因素日益增多。特别是在追求民族共同进步、共同繁荣和在向往全人类文明前景方面，各族人民早已取得了共识。在民族的客观现实发生了一系列变化之后，创作主体的认识需要同步变化，并反映在自己的作品中。越是民族的，越要把握其发展变化，才能真正保持面向世界的生命力。重视民族特质和民族共性的表现，应是一种发自内心的自然流露，而不是一种人为的炫耀。现以多种形式去追寻通古斯诸民族生活现状和过去传统历史文化，这对传承、保护和发展通古斯诸民族传统文化具有积极的意义。中国通古斯诸民族中，每个民族文化的传承和保护程度都存在很大差异。有的传承和保护比较好，有的由于各种原因传承和保护的就不是很好。我们要尊重各民族的传统文化差异，包容多样性，保持民族性。坚持贴近历史、贴近实际、贴近生活、贴近群众，把反映传统民族文化放在首位。实事求是地反映他们生活现状和传统历史文化。使各种民族文化传承的载体或艺术形式服务于民族文化主体，创作各族群众认可的文化作品。并在平等、团结、互助、和谐的民族关系下，努力推进通古斯诸民族文化的对外交流，并进一步提升影响力，促进全国各民族传统文化的共同繁荣。同时，也以此来唤起人们对各少数民族传统文化的认识，让世界共享多彩的民族传统文化，以达到各民族文化共同保护传承、共同借鉴、共同繁荣与发展的目的。

四　向世界讲好通古斯诸民族传统文化故事

文化的全球化是要突出不同国家不同民族的文化属性，世界上每个国家和民族的历史传统、文化积淀、基本国情不同，其发展道路必然有自己的特色。中华民族优秀的传统文化是中华民族的突出优势。通古斯诸民族文化要想在中华民族传统文化上发挥影响力，也不能单纯依靠诸如鱼皮衣、桦树皮器皿、萨满服饰和各种民俗表演等表层载体，一味迎合一些人的猎奇心理。在通古斯诸民族文化宝藏中，人生观和世界观等同样珍贵。相信通过广大的民族工作者的努力，呈现好丰富多彩的通古斯诸民族传统文化，让世人更全面、客观、理性地看待和认识通古斯诸民族文化，让通古斯诸民族文化在全球的文化舞台上绽放出更加绚丽的花朵！

（作者　李震）

附录5 清朝末期鄂温克族姓氏中的
藏传佛教文化

　　在历史上，鄂温克族不同地区、不同部族间的关系及划分比较复杂。也就是说，在早期鄂温克族之间分为诸多部族，其生活环境、生产方式、人员结构、社会组织等诸多方面均存在较大区别，甚至在语言方面也存在一定差异，可是在不同部族或不同地区的鄂温克族之间，很少因土地问题、利益问题或因自然资源的占有问题等发生矛盾或冲突，甚至很难找到与此有关的历史资料。事实上，这和鄂温克人生活的自然环境有关，也跟他们信仰的"万物有灵"的萨满信仰有必然关系。

　　我们掌握的资料显示，到清晚期，鄂温克族内部已有了14个较大姓氏。那时的鄂温克族，主要分布于我国东北兴安岭、呼伦贝尔草原，以及黑龙江三江流域，俄罗斯西伯利亚及远东地区的大小河流两岸。因此，鄂温克族早期姓氏绝大多数跟河流有关，他们往往以某一大小河流名称为部族起名。换句话说，鄂温克族先民习惯于先给赖以生存的河流起名，然后依据河名给生活在该河岸边的部族起名。比如说，居住在"雅鲁河"（yaalu doo）的鄂温克人叫作"雅鲁千"（yaaluqian），河名"雅鲁"是鄂温克语，表示"清澈、干净"的意思，doo 是指"河"，yaalu doo 即表示"清澈的河"之意。而"雅鲁千"（yaaluqian）是在形容词 yaalu"雅鲁"后面接缀由形容词派生名词的构词词缀"人、人们"（-qian）构成，该词主要表示"住在雅鲁河岸边的人"或"住在雅鲁河岸边的人们"。除此之外，还将把像"阿伦河"（arung doo）、"格尼河"（geni doo）、"讷敏河"（naming doo）、"莫合尔图河"（meheretu doo）、"特尼河"（teni doo）、"杜拉尔河"（dulaar doo）、"贝尔茨河"（beyirqik doo）、"金河"（king doo）等大小河流两岸生活的鄂温克人，一般称为"阿伦千"（arungqian）、

"格尼千"（geniqian）、"讷敏千"（naminqian）、"莫合尔图千"（mehertu-qian）、"特尼河千"（teniheqian）、"杜拉尔千"（dulaarqian）、"贝尔茨千河"（beyirqikqian）、"金千"（kingqian）等。后来，他们就分化为鄂温克族的不同姓氏部族。

鄂温克人的部族都由两个或两个以上较大姓氏的鄂温克家族组成，像索伦鄂温克人内部就分有杜拉尔、涂克冬、那哈他三大姓氏家族。毫无疑问，当初被称为"索伦"的鄂温克人是清代鄂温克族的主要组成部分，所以他们内部不同姓氏和部族间的划分和相互关系都比较复杂。其中，从我们刚刚在上面谈到的三大姓氏中分离出阿伦部、根千部、音千部、讷莫尔千部、拉哈千部、莫合尔图千部、特尼千部、讷敏千部、伊敏千部、加拉姆台千部、济沁千部、雅鲁千部、辉千部等。那么，一部分索伦鄂温克人，有史以来就生活在兴安岭和呼伦贝尔草原相连的辽阔土地上，且这部分鄂温克人为了他们的牧场和猎场安全，经常同蒙古人发生冲突甚至战争。当时，这部分鄂温克人被蒙古人称为"林中人"或"林木中百姓"。后来，在雍正年间，清朝政府从黑龙江鄂温克族的杜拉尔、涂克冬、西格登、哈赫尔四大姓氏中，选出几千名精兵强将连同家眷一起派往呼伦贝尔草原驻防，进而很大程度上强化了呼伦贝尔鄂温克族的势力和作战能力。当然，这使呼伦贝尔地区的鄂温克族部族结构变得更加复杂，不同姓氏之间的接触和交往变得更加频繁。这也给同一个姓氏间不能建立婚姻关系的鄂温克族男女青年，创造了许多自由恋爱、选择配偶的机会，使他们的婚姻生活变得更加丰富多彩。

不过，自从 17 世纪后期，清朝政府在东北地区大范围传播藏传佛教，兴建藏传佛教寺院。同时，对于寺院内的僧侣实施免税免兵役、免劳役等各项特殊优待政策。因此，当时一部分鄂温克人为躲避税收、兵役、劳役而进入寺院剃发为僧。然而，这种现象竟然延续到 20 世纪 40 年代。曾当过僧侣的鄂温克旗辉苏木的达西森格老人告诉我们："早在 1732 年的时候，现在的内蒙古鄂温克旗境内就已建造佛教喇嘛寺庙。由于清朝政府大力支持藏传佛教的传播，当时鄂温克人中信仰藏传佛教的人不断增多。藏传佛教的不断深入传播，对鄂温克人的思想意识造成了一定程度的影响，很快藏传佛教文化就成为鄂温克族信仰文化的一个组成部分。"在特定历史条件和社会环境下，藏传佛教在鄂温克族的精神文化世界里占据了一定地位，进而他们给孩子起名时往往选择与藏传佛教有关的名词术语，或者直接用在藏传佛教的信仰世界里常用的专业术语等。毫无疑问，这使藏语人名自然成为鄂温克族名字的组成部分。

表1 以藏语命名的人名表

序号	汉字写法	拼写形式	词义
1	普日部、普日布	Purbu	佛教乐器
2	桑杰	Sanzhie	佛陀
3	道勒马、道乐玛	Dolma	度母
4	诺尔布、诺日部	Norbu	宝物
5	敖斯尔、奥斯尔	Osor	光
6	达瓦	Dawa	月
7	尼玛	Nima	太阳
8	希尔巴、希日巴	Shirba	东方人
9	诺尔金、诺日金	Norzhin	贡品
10	米戈马尔	Migimar	星期

尤其是清朝末期，在没落的清政府的大力宣扬和鼓动下，藏传佛教在鄂温克族等东北人口较少的民族地区的传播进入了鼎盛时期。伴随藏传佛教的不断推广，藏族文化也开始在鄂温克人的生活区域内得到不同程度的传播。当时，藏医药所发挥的奇特功效，使鄂温克族在内东北少数民族感到十分敬佩，认为藏传佛教和藏医药对他们身心有积极作用。所有这些，跟鄂温克族在特定历史时期、特定政治经济及社会文化背景下，深刻感受到精神活动有必然联系，也和他们善于包容和吸纳外来文化与文明有着十分密切的内在联系。正因为如此，在人类文明进程中的某一个特殊时期，在某一个特殊的社会环境和条件下，鄂温克人往往用开明、开放、包容的心态面对一切，去积极主动地接触和适应被当时社会认为是主流的文化与文明，从而求得自身的存在与发展。就像在前文提到的那样，他们把这一切传承给后代，并在后代身上留下应有的历史印记。也就是说，他们给孩子起名时，就会充分考虑这些来自现实生活的、精神的和物质的众多因素。所以，在鄂温克族的人名中，特别是在清朝末期出现的人名中，有了

大量的来自藏传佛教的藏语人名。

　　受藏传佛教及藏族文化影响最大的是从事畜牧业生产的鄂温克人。在当时，受清朝政府推行的宗教政策之直接影响，生活在内蒙古呼伦贝尔草原上的索伦鄂温克人一方面信萨满，一方面接受藏传佛教。藏传佛教仅次于萨满信仰的宗教信仰在他们人名的起用上有充分体现，特别是那些有权势和地位的高门贵族，更加注重起用有藏传佛教或藏族文化色彩的人名，以此表现他们的地位。有的人不仅给子孙们都起藏语人名，连自己的母语人名都改成藏传佛教的人名。比如说，他们把原来的鄂温克语人名变成"小名"或"乳名"，或者成为"家用名"，把新起用的藏语人名变成"大名"或"社会用人名"。据史料记载，顺治年间，一部分鄂温克人迁徙到嫩江沿岸一带。那时，由理藩院任命"扎木苏"为鄂温克人的领官，授以副都统官衔并发给他清朝政府地方官印。"扎木苏"是鄂温克族贵族官员，很显然这是藏语名字，意思是"大海"。能够成为鄂温克族官方长官的人，应该是当时鄂温克族中的贵族成员。由此可见，藏传佛教在当时的鄂温克族社会文化中所占的重要地位。我们研究表明，信仰藏传佛教的鄂温克人存在以下三种现象。

　　一是，信仰藏传佛教，但也不放弃本民族传统的萨满信仰。这种人占的比例较少，而且贵族中相对多。在他们的信仰世界里认为藏传佛教要比萨满信仰现实和管用。

　　二是，同时信仰萨满信仰和藏传佛教。这类信仰者确实有一些，而且多数是八旗官兵或学过满文的中层阶级。在他看来，萨满信仰和藏传佛教有许多共同之处，藏传佛教是同藏族传统信仰本教相结合的产物，藏族的本教就是讲求"万物有灵论"和信"上天之灵"。这些信仰内涵，后来融入藏传佛教，藏传佛教也承载着本民族传统信仰的内涵。鄂温克族的萨满信仰也讲求"万物有灵论"和"上天之灵"。他们把上天叫"卜干"（bugan）或"卜伽"（buga），上天之神叫"卜伽勘"（bugakan）或"卜伽达"（bugada）。后来，"卜伽勘"（bugakan）的发音演化为 bugkan > bukkan～bukkang 等。在此基础上，我们认为藏族传统意义上的信仰"本教"（ben）的"本"也有可能同通古斯诸语的 bugan（"卜干"）> buan（"卜安"）> buen（"卜恩"）> been（"本"）有关。

三是，表面上信仰奉藏传佛教，事实上信仰的是萨满教。这种信仰者在鄂温克族里占绝对多数。在他们看来萨满信仰是他们精神活动和精神生活的主要依靠，萨满信仰是符合人类精神活动和需求的信仰。因为，人类的生存离不开大自然，大自然是人类生存的唯一依靠，信仰大自然以及"万物有灵论"是萨满信仰的核心。在他们看来，不信仰大自然及自然界一切有灵性的生命，就不能够和大自然和谐相处，就难以从信仰的角度爱护和保护大自然，从而会给大自然造成无穷无尽的破坏，最后人类就会遇到生存困难或灭顶之灾。

总而言之，在清朝末期，牧区索伦鄂温克族不同程度地受到藏传佛教的直接影响。这种影响充分体现在他们人名的起用上。目的就是让以藏传佛教和藏医为中心的藏族文化给他们带来希望，使他们和孩子能够平安度过苦难，迎来美好幸福的未来。伴随新中国的成立，鄂温克人的物质生活和精神生活发生了翻天覆地的变化，人名的起用也产生了很大变化，起用本民族语人名和汉名的人越来越多。不过，也有起用藏语人名的现象。尽管如此，藏语人名已失去当时的文化内涵，成为一种特定历史时期的文化符号。

（作者　朝克）

附录6 鄂温克族宗教信仰及精神
文化名词术语

阿隆神 鄂温克族的驯鹿保护神。驯鹿发生疫病时,鄂温克人从屋里拿出阿隆神偶挂在一些驯鹿的脖子上,认为这样可以免疫除灾。用来制作阿隆神偶的树枝不易找到,不可能做很多,所以只挂在驮"玛鲁"的驯鹿脖子上。鄂温克人认为只要保住了驮"玛鲁"的驯鹿,其他驯鹿就能安康。

阿木松 鄂温克族食用的一种较稠的荞麦米粥。做法是将荞麦米焖熟后,用铁勺压成黏糊状,然后放入一些奶油、奶皮子等一起食用。每年的腊月初八,鄂温克人家家户户都要食用,有防寒御冻功能。

阿南神歌 鄂温克族萨满神歌。在祭奠氏族萨满仪式上演唱。神歌曲调哀婉,庄重肃穆。内容以叙述萨满的生平、神灵及职能为主。歌词有长有短,十分精练。每段多为 8~10 句,每行 4~6 个音节,偶尔也有长达8~10 个音节的。

阿娘尼岩画 鄂温克族文物。在额尔古纳河右支流牛耳河(贝尔茨河)的支流阿娘尼小河的悬崖上。鄂温克语"阿娘尼"是"画"的意思。画面上绘制了驼鹿、驯鹿、人物、猎犬,还有围猎场面以及反映早期宗教观念的萨满法器等。岩画展示了鄂温克人的早期生活及信仰,是鄂温克人的艺术杰作之一。有的画面由于石面碎裂而残缺。

敖包节 鄂温克人的传统节日,也是一种群众性的娱乐活动。一般在每年的四五月间选择吉日进行。主要内容是祭祀敖包和开展娱乐活动。敖包是用石头堆积而成的小山包,其中心栽一棵枝叶繁茂的松树或其他树。人们在敖包前摆放各种乳制品、肉、糖果等供品,并敬酒叩拜,祈求四季平安、风调雨顺。萨满死后在其埋葬之地上堆起的敖包,其子弟或信仰者，每年到此进行祭祀活动。祭敖包主要是祭祀山神和水神。祭祀结束后，举行赛马、摔跤、射箭等活动，到晚上举办篝火晚会。人们把这种活动叫敖包节。现在的敖包节在形式和内容上均发生了很大变化，主要以娱乐、欢庆以及经济洽谈为主。

敖教勒 鄂温克族的祖先神，鄂温克语意为"根子"。传说，该神是由雷击身亡者的灵魂转变而成。鄂温克人都供祭此神，其偶像是在一块蓝布上贴着由5个金色女人和4个银色男人组成的人像，上方贴有太阳、月亮。当毛哄的萨满死后，用毡子剪成人形贴在此神像的下端，称作"阿南"神，即"影子神"。鄂温克人认为此神是保护本氏族的神灵。供奉祭祀此神是祈求它宽恕儿女们的过错，挽救在痛苦和不幸中生活的孩子们。鄂温克人把此神摆放在诸神的上边，每年的农历五月初五和八月十五献祭供品。

奥米那仁神歌 鄂温克族萨满在举行奥米那仁祭祀活动时唱的神歌。由主祭萨满和从其他氏族请来的经验丰富的老萨满以问答形式唱诵。歌词根据祭祀现场内容而定，短小精练，节奏强烈多变。每段为5~8句，每句为7个音节左右。唱时只变更个别词语，衬词不变，萨满边唱边跳，用神鼓、神铃等器具伴奏，并有人伴唱。

奥蔑拉仁 鄂温克族萨满在为祈求孩子健康、保护婴儿安全而举行的祭祀活动中唱的神歌。鄂温克人认为孩子患重病，是由于其灵魂离开了身体游移到另一个世界，故要请萨满唱神歌将灵魂召回。届时，萨满手持神鼓、神铃伴奏，唱此神歌。曲调委婉哀怨、如泣如诉、扣人心弦。歌词短小而谐韵，简练而诚恳。每段8~10句，每句5~10个音节。歌词除主要词语变换之外，衬词不变。

彩虹舞 鄂温克族现代舞蹈。为我国著名舞蹈家贾作光在鄂温克族传统舞蹈的基础上融入时代的舞蹈动律改编的集体舞。该舞为鄂温克族传统的舞姿注入了高难而复杂的舞蹈动作，从而更加真切地反映了鄂温克族幸福、喜悦的生活情景，以及与时代的进步和发展息息相通的内容。彩虹舞深受鄂温克人的喜爱与认同，并且赢得了全国各族人民乃至国外朋友的高度赞赏。

采集节 鄂温克族民间节日。鄂温克人一年有两次采集节，分别在夏秋两季进行，这是鄂温克人早期生产、生活中一个不可缺少的集娱乐和劳动为一体的群众性活动。夏季采集柳蒿芽、老山芹、野韭菜、蘑菇等野菜，秋季采集各种野果。参加者均为妇女，届时都穿上鲜艳的民族服装。每当采集间隙，即在森林、草原、河畔，聚集一起，唱歌跳舞，庆贺采集丰收。采集节一般为 15～20 天。

嘎勒布尔　鄂温克族图腾称谓。以各种小动物为标记。每个氏族都有自己的图腾，每个氏族绝不允许伤害或杀掉图腾动物，也反对其他氏族的人杀害本氏族的图腾代表物。作为图腾的动物有各种鸟类，例如鹰、天鹅、乌鸦、喜鹊等。鄂温克人尊敬各自的图腾，对彼此的图腾也十分重视。青年男女订婚时，一定要先问清彼此的图腾叫什么。请萨满跳神治病时，萨满也要先问患者是哪个图腾的氏族。在鄂温克人看来，图腾主宰着兴旺和衰落。

甘珠尔庙集　鄂温克族历史上比较大型的交易集会。地点设在内蒙古自治区新巴尔虎草原上，每年 8 月 2 日开始，持续 10 天。参加集会交易的除了鄂温克人外，还有蒙古人、达斡尔人，也有一些汉人和俄罗斯商人。主要是做易货交易，交换物品多为生活用品、狩猎用品及牲畜等。鄂温克人在甘珠尔庙集上用自己带去的牲畜、皮张等换回所需的生活用品、食物及弹药等。

戈伊桑　鄂温克族萨满神歌，即举行宗教祭祀活动时由萨满用鄂温克语唱的歌曲。有伊德西仁神歌、奥米那仁神歌、阿南神歌、跳神驱鬼神歌、色奇勒仁神歌、德格勒仁神歌、奥买拉仁神歌等 7 种。歌词内容根据现场情况和萨满的宗教祭祀活动的内容而定。歌词一般较短小，节奏强烈多变。每段为 4～8 句，每行约 4～8 个音节。萨满唱时，手持神鼓、神铃伴奏，还有一些参加者在旁伴唱。

给布　鄂温克语意为"氏族的家谱"。鄂温克族每个哈拉盖日（氏族）都有自己的家谱。氏族内部定期由家族长主持召开续家谱大会，确定续写本氏族男性青少年名单。大会结束后，大家欢聚一堂一起进餐。鄂温克族家谱不能随意打开，一般由家族族长保管。每逢节庆之时向家谱敬酒叩头，表示对祖辈的尊敬与怀念。

郭尔毕达市场　早期鄂温克族贸易市场。位于内蒙古自治区阿荣旗。

1900 年前后，由于猎产品走俏市场，一些汉族和俄罗斯商人为获得更多更好的鹿茸及其他珍贵猎产品，在郭尔毕开设了临时易货交易市场，该市场交易活动持续了 30 多年。鄂温克人用猎获的鹿茸、鹿皮、猝皮、鹿尾、鹿鞭、灰鼠皮、水獭皮等珍贵猎产品，从汉族和俄罗斯商人那里换取大米、白面、月饼、糖果、酒类、毛巾、各色布匹及猎人用的枪支弹药等必需品。

哈音神 鄂温克族供祭的祖先神。神像是用旧的光面皮张制成的小人形。供品简单，不杀牲，只供日常饭食。祭祀此神是为了让子孙后代尊敬无依无靠的穷苦老人。每年正月初十晚上，让孩子们给那些孤寡老人送去衣食，表示对哈音神的祭奠。

呼莫哈奥克特 鄂温克族传统游戏。鄂温克语意为"围猎鹿棋"，棋盘是用纸或小块平板皮制作，上面画有正方形的方格图案，有两个中心作为山口。棋子共有 26 个，其中两个羊拐骨代表两头鹿，24 个小子或小方块木棋子代表狩猎者。该棋为双人比赛，一人执羊拐骨，一人执小石子。执羊拐骨者将两个棋子摆在棋盘的两座山口上，执小石子者先将 8 个小石子围着两个羊拐骨在棋盘中心摆成正方形。开棋时，羊拐骨先走，吃小石子时要在同一条直线上，隔一吃一，并跳到一空位上。执小石子者要堵住羊拐骨的下一步路子。如果小石子堵不住羊拐骨的线路，小石子将被一个个吃掉并被占据棋盘的两个山口，这样执羊拐骨者就为胜。如果两只羊拐骨被堵住走不动了就意味着猎人围猎成功，执小石子者为胜。

吉雅奇 鄂温克族保护驯鹿的神灵。每户鄂温克人家都供奉祭祀。神灵偶人是在一块方形毡子上用不同姓氏人家的种马鬃尾绣成的一男一女两个人像，人像中间缝了个盛供物的小口袋。每年春季剪羊耳记时剪下的羊毛，悬挂在神像的两旁。凡卖出牲畜时，必须留下所卖牲畜的鬃尾数根，悬挂在神像的两旁。小孩满 1 周岁时，剪下的一些头发弄成两个圆团也系在神像的两旁。每年秋季供祭时宰杀 1 只羊，把吃干净的羊肩骨及颈椎骨悬挂在神像下边，把羊胃割下一块装入皮口袋。鄂温克人一般在每年的正月十五或 6 月期间牲畜满膘时供奉吉雅奇，供物主要是用稷米或大米，以及牛奶做的牛奶粥。

敬火 鄂温克族传统敬火习俗。鄂温克人十分崇敬火，并有各种敬火习俗及规定。人们吃饭、喝酒时把第一口敬给火堆或火炉；逢年过节，要向火低头敬礼或磕头；会见客人时，主人要拿着火把站在门前，宾主要从火把上面握手问好，表示相互间诚心诚意；家人出门远行后返回时，进屋以前要围着事先点燃的火堆转三圈，以火驱邪。另外，还不允许从火堆上跨过，不许往火里吐痰，不准用水灭火或用脚踩火苗等，每年腊月二十三日还要专门为火举行特殊的祭祀仪式。

拉短棍　鄂温克族传统的民间体育项目。比赛开始前，两个男子在平地上面对面、脚对脚、伸直双腿席地而坐，双臂伸直，两个人紧握一根短木棍。比赛开始，双方都用全身的力气将短木棍拼命地往自己方向拉，直到把对方拽离地面为止，被拽离地面者败。在比赛过程中出现分腿、斜倒、松开短棍等也为败。败者下去后，其他人还可以上来继续与胜者较量。用于比赛的短棍子约是60厘米长、3厘米粗的光面木棍。拉短棍是一项锻炼男人臂力的竞赛活动。

莱莫尔根　鄂温克民间传说中的英雄人物。相传是黑龙江一带鄂温克部落的酋长，力大无比、智慧超群。莱莫尔根带领全部落的人学会打猎、吃熟肉，后来率领一部分鄂温克人向黑龙江西南方向走去，据说这一部分人成为现在鄂温克人的祖先，莱莫尔根成为鄂温克族最早的一位酋长。

猎犬追狍子　鄂温克族传统的儿童游戏。由数十名儿童参加，一般在住宅院地进行。进行时数十个小孩聚集在院落里，每人手持一根木棍，其中一人手持超短木棍，即为猎犬，其余持棍者均为狍子。猎犬开始撵狍子，谁被撵住谁就成为猎犬的伙伴帮助猎犬继续抓狍子，一直把全部狍子抓完为止。游戏反映了鄂温克人的狩猎生活。

猎鹰　鄂温克族地区的一种训练有素、能帮助猎人猎获小动物的山鹰。捕到它后立即戴上特制的皮罩子对其进行驯化，驯成得心应手的狩猎伙伴，要花费几个月的时间。经驯化的山鹰能协助猎人捕获野兔、山鸡等猎物，每次出击均能成功。猎人把山鹰称为"空中猎手"，是鄂温克族狩猎文化中一个不可缺少的内容。

龙神抬头日　亦称"二月二"。鄂温克族传统节日。人们认为，这一天是龙神抬头的日子，要停止所有劳动，尤其是禁止打猎。这一天不许使用刀子、剪子、斧子等带刃的工具，还把枪等猎具全部放到人们看不到的地方，不然龙神看见了会发怒，从而惩罚人类，使人们遇到灾难和不幸。这一天不进行大的祭祀活动，每顿进餐时男人从食物中取下一小部分扔向天空，以表示对龙神的祭祀。

玛鲁　鄂温克人在一个圆形皮口袋中装着的各种神灵偶体的总称。主要有舍卧刻神及其喜欢的用具：鹿皮鼓、嘎黑鸟的皮、驯鹿笼头、玛卧格特皮绳等。还有舍卧刻神喜欢的灰鼠、水鸭子及对人生命有威胁的舍利神、保护儿童生命安全的乌麦神、保护驯鹿的阿荣神和熊神等，其中舍卧刻神最为重要。旧时鄂温克人特别崇拜此神。认为只要玛鲁在，就会有幸福生活。

毛昆　亦称"毛哄"。鄂温克族以血缘关系为纽带的同一父系祖孙十代以内的家族。一般从哈拉（氏族）分化出来。由 10 个左右的小家庭组成，由选举产生的毛哄达（即家族长），负责管理家族会议和各种事务。同一毛昆的成员共同居住在同一村屯或相邻的猎场、牧场。生产活动一般以毛昆为单位进行，猎获品按户平均分配。每个毛昆都有毛昆达、自己的萨满以及墓地。家族内部或同一氏族的各家族之间禁止通婚，家族成员都遵守共同的社会规范。不定期地召开家族会议，改选或罢免毛昆达，处治违反氏族习惯法的成员等。有大毛昆和小毛昆之分，大毛昆又叫"乌都达毛昆"，意为"大家族长"。

毛昆达　鄂温克族以家族为实体的村寨首领，即家族长。毛昆达中的"毛昆"指"家族"，"达"为"首领"。毛昆达由毛昆内部的全体成员选举产生。毛昆不论大小，都有自己的毛昆达，负责召集、主持家族会议，维护家族的习惯法、传统礼仪道德、掌管家谱以及处理各种内部事务。毛昆达无任期，如不犯家族传统法规一般不被罢免。毛昆达年老体衰不能行使职责时才进行改选。所有成员对毛昆达的任何指令绝对服从。毛昆达履行的职责完全是义务性的，没有任何报酬，若有什么特殊需要，临时由各家摊派交纳。毛昆达在毛昆内部正直公允、辈分较高，并享有很高的威望。

毛昆达仁　亦称"毛昆达西仁"，即家族裁判会。鄂温克族毛昆内部对某一违背该毛昆法规者进行处分、惩罚或定罪的会议。全体毛昆成员都要参加。一般在事先选好的村落内空旷场地里举行，是家族中重要的会议之一。会前、会后还要跳神，场面十分严肃。

毛昆会议　鄂温克族家族内部举行的会议。有两种形式，一是长老会，二是全体家长会。会议采用何种形式由毛昆达视具体情况而定。会议没有固定日期，会议的地点大都设在族长家里或族长选择的某一长老家里。各家族成员都非常重视毛昆会议。每次会议的召开都意味着该毛昆面临着搬迁或出现了严重的违背家族法规的行为，或有人患了重病、老人去世等大事。参加者多为老年人，家里没有老人的，可派青年人参加。

门前礼　鄂温克族传统礼节。无论骑马、乘车，鄂温克人走到住家门前约 20 米外都要下马或下车，牵着牲畜走十几步后把牲畜拴在离家门 10 米的木桩子上。这时若见到主家人出来就向他们问好。一般主家人不出来，客人不能开门进屋。若来者是长辈，主家全家人都到门口迎接，开门让老人先进，接过牲畜的缰绳替老人拴好。背枪的猎人进主家门时枪口必须朝上，或走进屋前把肩上枪拿下后立放在门外。持马鞭者绝不允许将马鞭带进家门，只能把鞭鞘挂放在马鞍或车上。手持其他工具者也不例外。两个人以上进门时，一律以辈分年龄顺序先后进屋。

米阔鲁节　鄂温克语意为丰收节。鄂温克人一年当中最重要的节日之一。每年 5 月中旬举行。这一天，全牧场或村落的人都起得很早，穿上鲜艳的节日盛装，进行给马烙印、除坏牙、剪耳记、剪鬃尾、割羊势等一系列生产活动。妇女们准备宴会的食物，儿童在一起尽情地玩耍。同时，人们还祭祀保佑牲畜太平的米阔鲁神像。宴会按照鄂温克人先茶后酒的习惯开始，敬酒时，由男女主人捧一木盘，木盘上放两个酒杯，依次敬让。敬酒轮一周后，牧场主人拿出一条"哈达"向割势人敬礼致谢，同时郑重地宣布新的一年生了多少牲畜。接着，大家纵情欢歌乐舞，直到深夜。

米特尔节　鄂温克人以家庭成员为单位举行的节日活动。每年 10 月 26 日进行。鄂温克人认为这一天是气候变冷的开始，人们必须停止各种劳动，准备冬季生活用品，并在这一天把从羊群中隔离开的种羊放回羊群。同时，储备过冬肉食。到晚上，家家户户都杀羊，吃手抓羊肉，还用肉祭祀各种神，祈求一年平安如意。

尼莫尔 鄂温克语意为"邻居"。最初，是由从事畜牧业的鄂温克族一个大家族中相距较近、血缘关系密切的若干小家庭组成的生产互助集团。集团内部共同放牧，共同占有牧场，互帮互助。一个尼莫尔一般有几家，结合的时间为 3～15 年。随着生产力的发展和阶级的分化，多数尼莫尔逐渐变化，失去了原来的互助性质，成为一个贵族富裕牧户与数户贫困牧民所组成的、经济上具有依附关系的小集体。

牛毛球 鄂温克族传统的球类游戏。鄂温克语称"宝伊考"。牛毛球是把牛毛用糨糊粘成的一个圆团状物。一般球的直径为 10 厘米。玩牛毛球的木棍由带有拐头的柞木根做成，长约 1.3 米，比赛时有场地。牛毛球一律从右侧击，除守门者外，其余人不准用手抓脚踢。最后，谁将牛毛球打入对方球门就为胜者。牛毛球游戏整个场面自始至终充满紧张、热闹的气氛，青年男子十分喜爱。

奴该勒舞 鄂温克族传统民间舞蹈。是以妇女为主的集体舞，亦称"努该里、鲁日该勒格、阿罕拜"。前两种称谓为"跳舞""热闹"的意思，后一种则是根据舞中的呼号而得名。跳舞时人数不限，成双即可。一人领舞，其他人随之且歌且舞。舞步独特、刚健有力、节奏感强。跳法为：一脚脚跟着地，脚前掌拍地移动，另一脚踏地紧随，拍地的脚不固定在一只上，可随方向的变换，即匀称的"跟靠步"。另一种是踩步，即左右脚交替踩地，并配以变化多端的手势及呼唤声。舞姿有"瞭望""戴耳环"等动作。做"瞭望"舞姿时，一手自然下垂或反叉腰，另一手手掌齐眉做瞭望状，双手可互换，脚下协同踩步动作，但脚略擦地向前踢。做"戴耳环"舞姿时，全蹲蹦跳，两手交替作一手叉腰、一手揪耳的动作，路线为二人对穿。奴该勒舞深受鄂温克族妇女的喜爱，多在节假日里跳。

帕斯克节 鄂温克族的节日之一。主要是生活在内蒙古自治区陈巴尔虎旗莫尔格河一带的鄂温克人举行的较隆重的节日。每年的 4 月 13 日，人们停止劳动，把整鸡或鸡蛋染成红色供祭。祭祀活动结束后，大家在一起喝酒吃肉，唱歌跳舞，有时一直进行到第二天早晨。

其萨拉仁 鄂温克族丧葬习俗，即为死者进行烧化箔纸币仪式。鄂温克语意为"慰灵"。仪式一般在死者去世后的第 2 天在死者坟地进行。届时将箔纸币装在纸钱褡子里，注明数目，写清给谁、生卒年月内容。烧箔纸币时，由一名长者和一名同辈人在一边用悲哀的曲调说唱。逢年过节，鄂温克人都要上坟地给死者烧化箔纸币。

萨玛什凯　①鄂温克族萨满举行宗教活动时穿戴的服饰。由帽、衣、坎肩、裙四部分组成，用鹿皮或狍皮缝制，配有毛穗和皮飘带。服饰的肩背、坎肩、腰裙、帽子上分别钉挂铁制的各种神偶器件和大小铜镜。服饰上的器件有表示人体器官的头颅、四肢、脊柱、脊髓、肋骨等部位的，有表现自然崇拜的如太阳、月亮、星星、彩虹等天体与天象的，也有动物等崇拜物。萨满服饰制作过程必须要经过 3 年时间，在每年的布谷鸟鸣叫时节开始制作，白桦树脱落时停工。服饰的制作一定要出于众人之手。制作服饰剩余的皮角、线头、铜铁碎末等不得随意丢弃，待制作完毕后集中销毁。②达斡尔语意为萨满法衣。由"扎热玛哈拉"（神帽）、"扎瓦"（神袍）、"扎哈尔特"（神坎肩）组成。"萨玛什凯"被认为有保护和帮助雅达甘施展法术的作用。萨满服具所需费用由本氏族成员负担。原雅达甘死后，将"萨玛什凯"传给后继雅达甘。

萨满调　满族萨满祭祀音乐总称，亦称"萨满释祀调""萨满神歌"。凡喜庆丰收，告慰祖宗或祈福祛灾，信徒均要请萨满烧香跳神。萨满祭祀是融歌、舞、乐于一体的宗教活动。每一仪式都有相应的曲调，如请神调、排神调、饽文神调、领声调、肉神调、背灯调、念杆子调、换锁调、送神调等。唱腔多具吟诵性，结构多为单乐段，有引子或帮腔。常以抓鼓、大抬鼓、扎板、晃铃等乐器伴奏。蒙古族、达斡尔族少数民族膜鸣乐器，亦称"抓鼓""手鼓""单环鼓"等。满语称"依姆新"。木制鼓框，形状如盘，单面蒙皮，背面设有铁环，内用八条牛皮筋交叉系于鼓框边，边上有八条鼓尾巴，其末端系有铁条和小铃。演奏时，左手抓住牛皮筋交叉部分、摇动鼓身作响，右手用藤棍或竹片敲击鼓面。主要用于萨满教祭祀活动。民间常用于娱乐及歌舞伴奏。

萨满马　亦称"神马"。鄂温克族萨满专门使用的马匹。神马是萨满本人从马群里细心挑选出来的骏马，只有萨满本人参加各种祭祀活动时骑用，其他人绝不允许使用或靠近。萨满死后，把神马牵至墓地，去掉马背上的鞍子及缰绳、笼头、马鞭等用具，留在墓地，表示人们对已故萨满的尊敬。放开的马若自己跑回村寨，已故萨满的后继者可以继续使用，绝对不能将其卖掉或杀掉，也不许让别人骑用。要是神马老死或意外死亡，骑用该马的萨满必须马上从马群里重新挑选一匹继任，意为不让已故萨满和新任萨满徒步行走。有的萨满马是人们作为礼物献给萨满的。

萨满舞 鄂温克族宗教舞蹈。由萨满及其助手表演。主要是驱魔治病，也有在奥米那楞会及节庆期间表演的。萨满舞是神灵附身时萨满即兴表演的各种激烈动作，如手上下飞快地摇鼓，脚刚健、飞速地踏地，在地面上翻身起跃等。其特点为手击皮鼓，腰部的甩动不大，步伐多为走步、回旋和蹦跳几种。舞时，边击鼓边念唱祷词或咒词。在萨满舞中抓鼓的动作非常丰富，技艺性很强。抓鼓动作分为碎打鼓、半转鼓、整转鼓等几种，脚下步伐又可分为走步和回旋步两种基本形式。另外，还有"地滚"舞蹈技巧，即身挺在地面上翻转、挺直、与地面形成45度角。舞蹈表现了鄂温克族的宗教信仰，具有独特的民族风格。

舍卧刻神 鄂温克族的祖先神。神偶是用一种特别的木头刻成的一男一女的木人，有手、脚、耳、眼、鼻，并身着用鹿或狍皮缝制的衣服。平时，连同它喜欢的小鼓、灰鼠皮、刻如那斯鸟、水鸭皮等用具一起装入皮口袋。过去，只有萨满供奉此神，后来每个氏族都供祭。姑娘出嫁要带走。父亲将家中原有的舍卧刻神传给同居的儿子，其余分出另立户者，请萨满制作新的舍卧刻神。

使鹿部 ①清初居住在黑龙江以北、外兴安岭以南、东至库页岛的费雅喀、奇勒尔及其他饲养驯鹿部族均称为使鹿部，即后来的鄂温克、鄂伦春、赫哲等民族，他们主要以狩猎和捕鱼作为生产手段，用驯鹿作为主要运载和交通工具。明万历四十五年（1617），努尔哈赤发兵征抚库页岛及附近小岛。35年后，即清崇德七年（1642），使鹿部族开始向皇太极朝贡，并确立了政治层面的隶属关系，同时其领地并入清初版图。当时其部众除一部分就地安置、留守边塞之外，其余大部迁至辽东地区，被编入牛录，正式加入满洲八旗。②满族先世，野人女真诸部之一。又名"奇勒尔"部，也称"北山野人"。使鹿部是人们针对其生活方式特点而取的别名。该部养鹿、驯鹿、食鹿肉、衣鹿皮，而且以鹿拉雪橇为主要交通工具。使鹿部地处黑龙江以北，大兴安岭一带，东至库页岛、牛满江一线的广大地区。与鄂伦春族、赫哲族等部族杂居，除养鹿外，还有渔猎生产。清朝初年，一部分南移，编入满洲八旗，一部分留在原地。

索伦 清代对鄂温克人的称谓。"索伦"为满语，意为"柱子"。清初至顺治档案史料中，对鄂温克族、达斡尔族、鄂伦春族统称为"索伦"或"索伦部"。清朝后期或民国时期，除了鄂温克族，其他民族陆续都从索伦这一称谓中摆脱出来。结果，"索伦"一词变成一部分鄂温克人的专用称呼。原称索伦的鄂温克，现分布在内蒙古自治区呼伦贝尔盟鄂温克族自治旗、阿荣旗、莫力达瓦达斡尔族自治旗、扎兰屯市及黑龙江省嫩江县等地区。索伦人数占鄂温克族总人口的 80%，主要从事畜牧业和农业。

乌格本 鄂温克人待客礼节。当家里来贵客时，主人先敬烟，之后把盛满奶茶的茶碗用双手敬给客人，最后摆上上等的手扒肉。夏天手扒肉多为羊肉，冬天多为牛肉。手扒肉若为羊肉，在肉盘上必须放羊胸骨和肥羊尾，表示富贵、祥和。上手扒肉时刀不能插入肉内，要放在肉上。上肉后，客人把肥羊尾回敬给主人，主人用刀割下肥羊尾肉的两侧敬火神和天神，再请客人吃肉。吃完肉要喝肉汤面，吃面条时筷子不能放在碗上。招待客人时长辈要陪坐，年轻人和儿童不许入座。客人返程时，主人将其送至院外。客人没有走之前绝对不能扫地、洗锅碗勺盆，不许来回走动做其他家务，更不允许打骂孩子等。

乌力楞 ①鄂温克族历史上以父系血缘关系联结起来的大家族。包括 5~10 个小家庭。乌力楞成员共同生产、共同消费，是鄂温克族最基本的经济实体。每一个乌力楞都有一名"新玛玛楞"（家族长），由全体乌力楞成员选出，既是生产的指挥者，也是打猎能手。乌力楞奉行集体狩猎、平均分配的制度。每个家庭均属一个最小的分配单位，无论是生活用品还是食品，或有无劳动力，到时候都能分到一份。②鄂伦春语原意为"后代"或"子孙们"，后演变为"住在一起的人们"或"那一部分人"。初始为血缘家族组织，由十几个乃至几十个家庭组成。家族长称"塔坦达"，由辈分最高的长者担任，负责家族内部管理并协助毛昆达管理氏族工作。其妻通常为该"乌力楞"主妇，负责妇女工作。随着社会的发展，乌力楞由血缘家族组织演变成地域社会组织，"塔坦达"亦变为经民主选举产生。"塔坦达"必须办事公道、有一定的组织能力和丰富的狩猎经验，主要负责划分猎场、分配猎物等生产事宜。其他行政事务则由"嘎辛达"（村主任、屯长）负责。

熊葬 鄂温克族狩猎生活习俗。每当吃过熊肉后，要为熊举行一次隆重的葬礼。届时，用桦树条做绳索将熊的头、心、肝、肺、食道、腿下掌趾、右肋骨上2根、下3根，左肋骨上3根、下2根等捆在一起，将熊头朝东安葬在事先已架起的两棵树中间的横木架上，并将作为柱子的两棵树的内侧削成平面，横向刻出12道长沟。在靠近熊头的第6道沟的两侧，用猎刀砍出两个小口，把熊的两个眼珠镶在里面，然后在刻成的那些树沟上用木炭、熊血及各种天然染料涂上颜色。人们举行熊葬时要装出哭泣和哀伤的样子，场面严肃、悲痛。

雅库特鄂温克 亦作"牙库特、雅库克"。内蒙古自治区最北部大兴安岭额尔古纳左旗敖鲁古雅一带使鹿鄂温克人的旧称。1957年，根据雅库特鄂温克人的意愿，改称"鄂温克族"。"雅库特"一词来自俄语的"雅库"，意为"钻石、金刚石、宝石"等。俄罗斯人把曾经生活在俄罗斯雅库茨克州伊格纳希、勃克罗夫一带，后经过黑龙江向奇乾方向移居的饲养并使用驯鹿的鄂温克人，称为雅库特鄂温克人或雅库特人。鄂温克人终年以打猎为生，驯鹿是其唯一的生产交通工具，所以又被称为"使用驯鹿的鄂温克人""使鹿鄂温克人"。他们的兽皮制品特别精致美观，居住区内森林资源丰富，鹿、狍、猞猁、黑熊等野兽众多，地下宝藏也相当可观。雅库特鄂温克人在语言、文化等方面受俄罗斯的影响较大，跟其他地区的鄂温克人之间存在一定程度的差异。

伊德 鄂温克族宗教仪式。即新萨满向老萨满学习、请教、修炼的过程，亦是新老萨满的集会。届时，要杀羊。在院内立一棵桦树，屋内立一棵杨树或柳树，用一条麻绳把两棵树连接起来，挂上彩色布条。请来的老萨满为新萨满做向导，围着桦树来回转。然后老萨满让新萨满喝一碗羊血，并把羊血喷到树上，这样即可找到自己的神灵，并获得法力和神术。鄂温克族萨满的一生中，要举行多次这种活动，每次都要宰羊祭祀。

伊德西仁神歌 鄂温克族萨满神歌。在老萨满传教新萨满时唱诵。旨在练就新萨满操持巫术和祭祀的本领。歌词内容主要是叙述新萨满的人品和能力。歌词短小节奏有快有慢、变化多样，大跳音程较多。歌词每段

4~8行，每行4~8个音节。唱时，手持神鼓、神铃伴奏，还有一些人伴唱，气氛庄严、肃穆。

赞达拉嘎　鄂温克族民间小调、山歌等的总称。"赞达"，指唱歌的意思，"拉嘎"是后缀。赞达拉嘎的歌词精练，唱腔较长，节奏舒展，富有生活气息。分为快、慢两个调。其调式以宫、徵为多，羽次之。旋律简洁而朴素，曲式结构以2句或4句组成的单乐段体为主，有2/4、3/4、4/4等节奏型。各地的曲调和风格不尽相同。流传于牧区的赞达拉嘎多悠扬高亢、流畅抒情；猎区的赞达拉嘎多粗犷奔放、简朴明朗，旋律起伏较大；农区的赞达拉嘎以音色柔和、表达细腻见长。

扎斯　鄂温克族献祭敖包神的牲畜。这些牲畜在献祭之前要得到萨满的认可，由萨满指定的人专门管理，管理者多为受人尊敬的长者。祭祀时，选出最肥壮的牛、羊来宰杀。祭祀活动结束后，参加祭祀的人坐在一起吃手扒肉，共享扎斯。

争酒碗　鄂温克族传统婚俗。在送亲的骑马队伍中，挑选几个骑术好、体质强壮的小伙子，在男方宴席上喝最后一碗酒时，把酒碗偷偷地揣入胸襟带回自己的住地。若被男方主人发现，装作若无其事。当揣碗者骑上马驰向远方后，男方小伙子们骑上骏马从背后追去，双方在马背上争抢酒碗。目的是让选亲的小伙子们充分认识男方的骑马技巧、勇敢及团结的力量。如果男方追不回来酒碗，女方得胜，就让男方再请吃喝一次。若男方在下一次的酒宴后还是抢不回来酒碗，要继续设宴招待，直到把送亲者揣走的酒碗抢回。

卓力神　鄂温克族妇女供祭的神灵。是在一块长方形的木板上用刀刻划出的一位老妇人和带犊的乳牛画像。传说，卓力神原是一位十分能干的妇女，一年到头在家喂牛、挤牛奶，帮助别人干活，后来因年迈体衰摔死了。鄂温克族妇女把她立为卓力神，视为坚贞、勤劳、简朴、美好、善良的象征。妇女们在生活中遇到不幸或灾难时，就用牛奶粥等食品供祭她，以祈求帮助。

附录7　鄂温克族研究重要参考资料

《彩虹》　鄂温克族歌曲集。黑龙江省群众艺术馆、中国曲艺家协会黑龙江分会合编，1990年9月出版。分创作歌曲和民歌两大部分，共收入53首鄂温克族歌曲。较为集中地反映了鄂温克族狩猎、放牧、采集、种植以及男女爱情、婚丧嫁娶、社会交往、宗教信仰等物质生活和精神生活的内涵。这些歌曲在鄂温克族中广为流传，较有影响力，为振兴和发展鄂温克族文化、为本民族整体文化艺术的挖掘、整理工作起到了促进作用。

《东北通古斯诸民族起源及社会状况》　郑东日著。1991年12月延边大学出版社出版。书中分通古斯诸民族的起源、族属、族称；通古斯诸民族的社会经济及社会组织的发展沿革；通古斯诸民族的语言、风俗及文化特点等章节。对鄂温克族、鄂伦春族、赫哲族三个民族的历史和现状、社会和家庭、意识形态及风俗习惯、生产生活与文化艺术内涵等进行了较为系统的探讨。是一部具有历史性、科学性的著作。书中还有汉语、鄂温克语、蒙古语基本词汇对照表格，收入217个鄂温克语词条。

《鄂温克风情》　乌热尔图主编。1993年8月内蒙古文化出版社出版。书中分历史篇、社会生活篇、经济篇、山水篇、风俗礼仪篇、民间艺术篇、民间游艺篇、古迹篇、宗教篇9个部分，是一部介绍鄂温克族历史、文化、经济、社会、自然地理、风俗礼仪、民间艺术的综合性图书。内容丰富有趣，集知识性、趣味性为一体，以抒情文笔撰写。有助于人们了解鄂温克族光辉灿烂的历史和文化。

《鄂温克民歌》　民歌集。莫日根布和巴图苏热搜集、整理、编译。1983年5月内蒙古人民出版社出版。本书共收入74首鄂温克族民歌，分传统歌、爱情歌、抒情歌、新歌四部分。原词用国际音标记写并译成蒙古文。这本民歌集记录了鄂温克族的狩猎生活及牧业生活内容，是一部具体而真实地反映了鄂温克族民歌的著作。编者在前言中简明扼要、客观中肯地论述了鄂温克族民歌的特点和艺术价值。

《鄂温克研究文集》　内蒙古自治区鄂温克研究会主办的人文学科丛书。现已出版两辑，每辑分上下两册，收入鄂温克族历史、地理、风俗、文化、经济、教育、语言文学等方面的文章 100 多篇。文章涉及的内容较丰富、新颖，材料扎实，有较高的学术参考价值。该文集为加强鄂温克族人文科学的研究、繁荣发展本地区的经济与教育，提供了较为重要的理论依据。

《鄂温克语基础语汇集》　朝克用日文编著。1991 年 3 月在日本东京外国语大学亚非语言文化研究所出版。收录鄂温克语基本语词 4400 条，近 74 万字。词条按自然、自然现象、动物、植物等内容分为 32 个类别，便于查找，有助于对鄂温克语进行深入的研究。同时，将所收语词同汉语、英语进行对照，亦称《汉英鄂温克语对照词汇集》。该书包括序文、词汇及汉英文索引和两个图表。在序文中就鄂温克语音系、构词系统、语法体系三个方面较全面、系统、科学地论述了鄂温克语语音、构词及形态概况。该书是我国第一部用日文编著并同汉语、英语进行对照的鄂温克语工具书。

《鄂温克语简志》　胡增益、朝克编著。1986 年 9 月民族出版社出版。书中介绍了鄂温克语的语音、语法、语词及方言。书后附录收了 1000 多个基本语词。该书对鄂温克语进行了较全面、系统的研究。是"国家民委民族问题五种丛书""中国少数民族语言简志丛书"之一。曾荣获中国社会科学院 1977～1991 年优秀科研成果奖。

《鄂温克语研究》　朝克著。1995 年民族出版社出版。全书分语音结构、词汇结构、语法结构三章，从结构语言学的角度对现代鄂温克语的语音、语法、词法结构进行了比较系统而全面的论述。

《鄂温克族简史》　中国社会科学院民族研究所鄂温克族简史编写组编写，1983 年 7 月内蒙古人民出版社出版。"国家民委民族问题五种丛书""中国少数民族简史丛书"之一。全书内容包括民族来源、南北朝至明代的鄂温克族、清朝初期的鄂温克族、布特哈打牲鄂温克族的八旗结构、清代鄂温克族对维护祖国统一和保卫边疆的贡献、清朝末期鄂温克族的社会结构、近代鄂温克地区的变化、解放前鄂温克族社会经济形态及文化习俗与宗教等 11 章，并附大事年表及有关图片资料。这是一部比较全面、系统地反映鄂温克族历史的研究性著作。

《鄂温克族人口概况》 沈斌华、高建纲编著。1991 年 7 月内蒙古大学出版社出版。全书分 18 章，从人口文化学的角度对鄂温克族人口的历史变迁、散居与聚居、人口的分布情况、人口再生产实例、人口结构、人口素质、婚姻家庭组织等进行了较全面的分析，并指出今后几十年内的发展趋势。

《鄂温克族社会历史调查》 郭布库、吕光天、乌云达赉、满都尔图调查编著。1986 年内蒙古人民出版社出版。"国家民委民族问题五种丛书""中国少数民族社会历史调查资料丛刊"之一。全书包括阿荣旗查巴奇乡鄂温克族调查报告、额尔古纳旗驯鹿鄂温克人的调查报告、陈巴尔虎旗莫尔格河鄂温克族社会历史调查报告、额尔古纳旗鄂温克族社会历史补充调查等 4 个部分。书中资料主要来自 20 世纪 50 年代和 60 年代初期对鄂温克族社会历史进行的实地调查。主要内容包括鄂温克族基本概况、历史、社会组织、经济结构、风俗习惯、思想文化等。

《鄂温克族自治旗三十年》 鄂温克族自治旗史志编辑办公室编。1988 年 7 月内蒙古人民出版社出版。蒙古文版。书中主要叙述了从 1958 年 8 月至 1988 年 8 月的 30 年间，鄂温克族自治旗在政治、经济、文化教育、科学技术等方面发生的巨大变化及取得的重大成就。是一部资料性、实用性很强的专著。

《鄂文端公遗稿》 又称《西林鄂文端公遗稿》，《鄂西林遗稿》。诗集。清鄂尔泰撰。有 1820 年葆真堂刻本传世。收录赠友、咏物、恭和御制诗、即兴、题词诸作，计 467 首，共 6 卷。满族上层统治者之活动于诗中多有反映。

《索伦语基本例文集》 朝克、津曲敏郎、冈间伸次郎合编。1991 年 3 月日本北海道大学文学部出版。书中的索伦语即指我国内蒙古自治区呼伦贝尔盟鄂温克族自治旗境内使用的鄂温克语辉河方言。该书分为基本语句和基本会话语句两部分，选用 734 个鄂温克语索伦方言短句，并全部用国际音标转写。前言叙述了该方言的现状及基本研究理论，论述了索伦方言的语音理论、语音结构、基本形态结构及有关助词等问题。

　　《索伦骠骑》　　长篇历史小说。鄂温克族青年作家涂志勇创作，1991 年 9 月中国青年出版社出版。书中主要描写清乾隆年间，赫赫有名的索伦将领海兰察为了国家的安定，四处征战，在四川大小金川的崇山峻岭中，在美丽富饶的台湾岛上，在风雪弥漫的西藏高原，出生入死、平息叛乱，清剿来犯者，立下汗马功劳的过程。

参考文献

全国人大民族委员会办公室编《内蒙古自治区呼伦贝尔盟阿荣旗查巴奇乡索伦族情况》（索伦族调查材料之一），油印本，呼和浩特，1957。

内蒙古少数民族社会历史调查组编《内蒙古自治区陈巴尔虎旗莫尔格河鄂温克索木调查报告》（鄂温克族调查材料之三），油印本，呼和浩特，1957。

内蒙古少数民族社会历史调查组编《内蒙古自治区呼伦贝尔盟鄂温克族自治旗辉索木调查报告》（鄂温克族调查材料之四），油印本，呼和浩特，1957。

中国社会科学院民族研究所编《鄂温克族社会历史调查报告》，呼和浩特，内蒙古人民出版社，1986。

内蒙古鄂温克研究会及黑龙江鄂温克研究会合编《鄂温克地名考》，北京，民族出版社，2007。

内蒙古少数民族社会历史调查组与中国科学院内蒙古分院编《内蒙古自治区鄂温克族资料汇编 1958－1960 鄂温克族自治旗资料》（上中下三册），呼和浩特，油印本，1961。

内蒙古少数民族社会历史调查组与中国科学院内蒙古分院编《达斡尔、鄂温克、鄂伦春赫哲史料摘抄——清实录》，呼和浩特，内蒙古人民出版社，1962。

中央民族学院研究部编《中国民族问题研究集刊》（第六辑），北京，内部刊物，1957。

内蒙古自治区编辑组编《鄂温克族社会历史调查》，呼和浩特，内蒙古人民出版社，1986。

中国社会科学院民族所民族室编《民族文化习俗及萨满教调查报告》，

北京，民族出版社，1993。

吕光天、古清尧编《贝加尔湖地区和黑龙江流域各民族考古文物图集》（上下 2 册），中国社科院民族研究所历史室内部印刷，1977。

满都尔图编《达斡尔鄂温克鄂伦春巴尔虎调查资料》，北京，中国社会科学院民族所印，1992。

《鄂温克族简史》编写组《鄂温克族简史》，呼和浩特，内蒙古人民出版社，1983。

乌云达来：《鄂温克族起源》，海拉尔，内蒙古文化出版社，1998。

张伯英：《黑龙江志稿》，哈尔滨，黑龙江人民出版社，1992。

佟加·庆夫编《单清语词典（满汉合璧）》，乌鲁木齐，新疆人民出版社，1993。

爱新觉罗·瀛生：《满文杂识》，北京，学苑出版社，2004。

梁钊韬等：《中国民族学概论》，昆明，云南人民出版社，1985。

乌内安：《神秘的萨满世界》，北京，三联书店出版，1989。

黄维翰：《黑水先民传》，哈尔滨，黑龙江人民出版社，1986。

徐景学主编《西伯利亚史》，哈尔滨，黑龙江教育出版社，1991。

何星亮：《中国自然神与自然崇拜》上海三联出版社，1992。

富育光：《萨满论》，沈阳，辽宁人民出版社，2000。

富育光、王宏刚：《萨满教女神》，沈阳，辽宁人民出版社，1995。

黄任远：《原始宗教研究》，哈尔滨，黑龙江人民出版社，2003。

铁木尔·达瓦买提主编《中国少数民族文化大辞典》（东北内蒙古地区卷），北京，民族出版社，1997。

李德洙主编《中国少数民族文化史》，沈阳，辽宁人民出版社，1994。

李治亭主编《关东文化大辞典》，沈阳，辽宁人民出版社，1993。

安双成主编《满汉大词典》，沈阳，辽宁民族出版社，1993。

胡增益主编《新满汉大词典》，乌鲁木齐，新疆人民出版社，1994。

孙文良主编《满族大辞典》，沈阳，辽宁大学出版社，1990。

秋浦著《鄂温克人的原始社会形态》，北京，中华书局出版，1962。

秋浦主编《萨满教研究》，上海，上海人民出版社，1982。

郑东日：《东北通古斯诸民族起源及社会现状》，延吉，延边大学出版社，1991。

陈鹤龄：《扎兰屯民族宗教志》，北京，文化艺术出版社，1996。

朝克：《满通古斯语及其文化》（日文），仙台，日本东北大学，2002。

朝克：《北方民族语言变迁研究》，中国社会科学出版社，2012。

朝克：《鄂温克语研究》，北京，民族出版社，1995。

那云平、杜柳山：《黑龙江鄂温克族村屯地名人物录》，哈尔滨，黑龙江省民族研究会，2006。

内蒙古自治区鄂温克族研究会编《鄂温克族研究文集》，鄂温克旗，1991。

乌热尔图：《鄂温克族历史词语》，海拉尔，内蒙古文化出版社，2003。

孙尧文主编《腾飞的鄂温克》，北京，社会科学文献出版社，2008。

孔繁志编《敖鲁古雅的鄂温克人》，天津，天津古籍出版社，1994。

吴守贵主编《鄂克温族人物志》，海拉尔，内蒙古文化出版社，1996。

乌热尔图主编《鄂温克族风情》，海拉尔，内蒙古文化出版社，1993。

卡丽娜：《驯鹿鄂温克人文化研究》，沈阳，辽宁人民出版社，2006。

苏日台：《狩猎民族原始艺术》，海拉尔，内蒙古文化出版社，1992。

苏日台：《鄂温克民间美术研究》，海拉尔，内蒙古文化出版社，1997。

汪立珍：《鄂温克族神话研究》，北京，中央民族大学出版社，2006。

黄任远等：《鄂温克族文学》，哈尔滨，北方文艺出版社，2000。

黄任远：《通古斯—满语族神话》，哈尔滨，黑龙江人民出版社，1999。

王士媛等编《鄂温克民间故事选》，上海，上海文艺出版社，1982。

马名超等编《鄂温克民间故事选》，上海，上海文艺出版社出版，1989。

杜梅编《鄂温克民间故事选》，呼和浩特，内蒙古人民出版社，1989。

涂志勇：《索伦骠骑》，北京，中国青年出版社，1991。

哈斯巴特尔：《山神脚下》，海拉尔，内蒙古文化出版社，1993。

敖嫩收集整理《鄂温克族民间故事集》，海拉尔，内蒙古文化出版社，2008。

敖嫩收集整理《鄂温克语谚语谜语集》（蒙古文），海拉尔，内蒙古文化出版社，2010。

娜日斯：《达斡尔、鄂温克、鄂伦春谚语精选》，海拉尔，内蒙古文化出版社，1993。

莫日根布和等收集整理《鄂温克民歌》，呼和浩特，内蒙古人民出版社，1983。

黎明主编《鄂温克民歌 100 首》，呼和浩特，远方出版社，2003。

阿伊南：《萨满教今昔》，王国民等译，北京，中国社会科学院民族研究所，1978。

摩尔根：《古代社会》，杨东莼等译，上海，商务印书馆，1977。

史禄国：《北方通古斯的社会组织》，吴有刚等译，呼和浩特，内蒙古人民出版社，1984。

波普：《索伦语调查资料》（俄文），列宁格勒，1931。

伊瓦诺夫斯基（A. O. IVANOVSKIY）《索伦语与达斡尔语》（俄），圣彼得堡，1894。

池上二郎：《通古斯满洲诸语资料译注》（日文），北海道大学图书刊行会，2002。

小仓进平等编：《满文老档》（日文），藤冈胜二译，岩波书店，1937。

早田辉洋、寺村正男：《大清全书》（日文），东京外国语大学亚非所，2002。

相关论文

朝克：《论满通古斯诸语的历史研究》，《黑龙江民族丛刊》2000 年第 3 期。

朝克：《论通古斯诸语的 bugada》，《民族语文》2013 年第 6 期。

朝克：《论俄罗斯埃文基、埃文、捏基达尔语基本特征》，《满语研究》2000 年第 2 期。

朝克：《中国满语现存情况分析研究》，《满语研究》2002 年第 2 期。

朝克：《论鄂温克一词》（蒙古文），《蒙古语文》1987 年第 4 期。

朝克：《关于鄂温克族族称》，《满语研究》1996 年第 2 期。

朝克：《关于鄂温克语驯鹿词汇》，《百科知识》1995 年第 8 期。

朝克：《关于鄂温克语词汇研究》，《鄂温克研究》2008 年第 1 期。

朝克：《关于鄂温克语宗教用词特征》，《中国原始宗教资料集成》第 2 册，中国社会科学出版社，1999。

朝克：《鄂温克旗语言文字使用概述》，《中国语言文字使用概述集》，中国藏学出版社，1994。

朝克：《关于国外学者对鄂温克语的研究》，《世界民族》2006 年第 3 期。

朝克：《汉语对鄂温克语的影响》，《中国民族语文》，四川人民出版社，1986。

朝克：《国际鄂温克语学及其内涵》，《黑龙江民族丛刊》2005 年第 5 期。

朝克：《论达斡尔、鄂温克、鄂伦春族人名与语言文化关系》，《黑龙江民族丛刊》1998 年第 4 期。

朝克：《关于东北亚住民族的语言文化共性》（日文），《日本樱美林大学文化学》2006 年。

朝克：《〈黑龙江志〉稿中的有关地名探源》，《满学研究》1994 年。

朝克：《北方民族语言研究及其价值》，《北方民族语言研究通讯》2009 年第 1 期。

朝克：《北方三少民族人名与文化变迁及接触关系》，《民族研究文汇》，社会科学文献出版社，2009。

朝克：《东北三省及内蒙古东部地区民族语言》，《中国语言地图集》，中国社会科学出版社，2009。

朝克：《论呼伦贝尔诸民族的"马"称谓》，《呼伦贝尔诸民族关系研究文集》，中国社会科学出版社，2014。

后 记

　　鄂温克族精神文化领域要研究的内容很多，国家社科基金重大委托项目"鄂温克族濒危语言文化抢救性研究"的子课题"鄂温克族精神文化"，只是对其中一部分研究课题展开了学术讨论。刚刚启动该项子课题时，课题组本想进行较为全面意义的实地调研，在搜集整理的第一手资料的基础上，展开分析研究。后来，课题组发现，被完整保存至今，并传承下来的鄂温克族精神文化内容不是很多。比如说，像萨满信仰世界内极其丰富、宝贵的部分基本上已遗失，现在被传承的内容很不完整，甚至可以说变得支离破碎、面目全非。还有鄂温克族口耳相传的民间谚语、传说、故事、神话，包括长篇史诗也有缺失。鄂温克族传统民歌、舞蹈、游戏、壁画、岩画等，也缺少了很多内容。说实话，在这种现实面前，要写出一本全面展现鄂温克族精神文化方面科研成果的书，是一件极其艰难的科研工作。尽管如此，课题组成员知难而进，在大家的共同努力下，基本上完成了该项科研任务。

　　在这里，非常感谢国家社科基金委领导和评审专家，在鄂温克族语言文化已经步入濒危的关键时刻，将这项事关鄂温克族语言文化抢救保护、传承发展、留存未来的特殊使命交给了我们。没有国家社科基金委对本研究价值的肯定，我们也没有办法启动该项重大课题。在此，向国家社科基金委领导、评审专家、工作人员表示最诚挚的感谢！同时，还要感谢中国社会科学院领导、科研局领导、项目处领导及工作人员。没有你们的帮助和支持，我们很难得到项目的继续资助，按原定计划完成这一子课题。我们还要谢谢你们，在项目管理和使用方面给予的诸多方便和支持。我们还要感谢中国社会科学院民族文学所的财务人员，在项目经费的管理和使用方面做的细致入微、热情周到的工作。同时，还要感谢内蒙古自治区呼伦贝尔地区领导及鄂温克族同胞，以及黑龙江省鄂温克族居住区域的地方领导与鄂温克族同胞，感谢你们对课题组成员给予的多方面指导、关心、帮助和支持。说真的，没有你们的帮助和支持，我们很难完成这一艰巨的科研工作任务。

正如每一项研究成果都会留下许许多多的遗憾，该成果同样存在不少问题，希望大家提出宝贵意见。

图书在版编目(CIP)数据

鄂温克族精神文化 / 朝克著. -- 北京:社会科学
文献出版社,2017.11
ISBN 978 - 7 - 5201 - 1491 - 2

Ⅰ.①鄂… Ⅱ.①朝… Ⅲ.①鄂温克族 - 民族文化 -
研究 - 中国 Ⅳ.①K282.3

中国版本图书馆 CIP 数据核字(2017)第 240110 号

中国社会科学院创新工程成果
国家社科基金重大委托项目

鄂温克族精神文化

著 者 / 朝 克

出 版 人 / 谢寿光
项目统筹 / 宋月华 袁卫华
责任编辑 / 孙美子

出 版 / 社会科学文献出版社·人文分社(010)59367215
地址:北京市北三环中路甲 29 号院华龙大厦 邮编:100029
网址:www.ssap.com.cn
发 行 / 市场营销中心 (010) 59367081 59367018
印 装 / 三河市东方印刷有限公司

规 格 / 开 本:787mm × 1092mm 1/16
印 张:19.75 字 数:310 千字
版 次 / 2017 年 11 月第 1 版 2017 年 11 月第 1 次印刷
书 号 / ISBN 978 - 7 - 5201 - 1491 - 2
定 价 / 128.00 元